空海の座標

存在とコトバの深秘学

高木訷元

慶應義塾大学出版会

弘法大師御影
復元模写　林 功　1983年
高福院 蔵

伝真言院曼荼羅 胎蔵界
復元模写　林 功 ほか　1983年
高福院 蔵

伝真言院曼荼羅 金剛界
復元模写　林 功 ほか　1983 年
髙福院 蔵

まえがき

弘法大師空海が受け学んだ密蔵の法門は、少なくとも中国にあっては都の宗教とも思えるものであったのだが、しかし帰国後の空海は本格的に密蔵宣揚を始めるとともに、修禅観法の道場として高野の峰の下賜を請うことになる。弘仁七年（八一六）六月十九日のことであった。

当時、畿内での山林修行の場としては、古都奈良からそれ程距ってはいない芳《よし》（吉）野《の》の比蘇山寺とその周辺、あるいは隅《くま》（熊）野《の》の金嶽《かねのみたけ》が知られていた。しかし空海は敢えて紀州の高野《たかの》の峰を選択したのである。若年の頃に空海は、「吉野より南に行くこと一日、更に西に向かって去ること両日程」の処にある「平原の幽地」の高野に足を踏み入れたことがあったのである。

華やかな都から遥かに離れた深山幽谷の地を択んだ空海に対して、その真意を計りかねた知己の人もいた。「問う、師は何の意《おもい》ありてか深寒に入る。深嶽崎嶇《しんがくきく》として太《はなは》だ安からず。上《のぼ》るにも苦しみ、下《くだ》る時にも難《なや》む。山神木魅、是れを廜《すみか》とす」と訝《いぶか》しみ、この高野の峰は山や樹木の精霊たちが棲み家とする処であって、とても人の住むべき処とも思えぬというのである。

空海は、そうした知己の杞憂に答えて、「南山の松石は看《み》れども厭かず、南嶽の清流は憐《あわ》れむこと已《や》まず」と言い、さらには「澗水《かんすい》一杯、朝《あした》に命《いのち》を支え、山霞《さんか》一咽、夕に神《たましい》を谷《やしな》う」と答えて、あなたがたも「疾《と》く斗藪《とそう》して法身《ほっしん》の里に入れ」と勧めてもいる。

高野の峰はまさしく「法身の里」なのであり、真実なるもの、存在の絶対的根源である法身が、自らを顕わにする霊山として、空海はこの高野の山を金剛峯寺《こんごうぶじ》と名づけるのである。空海による高野山開創一千二百年の記念すべき年に、『空海の座標――存在とコトバの深秘学』を執筆し得たことに、私は不思議な法縁を感じている。

かつてインド古代思想史、とりわけ六派哲学を専攻していた私が、日本の仏教、なかんずく平安初期の伝教大師最澄や空海の論攷に深くかかわりを有するに至ったのは、偏えに恩師中野義照博士の提撕による。中野博士とてその専門分野はインドの古法典であったのだが、かつて玉川大学によって企画刊行された「仏教教育宝典」叢書の『伝教・弘法』集への執筆を担当される予定の中野先生が突然のご病気のこともあって、私にその成稿を委ねられたのである。

このことが私をして、ジャイナ教との対比における初期仏教の研究に加えて、従来殆ど顧慮されることのなかった最澄と空海の書状の調査研究をも併わせ行なわしめることになり、それが『空海入門――本源への回帰』や『空海と最澄の手紙』（ともに法蔵館）の出版へとつながることになる。かくて自らの専門領域の『古典ヨーガ体系の研究』や『初期仏教思想の研究』などに加えて、『空海思想の書誌的研究』が『高木訷元著作集』（法蔵館）の一部として世に問われることになる。そして空海や最澄へのささやかな研究の続行が、日本古代史の権威、佐伯有清博士の慫慂をうけての『空海――生涯とその周辺』（吉川弘文館）の刊行を可能ならしめることになったのである。しかしこの著述は、空海の生涯を律令的な文脈においてたどったものであり、そこでは空海の思想については殆ど触れることはなかったのである。

それに対して本書は、空海の「存在深層の構造思想」とも言うべきマンダラ思想が、空海の生涯の歩みのなかで、どのように形成され体系化されていったのかの脈絡を、空海自身の文章の読み解きによってたどったものである。かくて空海の密教思想の特質は、仏教用語で表現すれば、「法身《ほっしん》説法《せっぽう》」と「即身成仏《そくしんじょうぶつ》」を座標として織りなされていると言えるだろう。その綾羅《りゅうら》錦繡《きんしゅう》の織りなしを「存在とコトバの深秘学」と表現したのは、井筒俊彦博士からの直接、間接の示唆をうけてのことである。空海自身は「秘教の肝心は紙に染むること能わず、面授にあらざれば得ず」と教誡する。いかに「深秘学」と言いながらも、なお紙に染めている以上、この紙面において「存在深層」の域に達し得ていないことは慙愧のきわみである。

『聾瞽《ろうこ》指帰《しいき》』を挙げるまでもなく、空海は若くして当代超一流の文人であった。文章の人空海には、勅撰詩集の『経国集』などに収載された多くの詩賦の創作があり、何よりも、詩文の創作理論を示した『文鏡秘府論《ぶんきょうひふろん》』六巻、文章創作の要諦をまとめた『文筆眼心抄《ぶんぴつがんしんしょう》』一巻、さらには『篆隷《てんれい》万象名義《ばんしょうみょうぎ》』一巻の書体字典の編纂などもあって、他の古今の宗教者にはまったく類例を見出し得ない特異な人物と言うべきであろう。その文筆の人、空海に因んで、その特異な密蔵思想体系の形成の軌跡を、漢詩の構成になぞらえて、「起、承、転、結」の四章を中心として、これに序章と終章を加えての六章にわたって論及したのが、本書である。

この著述は、倉敷市の村田隆禅師を発起人とする「勧縁会《かんえんかい》」での七か年にわたる研修の内容を、その骨子としている。「勧縁会」とは『性霊集』巻九所収の空海による「諸《もろもろ》の有縁の衆を勧《すす》めて秘密の法蔵を写し奉るべき文」、いわゆる「勧縁疏《かんえんのしょ》」に由来する。空海の密教思想が具体的に体系化される一大転機は、実にこの「勧縁疏」にあることは、本論において詳しく述べるとおりである。

この「勧縁会」での研修の成果の一端を、慶應義塾大学出版会から上梓できる幸運に恵まれたのは、井筒俊彦博士と私との間の「蜘蛛の糸」にも似た学縁のつながりによるものであった。さらに言えば、同出版会から刊行された "The Izutsu Library Series on Oriental Philosophy"（『井筒ライブラリー・東洋哲学』）の第五巻 *Kūkai on the Philosophy of Language*（『空海の真言哲学』）に著訳者として関与し得たことに加えて、この英文による『空海の真言哲学』の刊行に深い理解を示された東京は高福院の川島宏之師の奨励のことばが、大きな機縁たり得ている。

さもあらばあれ、その『空海の真言哲学』の最終校正以来、常に励ましの言葉を頂戴しつづけた編集一課の片原良子さんには、本書の刊行について万般の配慮と助言を受けることになった。ここに厚くお礼を申しあげたい。同時にまた「勧縁会」の会員諸師に対しても満腔の敬意を表するとともに、校正の助力を得た向井恵峰、釋子融元の両師ならびに編集一課の皆さまに心からなる謝意を表したいと思う。

平成二十七年師走の月

高木訷元

空海の座標——存在とコトバの深秘学　目次

空海の座標——存在とコトバの深秘学

序章　仏教志向と秘門との出会い
――『聾瞽指帰』の撰述

一　槐市の春秋
――頗る藻麗を学ぶ

弘法大師《こうぼうだいし》空海《くうかい》（七七四―八三五）、この人ほど日本の仏教思想の展開にとってのみならず、広く日本文化の形成にとっても、きわめて大きな役割を果たし得た人物は他にいない。たとえ空海という名を知らない人があったとしても、後に朝廷から贈られた諡号《しごう》の「弘法大師」といえば、「弘法清水《こうぼうしみず》」とか「弘法井《こうぼういど》」といった民衆の日常生活と密接にかかわった民俗的伝承としての大師信仰として人口に膾炙していた。そして最近では、四国八十八か所とか小豆島の遍路巡礼で同行二人《どうぎょうににん》としてのお大師さまとして、広く親しまれている。

さらにいえば、「いろは歌」とか「仮名《かな》」、あるいは「五十音図」なども、すべて弘法大師の作とする伝承が古くから根強く信じられてきた。なかでも「いろは歌」は、日本の長い文化の歴史のうえで、おそらくもっとも多くの日本の人びとに親しまれた和歌といえるだろう。この「いろは歌」が昔から手習いの手本とされてきたのも、一つにはこの和歌が『涅槃経《ねはんぎょう》』の「諸行無常、是生滅法、生滅滅已、寂滅為楽」の四句の偈にもとづく無常観を詠じていることもさることながら、弘法大師空海によって世界ではじめて、庶民のための教育機関である「綜藝種智院《しゅげいしゅちいん》」が設立された歴史的事実が、寺子屋での庶民の手習いを連想せしめることによると思われる。しかも「いろは」四十七文字は「五十音図」と同じように、日本語の基本的な音韻を重複することなく示し得ている点とも深くかかわっての伝承であろう。(1)

「いろは歌」などの作者がすべて空海に仮託されたのも、後述するように、仏教発祥の地のインドの文字、言語である梵字や梵語で書かれた儀軌《ぎき》、陀羅尼《だらに》、真言《しんごん》、讃などの文献類を、はじめて数多くまとめて、わが国へ齎《もた》らしたのが、ほかならぬ空海その人であった事実とも深く関係してのことである。

つまり梵字によって書写された陀羅尼や真言を正しく発音して読誦するために、長短の音韻的区別を有しない中国の表意文字によることなく、日本独自の言語文字でその発音を表記する方法として考案されたのが仮名文字の起源であったのだ。濁音や半濁音の表記法も、このような過程で考え出されてきたのである。(2)

梵語の音韻表と密接なかかわりを有する「五十音図」や「仮名文字」、そして「いろは歌」さえもが空海の作とされる伝承の背景には、国語学的音韻成立の事実は別としても、それが伝承として

成立しうるこのような史的事実が内在していたことに留意すべきである。(3)

しかも空海が比類なき文章や書跡の達人であったことも事実である。後に挙げる空海の卒伝の記事がそのことを端的に物語っているとともに、現存する空海自筆の経軌類や書状が何よりもそのことを納得させてくれる。そして八世紀から九世紀にかけての平安初期の時代にあって、日本においてはもとよりのこと、当時の中国における一流の文人も及び得ないほどの名文を書き得た日本人は、空海ただ一人のみであったと、日本文学研究者のドナルド・キーン氏は断言する。(4) その事実は、空海が二十四歳の暮に著わした『聾瞽《ろうこ》指帰《しいき》』一巻を一瞥すれば明白となる。この著書は東洋の三大宗教の比較思想論とも言われるが、当時の空海自身の悲哀にみちた思想遍歴のすがたをリーディング・ドラマ風に描いたものと見るべきであろう。そこで詠じられる「無常賦《むじょうのふ》」ひとつをとってみても、同じように仏典に多くを依拠している万葉の歌人、山上憶良の「沈痾自哀《ちんなじあい》」の文などとは、文学作品としても格段の開きをもつと、中国文学者の福永光司氏は称讃する。(5)

空海の筆になるものとしては、後に言及する多数の教学的思想書のほかにも、詩賦《しふ》、哀讃《あいさん》、碑《ひ》誦《しょう》、表書《ひょうしょ》の類が多く残され、後に弟子の一人真済《しんぜい》が「金玉《きんぎょく》の谿石《けいせき》に糅《まじ》わらんことを憂え、蘭桂《らんけい》の秋艾《しゅうかい》に壓せられんことを歎きて」、師主空海の詩文集である『性霊集《しょうりょうしゅう》』十巻を編んでもいる。詳しくは『遍照発揮《へんじょうほっき》性霊集』という。「金玉」とか「蘭桂」というのは、言うまでもなく空海の文筆を指しての表現である。その空海には、さらに中国の六朝、隋、初唐の詩文の創作理論を六巻にまとめた『文鏡秘府論《ぶんきょうひふろん》』があり、後にそれを略述した『文筆眼心抄《ぶんぴつがんじんしょう》』一巻も現存している。「文」とは韻文を意味し、「筆」とは無韻の文を指す。この撰述は「文章は経国の基《もとい》」とされた古来の文学観によるものであり、「文章は上下の象を宣《の》べ、人倫の叙を明かし、理《り》を究め、性《しょう》を尽して、以て万物の宜しきを究むる所以」(『経国集』序)でもあったのだ。

文筆の人でもあった空海が文字の奥底に秘められた「意味の深みへ」と沈潜する観照体験によって確立せしめた「存在とコトバの深秘学」によって織り出される曼荼羅の世界を顕わにしたいと思う。

空海、果てしなく拡がる天空、限りなくつづく大海原、それは存在世界のあらゆる生命の根源であり、すべての事物事象の実相を示すものでもある。このような、いわば宇宙そのものを名前とする空海とは、一体いかなる生い立ちの人物であったのか。空海の滅後三十数年を経て勅撰された史書『続日本後紀』巻第四に記載される空海の卒伝を引いてみよう。承和二年(八三五)三月二十一日条には「大僧都伝燈大法師位空海、紀伊国の禅居に終る」とあり、同月二十五日条では、仁明天皇が勅使として内舎人《うどねり》を遣わして空海の喪を弔《とぶら》わせた記事を出して、次の如く続けている。

> 法師〔空海〕は讃岐国多度都《さぬきのくにたどのこおり》の人。俗姓は佐伯直《さえきのあたい》。年十五にして舅《おじ》の従五位下阿刀宿祢《あとのすくね》大足《おおたり》に就いて文章を読み習う。十八にして槐市《かいし》に遊学す。時に一《ひとり》の沙門あり、虚空蔵聞持法《こくうぞうもんじのほう》を呈示す。其の経に説く、若し人、法に依って此の真言《しんごん》を一百万遍読まば、即ち一切の教法の文義《もんぎ》を

諳記することを得と。

是において大聖の誠言《じょうごん》を信じ、飛焔《ひえん》を鑽燧《さんすい》に望む。阿波国《あわのくに》の大瀧《たいりゅう》の嶽《だけ》に攀《よ》じ躋《のぼ》り、土左国《とさのくに》の室戸《むろと》の崎《みさき》に勤念す。幽谷は声に応じ、明星来影す。此れより慧解《えげ》は日に新《あらた》にして、筆を下《おろ》せば文を成す。世に伝う、三教論は是れ信宿《しんしゅく》の間に撰する所なり。書法に在っては最も其の妙を得たり。張芝《ちょうし》と名を斉《ひと》しくし、草《そう》聖と称せらる。

年三十一にして得度《とくど》せり。延暦二十三年に入唐留学す。青龍寺《せいりゅうじ》の恵果《けいか》和尚《かしょう》に遇い、真言を稟《う》け学べり。其の宗旨の義味に該通せざることなし。遂に法宝を懐《いだ》いて本朝に帰来す。秘密の門を啓《ひら》き、大日《だいにち》の化《け》を弘《ひろ》む。天長元年に少僧都《しょうそうず》に任ぜられ、七年に大僧都に転ず。自ら終焉《しゅうえん》の志《こころ》ありて、紀伊国金剛の山寺に隠居す。化去《けこ》の時、年六十三。(6)


この短い卒伝の記事によって、空海の生涯の軌跡のごく一端のみを窺い知ることはできるだろう。ただこの記事のなかにも、転写の際に生じたと思える誤記がいくつか認められるが、なかでも大僧都に転ぜられたのは天長四年であり、「化去の時、年六十三」とあるのは、六十二とするのが正しい。だから空海は宝亀五年（七七四）に讃岐国多度郡の佐伯直家の戸口として生をうけたことがわかる。平安末期頃の古文書といわれる空海の出家入唐にかかわる治部省《じぶのしょう》へあてた太政官符《だじょうかんぷ》案には、「留学僧空海」の出自について、「俗名は讃岐国多度郡方田郷《かただのさと》の戸主、正六位上佐伯直道長の戸口、同姓真魚《まお》」(7)と記されている。当時は大家族制であったから、戸主は必ずしも父とは限らなかった。戸主の道長と真魚（空海）との血縁関係は定かでないが、ただこの文書からわかることは、空海の幼名が佐伯直真魚であったことである。

勅撰の史書『日本三代実録』巻五には、空海の兄弟や甥など十一名の氏名を位階とともに列挙して、それらの兄弟について「讃岐国多度郡の人、故《な》き佐伯直田公《たぎみ》の男《おのこ》」と記されている。この記事から、空海の実父は佐伯直田公であったことが知られるが、しかしその田公には位階の記述がなく、無位無官の人であったのではないかと思われる。実父が無位無官であったことは、奇《く》しくも期せずして、空海とともに平安仏教を代表する伝教大師最澄と軌を一にしている。しかもその戸主が、ともに郡司《ぐんじ》すなわち地方官吏の家柄であった点でも、両者は同じ環境のもとに生をうけ育ったことになる。

当時の一般的な社会通念からみて、空海は生まれながらにして官僚として名をなすことが、なかば宿命づけられていたと言えるだろう。そして官僚として名をなすためには、当然ながら大学へ進むことが必須の条件となっていた。だから母方の舅《おじ》の阿刀大足が、空海が十二歳のときに、その両親に対して空海を大学へ入れるように強く勧奨したとの伝承も、(8) そうした社会的風潮を暗示することにもなっている。その勧奨が空海の生年十二歳のときであったというのは、「学令《がくりょう》」によれば、大学への入学年齢は「十三以上、十六以下」となっていたからであり、その伝承も幾分かは史的事実にもとづくものであることを示唆している。このとき空海は舅の勧奨には従っていなかったのだが、同じ「学令」によれば、大学への入学には身分による制限があって、戸主が五位以上か東と西《やまとかわち》の史部《ふみひとべ》の子弟に限られていた。しかし付帯条項として「若し八位以上の子、情《こころ》に願わば聴《ゆる》せ[9]」とあるし、『令集解』巻十五の「学令」の項では「郡司、八位以上は其の子を先ず国学生に補し、若し情に願わば大学生に補す[10]」とあるから、あるいは十三歳でまずは讃岐の国学に進んで学び始めたと考えられないこともないけれども、讃岐の国学の存在とともに、空海がそこで学んだことを示唆する伝承は皆無である。

史資料のうえから明らかに知られることは、十五歳になって、空海は舅の阿刀大足に師事して、正式に中国の古典や文章などを学び始めていることである。空海自身、自著の『文鏡秘府論』の序で、「貧道《ひんどう》、幼にして表舅《ひょうきゅう》に就いて頗《すこぶ》る藻麗《そうれい》を学び、長じて西秦《せいしん》に入りて、粗《ほぼ》、余論を聴く[11]」と書きとめている。「貧道」とは僧侶が用いる謙遜の自称であり、「西秦」とは唐国の都、長安を意味する。

表舅つまり母方の伯父の阿刀大足は、当時、桓武天皇が最も寵愛した皇子、伊予《いよ》親王の文学《ふみはかせ》すなわち「親王に経を執《と》りて講授する」（「家令職員令」）侍講、つまりは伊予親王の教育係りであったのだ。空海がその阿刀大足に師事したのが十五歳のときであったのは、『論語』学而篇に「十有五にして学を志す」とあるによる。「志学」が十五歳を意味するのも、この故事に由来している。因みに空海自身が『文鏡秘府論』で記す「幼にして」というのも、『儀礼』の注釈や『礼記』の注釈などによれば、「幼」とは「年十五已上」を指し、「時に始めて学ぶべきなり」とある。

ここで留意しておくべきは、空海が十五歳の頃から、ほぼ同年の伊予親王と、たとえ直接に机を並べての同学ではなかったとしても、師を同じくする学朋の間柄であったことになり、互いにそれぞれの見識と文才を認めあう仲となっていた事実である。おそらく、やがて伊豫親王をめぐる一種の文化サロン的な人脈のなかに、空海も加わることになり、情《こころ》を等しくする異母弟の神野《かみの》親王、後の嵯峨天皇なども、その仲間に加わることになったのではなかったのか。後に触れる空海の唐突な入唐留学の実現は、どうみても伊豫親王とのかかわりにおいてのこととしか考えられないと、私は考えている。

舅の阿刀大足に師事して学ぶこと三か年にして一応の業を修了し、十八歳にして大学に進むことになる。さきに見た空海の卒伝にある「十八にして槐市に遊学す」がそのことを示している。中国では往昔、大学のキャンパス通りの街路に槐《えんじゅ》の木が多く植えられていて、学生達がその槐の並木の下で論義をかわしていたことから、大学のことを「槐市」とか「槐林」と呼称するようになったという。因みに、中国では古くから一経に精通してその大意を理解し、かつ経の文義に習熟するためには三か年の学習を要すると言われてきた。たとえば中国古代の折衷学者の鄭玄《じょうげん》は「馬融《ばゆう》の門下に在るも、三年相見《あいまみ》ゆることを得ず。高足の弟子が伝授するのみ」（『世説新語』文学篇）であったという。また中国における空海の祖であったインド僧の不空《ふくう》三蔵は、若き日に、同じインド僧の金剛智《こんごうち》三蔵に師事したとき、まず梵語の学習を命ぜられ、文法や音韻などのあらゆる分野を含む言語学（声明《しょうみょう》）をすべて短期間にマスターし得ても、直接の教授にあずかることなく、三年を経て漸く瑜伽密教《ゆがみっきょう》の大法《たいほう》を伝受し得たという（『宋高僧伝』巻一）。その不空三蔵自身もまた、後学に密教の法を教授する場合に、「努力精修して三年が満ちて後に、即ち来りて対せよ」(12)と告げたと空海自身が語り伝えている。

かくて空海もまた古来の学習年限の三年を阿刀大足のもとで過ごしてその業を修了し、十八歳で大学の明経道《めいけいどう》に進んでいる。わが国の大学はその創立当初から、儒教為本の官吏養成の教育機関であったから、大学を構成する四道（学科）のなかでも、儒教にかかわる経典や史書などを講ずる明経道がその中核を占めていたのも当然であった。この他には明法道、文章道（後に紀伝道）や算道が置かれ、付随的な教科として書道などが設けられていた。明法道とは、いわゆる律令格式などを学ぶことを目的とするのだが、なぜか文章道は高級貴族の子弟に限って入学が許されたという。

たとえば父か祖父が五位以上の子弟は、いわゆる蔭位制《おんいせい》によって、二十一歳に達すると自動的に相応の位階が与えられたから、とりわけ高級な官僚の子弟は強いて大学での厳しい教育を受けなくてもよかったし、また難解な登庸試験を受ける必要もなかった。この恩典が孫にまで及ぶのは父祖が三位以上に限られていたのだが、大学の文章道で教養の学としての文章を学んだのは、あるいはこうした高級官僚の子弟たちが主であったかもしれない。

もしもそうであったとすれば、舅の大足のもとで文章を学んだ空海が、さらに大学の文章道への進学を望んだとしても、入学の可能性は殆ど皆無に等しかったことになる。一般的に考えて、明経道において、将来官界で名をあげるために、文字どおり懸命に学業に励んだのは、その殆どが下級官僚の子弟達であったかもしれない。

当時の大学明経道での学業の履修はきわめて厳しいものであった。空海もまた大学での勉学ぶりに言及して、「雪螢《せっけい》を猶《なお》も怠るに拉《とりひし》ぎ、縄錐《じょうすい》の勤《つと》めざるを怒る」(13)と書きとめている（『三教指帰』序）。中国古代の人、孫康《そんこう》は夜もなお雪あかりで書を読みつづけ、車胤《しゃいん》は螢を集めて、その仄《ほの》かな明《あか》りで勉学に励んだという。そのような故事に思いを致しながらも、ややもすれば怠りがちな自らを叱咤しながら勉学をつづけた。同じように孫敬《そんけい》という人は自分の首に縄をまきつけ、それを梁《はり》に懸けて睡魔を防いで書物を読みつづけ、蘇秦《そしん》は錐《きり》で自らの股を突き刺して眠気を払って勉強に勤《いそ》しんだという。若き日の空海は大学にあって、この人達のような懸命な精進ぶりに及び得ない自身に怒りをおぼえつつも、なおも自らを奮《ふる》い立たせて勉学に励んだというのだ。

生来の類いまれなる才能に加えて、これ程までの学問への傾倒は、空海の学識を更に一段と高揚せしめ、その博学や文才は世人を驚嘆させたに違いない。そのことについて、空海の弟子の真済《しんぜい》は空海の詩文集である『性霊集』の序で、「青襟《せいきん》にして槐林《かいりん》の春秋を摘《つ》み、絳帳《こうちょう》にして山河の英萃に富めり」と記している。「青襟」とは青色の領《えり》の衣服をいい、学生を指す。空海が大学に数年にわたって在学し、学問の精髄を余すところなく修得したことを示唆している。因みに「絳帳」とは緋紗の張《とばり》をいい、講義を行なう教室を指す。さきに触れた古代中国の学者馬融が教室には常に緋紗の張をかけて講義をした故事に由来するという。その故事を文字どおりに受け取れば、空海は教場においても広範にわたる英才ぶりを十分に発揮したということになる。もしもそうだとすれば、空海が天長の初年頃に、教育の機会均等と教育の中立性を標榜して創立した私学の教育機関「綜藝種智院」で自らも講壇に立ったことがあったことを示唆しているのかもしれない。その他にも更に宮中や大宮大寺の講堂における天与の英華に富んだ多くの講説なども含意されていると見るべきであろう。空海の講説として数多く残されている諸種の『開題《かいだい》』類の内容こそ、まさしく「山河の英萃に富める」ものと言えよう。

話題を空海の大学時代に戻そう。当時の明経道で履修すべき経典のテクストとしては、周易《しゅうえき》、尚書《しょうしょ》、周礼《しゅうらい》、儀礼《ぎらい》、礼記《らいき》、毛詩《もうし》、春秋左氏伝《しゅんじゅうさしでん》があり、その履修はこれらの中から二経ないしは三経を任意に選択することが許されていた。しかし『孝経』と『論語』はともに必修であり、『文《もん》選《ぜん》』や『爾雅《じが》』は任意の聴講とされていた。これらを学習するために使用する注釈書はすべて国定のものに限られていた。空海は『春秋左氏伝』『毛詩』『尚書』の三経コースを選択受講したと伝えられている。『文選』や『爾雅』などはすでに舅の阿刀大足のもとで学んでいただろう。そのことは空海の二十四歳の作『聾瞽指帰』を一瞥すれば瞭然となる。

留意すべきは、空海の在学当時、大学では「春秋学」は『左氏伝』のみならず、『公羊伝《くようでん》』と『穀梁伝《こくりょうでん》』の三伝が、ともに留学帰りの気鋭の助教《じょきょう》の伊与《いよ》部連《べのむらじ》家守《やかもり》によって開講されていたことである。将来、官僚の世界で名をあげようと思う学生達は、競ってこれら新設の講義を受けたのではないかと推定するむきもある。しかし空海は『左氏伝』のみで、これら二伝の講義を受けてはいない。しかも伝承では『左氏伝』を伊与部家守ではなくて、直講の味酒浄成《うまざけのきよなり》や岡田博士について学んだという[14]。

従来わが国の大学では開講されていなかった『公羊伝』や『穀梁伝』が『左氏伝』とともに開講されるに至ったのは、これら春秋三伝を完全にマスターして帰国した留学生の伊与部家守が大学の助教として任官したこともさることながら、桓武天皇による度重なる遷都や、武力による数度にわたる東夷征討などを正当化せしめるイデオロギーの確立と無縁ではなかったと中国哲学者の加地伸行氏は明言している(15)。すなわち中央の華やかで勝れた文化や道徳によって、辺境の未開な夷狄《いてき》を教化し平安ならしめる理想的国家論を述べるこれら『公羊伝』などのテクストを大学で講ずることは、為政者の側からすれば度重なる東国の蝦夷征討を容認し、かつ正当化するためのイデオロギーを将来の官僚たるべき学生の脳裏にしっかりと植えつけるためであったとも加地氏は指摘する。

空海がこれら『公羊』と『穀梁』の二伝を受講した形跡はまったく認められないし、これら両伝に依拠して論及することもない。空海ならずとも、これら両伝に説かれる理想的な国家論は、度重なる武力による東征によって多くの人びとが犠牲となって苦しみ、農地はかえって荒廃して、貧窮と飢餓に苦しむ現状とでは、余りにも大きく隔絶乖離している事実に対して、良識ある人びとは耐えがたい空疎感ばかりか、むしろ絶望的な嫌悪感すら懐いたに違いない。そしてまた、このような行政に平然とかかわっている官僚の世界とは、「経国の基」として学んだ文章の世界や周公旦、孔子の説く教えと果たしてどのようなかかわりを保持し得ているのか。無位無官の田公《たぎみ》を父にもつ空海は深く考えるところがあったに違いない。

糅《か》てて加えて、大伴・佐伯の家系につらなる空海には、政権の内実にかかわる忌わしい憶《おも》いも心の奥底に蟠《わだかま》っていたとも思われる。桓武天皇による唐突とも言える長岡遷都にかかわる藤原種継《ふじわらのたねつぐ》の陰湿な暗殺事件にからまる印象も、そのひとつであったかもしれない。

空海が舅の大足から大学への進学を勧められた十二歳の延暦四年（七八五）九月には、桓武天皇の側近で新京長岡の造営長官であった藤原種継が暗殺された。この事件はかつての種継の部下でもあった左少弁《さしょうべん》の大伴継人《おおとものつぐひと》や竹良《たけよし》らの遷都反対派の大伴・佐伯両氏に属する人びとを中心に、種継とは対立的立場にあった皇太弟の早良《さわら》親王を擁立して、新政権の樹立を謀った一種のクーデターであったとも言われている(16)。真相の程は知る由もないが、この事件の主謀者は種継が暗殺される二十日前にすでに病死していた東宮職長官の大伴家持《おおとものやかもち》とされた。あの万葉の歌人としても有名な家持である。

その家持につらなる大伴、佐伯の両氏にかかわる多くの人びとが冤罪によって政界から追放され、流罪に処せられている。空海が属する佐伯直氏は遠祖を大伴氏と同じくしていて、当時、佐伯氏の宗家と見倣されていた佐伯宿禰《さえきのすくね》今毛人《いまえみし》も、かつては造東大寺長官の要職についた長老であったのだが、このとき罪なくして筑紫に左遷されている。桓武天皇の実弟で皇太子であった早良親王は、長岡の乙訓寺《おとくにでら》に幽閉され、廃太子とされた。飲食を完全に絶って自らの無実を訴えていた親王は、十余日の後、淡路へ流罪とされる途次で絶命している。

このような政界での陰惨な策謀によって翻弄される官僚達の運命を見聞きするにつけて、若き日の空海の心に暗影が色濃く反映したとしても不思議ではない。後に空海が嵯峨天皇の勅命によって、一時この乙訓寺に入住せしめられたのは、荒廃した建物の修築もさることながら、その実、早良親王の怨霊の鎮魂を祈るためであったことは明らかである。

いずれにもせよ、空海は理想的な国家像を講ずる大学での学問にも、官僚としての政界での在りように対しても、冷静な眼差しを向けるようになっていったのではなかったのか。その空海が仏教と真剣に向き合うようになったのも、おそらく大学での履修をおえた頃のことであったろう。しかし仏教との出会いそのものは、空海に限らず、当時それ程、特別のことではなかったのである。というのも、当時の知識人にとっては、大学の学生等をも含めて、漢訳仏典を読むことが一般教養の学として盛行していたからである。それは中国古典の素養を身につけ、かつ漢文の読解力をつけるためにも、さらには中国古典の精神的な特質を闡明ならしめるためにも、知識人たちはこぞって漢訳の仏典を読み漁《あさ》ったものだという(17)。

さらに言えば、当時の高級官僚への登龍門であった対策試《たいさくし》は、一種の時事問題についての論文形式の試験であったのだが、しばしば儒教と仏教との思想的ないしは実利的な相違についての比較論が多く出題されたことも、仏典を読むことを促すことになったのかもしれない。しかし大学においては、道教はもとよりのこと、仏教に関する講義は皆無であったから、仏典を深く研鑽しようとすれば、南都諸大寺の経蔵が利用され、時として学僧の指南をうけることもあったかもしれない。奈良時代の学識の高い為政者の一人であった吉備真備《きびのまきび》（六九五—七七五）は儒仏二教を通底する教えとみて、「二教院」を設立して子弟を啓蒙し、同じ時代の文人官僚であった石上宅嗣《いそのかみのやかつぐ》（七二九—

七八一）は私宅を阿閦寺《あしゅくじ》とし、境内に「芸亭院《うんていいん》」を建立して公開図書館として、儒仏二教の学習を便たらしめたという。(18)

空海の学生時代にも、なおこれらの学塾が存続していたか否かは定かでないとしても、古くから知識人にとって、仏教は一般教養の学であったことは事実である。因みに、さきの吉備真備や石上宅嗣と肩をならべた学者の淡海三船《おうみのみふね》（七二二―七八五）は大学頭《だいがくのかみ》で文章博士《もんじょうはかせ》を兼ねていたが、かの有名な鑑真《がんじん》の伝記『唐大和上東征伝』の作者でもあり、大乗仏教の教理大綱を詳述した『大乗起信論』の注釈書すらも著わしている。

空海が在学当時の大学頭であったと思われる阿保人上《あぼのひとがみ》にも、『華厳経序私記』一巻の撰書があったことも知られている（『東域伝燈録』）。空海は学生時代に、この阿保人上あたりからも、直接間接に仏教思想に触れる端緒を得ていたかもしれない。しかしながら大学の課程をおえる頃の空海にとって、仏教はもはや単なる教養の学としての域を遥かに超えて、自らが真に生き抜くべき道そのものになっていたのではなかったか。仏教への強い思いが、空海をして、大学明経道の課程を完全に修了しながらも、官僚となるための貢挙試《ぐこし》を受験することを逡巡せしめ、やがて友人や知己からの批判や非難をうけることになったのではなかったのか。この間の空海自身の精神的葛藤の一端が、二十四歳の暮に著わした『聾瞽指帰』のなかにほの見えている。

その若き空海の悩みを見る前に、空海とは対蹠的な行動をとった人物を紹介しておこう。空海とは一世代前の大学での秀才であった道融《どうゆう》がその人である。奈良時代の漢詩集の『懐風藻《かいふうそう》』には、

「釈道融は俗姓波多氏。少《わか》くして槐市に遊ぶ。博学多才、特《こと》に属文《しょくぶん》に善し」とある。つまり道融は大学では秀才のほまれ高く、特に文章にすぐれていたという。その彼は大学在学中に「母の憂」つまり母の死に遇う。大学生は親の死に遇えば一年間の休学による服喪が義務づけられていた。道融は山寺で喪に服しているときに、たまさかに『法華経』の真髄に触れて、「我れ久しく貧苦にありて、未だ宝珠の衣中に在るを見ず。周孔《しゅうこう》の糟粕《そうはく》、安《いず》んぞ以て意《こころ》を留《とど》むるに足らんや」として、即刻に学窓を去り、「遂に俗累《ぞくるい》を脱《はな》れ、落飾出家す」[19]とある。仏教の高邁な教えに比して、周公旦《しゅうこうたん》や孔子の教えなどは、まるで酒の搾《しぼ》り滓《かす》のようなものというのだ。彼は直ちに大学を退いて出家得度し、やがて有名な戒律の学僧になるのだが、しかし空海はこうした短絡的な直情径行に走ることはなかった。

当時の唐の学制では、まず『孝経』と『論語』を一年間で学習し、次いで諸経を選択して履習してゆくのだが、『尚書』や『春秋穀梁伝』は一年間で終了し、『周易』『毛詩』『周礼』『儀礼』は二年、そして『礼記』と『春秋左氏伝』はそれぞれ三年で業をおえることになっていた。この制度に準じて推定してみると、わが国の大学においても、ほぼ三年程の在学で所定の課程を修了して、官吏登庸試験の貢挙試を受けることが出来ることになっていたと思われる。この推定に大きな誤りなしとすれば、空海は二十一歳の秋には三経履修の課程をおえていたことになる。当時、大学への進学は偏えに官僚への登龍門である貢挙試を受験する資格を取得することを目的としていたのである。しかし空海は、二十一歳の秋まで大学に在籍していたことは確実としても、その空海が貢挙試を受けた形跡はまったくない。

二　槐市から山林へ
——山藪を宅とし禅黙を心とす

天長元年（八二四）四月に空海が淳和《じゅんな》天皇に上奏した「少僧都を辞する表」では、「空海、弱《じゃく》冠《かん》より知命《ちめい》に及ぶまで、山藪を宅《いえ》とし、禅黙を心とす(20)」云々と書いている。「弱冠」とは二十歳を指し、「知命」とは五十歳をいう。このとき空海は五十一歳であった。この上表文は空海が二十歳を過ぎた頃から、五十の歳に至るまでもっぱら山林での浄行抖擻《とそう》にあけくれて、全国の僧尼を統轄指導するような公的人事にかかわる経験は皆無であることを述べて、僧綱職《そうごうしょく》の少僧都の任にあらざることを奏上した辞退状である。このときの空海の辞表は聞き届けられることはなかったのだが、しかし着目したいのは、空海自身が二十歳を過ぎた頃から大学の学窓を去って、山林での浄行に専心してきたと述べている事実についてである。

当時、出家得度の条件の一つに「三年以上の山林修行」が課せられていたけれども、「山藪を宅とす」という表現が、文字どおり常に山林での抖擻のみにあけくれていたということでもなくて、南都の学問寺での研鑽も当然ながら予想されるところである。すでに奈良時代から、吉野の比蘇山《ひそさん》寺《じ》を中心として虚空蔵法《こくうぞうぼう》などが南都の著名な学僧たちによっても多く修せられ、自然智宗《じねんちしゅう》と呼ばれる修行グループも形成されていた(21)。空海もまた、このような山林修行のグループのなかに身を置きながら、他方で仏教経論の渉猟にも寧日なき状況がつづいたのではなかったのか。しかし年分度者としての出家をすることもなく、学窓を去ってからの数年というものは、あたかも浮浪者の群れに身を投じたかのごとく思われても止むを得ざる程の行動であったのだ。

空海の人並はずれた異常なまでの学識や文才を知る人びとは、常軌を逸したかに見える空海の行動に対して、危惧の念をいだく余り、強い批判や非難のことばを発することもあったろう。なかんづく曽ての同学ともいうべき間柄にあった伊豫親王などは、空海を将来自らの官界での近侍とも考えていたであろうし、その才能を惜しむ余り、折に忠孝の道に悖《もと》るといった辛辣《しんらつ》な苦言を呈することもあったろう。時には逃役《とうえき》の輩《やから》と詰《なじ》ることもあったかもしれない。こうした多くの人びとからの非難に応答しなければならない時期を、空海は迎えることになる。その時期とは二十四歳の暮であったのだ。

「学令」によれば、服喪のために休学した学生に対して復学が許されるのは、年齢が二十五以下の者に限られていた。それは、九年間、大学に在籍して貢挙試に合格し得ない学生は退学処分に付されるのと同じく、二十五歳を超えて官僚になることはできなかったからである。つまり二十四歳の年の十一月以前に行われる貢挙試に合格しなければ、官僚への世界は完全に閉ざされてしまうことになるのである。

槐市から山林へと身を投じて数年を経ながらも、なおも自らの進退を明らかにしないままに沈黙をつづけた空海ではあったのだが、二十四歳の暮になって、まさしく自らの官界への道が完全に閉ざされるときを迎えて、漸く韜黙を破り、自らの意志《おもい》を表明せざるを得なくなる。それが二十四歳の暮、延暦十六年（七九七）十二月一日に撰述した『聾瞽指帰』一巻である。この撰書は後に序文と結頌を完全に書き改めて、『三教指帰《さんごうしいき》』三巻とされるのだが、その経緯については後に触れることもあろう。

『聾瞽指帰』とは、真理にくらく、真実の教え、まことのコトバに眼を向けることも、耳を傾けることもない人びとへの指針という程の意味である。あるいは著者自身の真意を理解してくれない人たちへの意志表示を内意せしめるタイトルであったかもしれない。この撰著は空海が二十四歳の暮に書かれたことに大きな意味を有しているのであって、換言すれば、空海にとっては二十四歳の暮の延暦十六年十二月一日でなければ殆ど意味を有し得ない書物であったのだ。だから、『聾瞽指帰』を改訂した『三教指帰』の撰述も、その記載の形式を異にするとはいえ、同じ「延暦十六年十二月一日」となっているのは、そのためである。

『聾瞽指帰』序文の末に記載される撰述年月日は、次のとおりである。

　　干時平朝御宇
　瑞帝瑞号延暦十六年窮月始日(22)

空海の真筆といわれる『聾瞽指帰』における、「御宇」の下を二字ばかり空白とする「空格《くうかく》」の様式にしたがい、「瑞帝」以下を改行する「平起《へいき》」に則っての年号の記載は、この撰著自体が天皇に準ずる高貴な人物への献呈を示唆していると、書像史家の飯島太千雄氏はいう[23]。飯島氏はこの年記を「時に平安京の朝廷の御世、畏れ多くも徳高き天子の、いともめでたき年号である延暦十六年十二月一日」と読み解いて、これを上表にも比すべき年時の記述とし、この『聾瞽指帰』一巻が、当初は父帝桓武がもっとも寵愛し、かつ表舅阿刀大足を介しての同学の間柄にあった伊豫親王に献上されて、空海自身に寄せられた伊豫親王らの憂慮の念にこたえ、かつ自らの進むべき道を示したものであったろうという。その限りにおいては至言であり、徴すべき見解というべきである。

さきにも言及したように、いささかペダンティックとも思える文章論を述べる序文と、最後の結頌の十韻の詩を完全に書き改めたものが『三教指帰』三巻なのであるが、その改作はおそらく空海が唐国の留学から帰国後のことであったと思われる。平安前期の学者である橘 広相《たちばなのひろみ》（八三七—八九〇）が空海の弟子真然《しんぜん》が南岳の高野に帰るのを送る詩に、「岐《わかれ》に臨んで拝別するに、尤も慙愧《ざんき》たるは、三教指帰《さんごうしいき》の注、未だ成らざること[24]」と詠じている事実には留意しておくべきであろう。そこではさらに「先年、海和尚は三教指帰を撰す。去《い》んじ元慶七年〔八八三〕、然和尚〔真然〕は余《われ》に之が注を作ることを請えり。予、劇務に奔波され、此の注を成ずること、今日も便ち〔得ず〕」云々と付記されている。

いずれにもせよ、『聾瞽指帰』は空海の卒伝では「三教論」と言われているように、当時の東洋の三大思想である儒教、道教、仏教の特質を、それぞれ三人の仮空の人物、鼈毛《べつもう》先生、虚亡隠士《きょぶいんじ》、仮名乞児《かめいこつじ》をして語らしめる一種のリーディング・ドラマの形式をとった比較思想論であるが、その基底には若き日の空海自身の悩み多き思想遍歴が秘められていると見るべきであろう。この撰著を空海の出家宣言の書とみるむきもあるようだが、しかし空海はこの撰述を書きおえてもなお、数年間は出家することはなかったのである。この間の行動は杳《よう》としてわからない。

『聾瞽指帰』の序文がいささかペダンティックにすぎる文章論あるいは文学論から始まっているのは、自らのこれまでの学習の成果の一端を披攊する意図がなかったとは言えないだろう。とりわけ魏の有名な詩人曹植《そうしょく》や南北朝の博学者沈約《しんやく》などの詩論や詩文にしても、なおも文章論とか修辞論の上からみても、誤りや欠点が多いと敢えて記しているのだ。さらには中国の有名な作家張文成《ちょうぶんせい》が著わした気晴らしの書物の『遊仙窟《ゆうせんくつ》』も、たとえ美麗辞句をつらねた作品とはいえ、余りにも淫佚に過ぎて優雅さに欠けるとの批判、さらには吾が国の日雄《ひお》ともいうべき人の作品とても、弁舌巧みながらも、余りにも詭弁に過ぎるとの批判は、これから私が筆をおろす作品こそが、かれらの文章よりも数段すぐれたものとの自負の念《おも》いが秘められているといえよう。そのことは「余《われ》、恨むらくは高志《こうし》妙辯《みょうべん》、妄《みだり》に雅製に乖《そむ》くことを」と述べ、また「将《まさ》に溺溺《できでき》たる青柳を詠じて一言の莫中《ばくちゅう》に躓《つまず》かんとし、瀌瀌《ひょうひょう》たる白雪を賦して、八病《はちへい》の制あるに纏《まつ》われんと欲《す》[25]」と謙遜しながらも、曹植や沈約にも劣らない文章を呈示してみせようというわけである。一字一句に秘する無限の意味あい、韻文を作るうえで避けるべき八つの制約など、空海には文筆を尽くし究めたという自負の念が沸々《ふつ》とわいてきたことを示唆している。

事実、この『聾瞽指帰』は漢文の四六駢儷体《しろくべんれいたい》の絢爛たる文辞で綴られていて、空海が『藝文類聚《げいもんるいじゅう》』とか『文選《もんぜん》』などの文章論についての知識を豊富に身につけていたことを物語っている。中国の隋や唐の時代に盛行した四六駢儷体の特徴は、四字句と六字句を基軸とした文章で構成されていて、多く対句《ついく》表現によって古典の内容を踏まえた字句を用いることが原則となっているという。空海には、後に、六朝、隋、唐の詩人らの創作理論をまとめた『文鏡秘府論』六巻があり、そこでは、この創作理論をマスターすれば珠玉の名文をものすることができると述べている。まさしく空海は生涯を通じて文字の人であり、文章の人であったのだ。

すでに言及したように、『聾瞽指帰』は若き日に師主をともにして文章などを学んだ伊予親王に対して、自らが確信する「人としての在るべきよう」を示したものであったと思われるのだが、しかしそれでも猶、空海は確固たる不動の境地には至り切ってはいない。

まず『聾瞽指帰』の結論ともいうべき最終部分の「十韻の詩」をみてみよう。仏教を代表する仮名《か》乞児《めい》が、「これまで示された儒道仏の三教を一言をもって総括し、あなた達の口遊《くちずさ》みに供したい」といって、次のような結頌を示す。

心を作《な》して孔教を漁《あさ》り、憶《おもい》を馳《は》せて老風を狩る。
雙《ふたつ》ながら今生《こんじょう》の始めを営み、並《とも》に来葉の終りを怠る。
方《まさ》に現ず種覚《しゅかく》の尊、円寂にして一切に通ず。

誓いは深くして溺海《できかい》に梁《りょう》たり、慈 み《いつくし》は厚くして焚籠《はんろう》に灑《そそ》ぐ。
悲《かなし》みは四生《ししょう》の類《たぐい》に普《あま》ねく、恤《めぐみ》は一子の衆に均《ひと》し。
他を誘《いざな》いて専ら業《ごう》と為し、己《おのれ》を励まして兼ねて功を作す。
汎濫《はんらん》には六度《ろくど》を船とし、翕拔《しょばつ》には両 空《りょうくう》を車とす。
能浄寥 覚《りょうかく》に翔《かけ》り、悪濁《おだく》塵夢に泳ぐ。
両諦は殊處《しゅしょ》に非ず、一心塞融《いっしんさいゆう》を為す。
庶幾《こいねがわ》くは擾 擾《じょうじょう》の輩《ともがら》、速《すみ》やかに如如《にょにょ》の宮を仰がん。(26)

これを十韻の詩というのは、各句の末字の韻が同一になるもので、今の場合、十韻とは各句の末が、風・終・通・籠・衆・功・空・夢・融・宮であり、これら十字の韻がすべて同一であることをいう。

これらの十句のなかで、儒道二教への言及は始めの二句のみである。すなわち「心から真理を求めて孔子の教えを探求し、思念《おもい》をはせて老子の誡《おし》えをあさってはみたものの、しかしこれら二つの教えは双つながら現世の浅薄な利益《りやく》のみにあくせくして、来世のことなど、とんと気にかけてさえもいない」というもの。それに比して仏教に関しては、余他の八句すべてを充《あ》てて、まずは完全無欠な絶対智をそなえる尊者の教えこそ、すべての教えに通底しているとするのだ。そしてその教えは慈悲、六度、人法の二空そして一心すなわち仏の絶対智などをあげて仏教を詠嘆するけれども、注目すべきは、儒道二教は捨離すべきものとは決して述べていないことである。このことは、後に書き改められた『三教指帰』の「十韻の詩」になると、一層明白となっていく。今、儒道二教のみにかかわる部分のみを引くと、次のごとくである。

居諸《きょしょ》冥夜を破り、三教癡心《ちしん》を褰《かか》ぐ。
性欲《しょうよく》に多種あれば、医王薬鍼《やくしん》を異にす。
綱常《ごうじょう》は孔に因って述ぶ、受け習って槐林《かいりん》に入る。
変転は聃公《たんこう》の授《さずけ》、依り伝えて道観《どうかん》に臨む(27)。

月光が暗夜を照らすように、孔子や老荘の教えも仏陀の教えも、皆なともに我々の愚昧《ぐまい》な心を捲《めく》り改めてくれる。

人びとのもって生まれた天性や思いは、さまざまなのだから、医王にも比せられる仏陀が与える教薬もさまざまである。

だから三綱五常の道(28)を孔子によって説かせていて、これらを受け習う者は大学を卒《お》えて高位高官へと登りつめる。

また道教の祖である老子には混沌《こんとん》の気の陰陽変転の道を教えさせて、これを信憑するものは道観《どうかん》つまり道士の住む樓閣に身を寄せる。

注目すべきは、儒教も道教もともに、仏陀が異なる風土や文化のもとで生まれ育った人びとには自《おのず》からその素質能力のほかにも考え方の差異があるのだから、その機根に応じて仏陀が説き示した様々な教えのなかに、儒教も道教もすべてが含まれるという見解である。

この考えは、すでに『聾瞽指帰』の「仮名乞児《かめいこつじ》論《ろん》」のなかで、龜毛先生や虚亡隠士に対して、仮名乞児が仏教への志向を勧告したことばとして、次のように記されている。「宜《よろ》しく秦王《しんおう》の偽《いつわり》を顕わす鏡を鑑《かんが》みて、早く葉公《しょうこう》が真を懼《お》ずる迷を改め、倶《とも》に触象《そくぞう》の酔《すい》を醒《さま》して、並《なら》びに師吼《しく》の道を学ぶべし。儒童《じゅどう》、迦葉《かしょう》は並びに是れ吾が朋《とも》なり。汝の冥昧《めいまい》を愍《あわれ》んで、吾が師、先だって遣《つか》わす。然れども機《き》の劣なるに依って、浅く現前の膚《はだえ》を示して、未だ過未の脳を演《の》べず。而《しか》るに各おの殊《こと》なる途《みち》を執《しつ》して、争って旗鼓《きこ》を挙ぐ。豈《あに》、迷えるにあらずや」というのが、そのことを示している。

この文章の前で、仮名乞児をして、龜毛先生や虚亡隠士の所論について、氷に字を彫りつけたり、水に絵を描こうとするようなものであって、ともに五十歩百歩の愚論であり、優劣のつけようとてもないものと酷評させている。それは一にかかって、かれら龜毛先生や虚亡隠士の二人が、これまで仏陀の教えを耳にしたことがなかったからだと言うのである。つまり仏教に出会い得なかったが故の浅略な思考であったというわけである。この言葉につづけて、さきに引いた文章を出しているのだ。無用のことかもしれないが、その大意を述べればおよそ次のようになろうか。

秦の始皇帝が持っていたという虚偽をはっきりと映し出す鏡でも見てみるがよい。龍を大いに好んだ葉公が本物の龍を見て気絶したという愚かさ、眼の見えない人びとが象の体の一部を手で触れて、それぞれに違った表象をいだいたというような迷妄を、ともに早く超脱して、仏陀の教えを学ぶがよい。あなたがたが信奉している孔子（儒童）や老子（迦葉）は、ともに私の仲間なのだ。わが師とも仰ぐ仏陀が、かつてあなた達の愚昧をあわれんで、先ずはこれら二人を遣わされたのだ。しかし当時の中国の人びとの素質能力とか物の考え方をかんがみて、真理のごく一端にすぎぬ天地陰陽の哲理などの浅略な教えを示しただけで、三世にわたる深遠な因果の教理などはお説きにはならなかったのだ。それなのに、あなた達は真理の一端を聞き得ただけで、それぞれ相互に異なった道理に固執して、優劣の論諍をすることなど、まったく思い違いも甚だしいことだ。

『聾瞽指帰』では「鼈毛先生」とあるのが『三教指帰』では「亀毛先生」に改められている。意味するところは同じであって、登場人物の名前はすべて実体なきことを示唆している。以下、儒教を代表する人物名としては「亀毛先生」を用いることにする。

この物語りの発端は兎角公《とかくこう》の館を舞台として、その兎角公の母方の甥で放蕩三昧に耽って、大学に籍をおきながらも、一向に勉学に励もうとしない蛭牙公子《しつがこうし》に対して、兎角公のたっての要請をうけた亀毛先生が儒教の要諦を説き聞かせて改心せしめるのだが、華麗な文体で繰りひろげられる数多の古典の教旨を示す亀毛先生の弁舌は、まさに圧巻というべきであろう。そこには空海が大学で学び得た九経三史にわたる該博な知識が結晶体としてちりばめられているといってよい。そしてまたその亀毛先生が仏教の戒律や『法華経《ほけきょう》』とか『阿闍世王授決経』などに言及しての説示は、当時、漢訳仏典の解読が知識人にとっての一般教養の学でもあったことを反映していると言えるだろう。

亀毛先生は蛭牙公子への教誡のなかで数度にわたって学問の重要性に言及する。「教えに従うこと円《まどか》なるが如くなるときは、庸夫《ようふ》の子〔一般家庭の子弟〕も三公《さんこう》〔政界の高官〕に登らん」とし、「上《かみ》は天子に達し、下《しも》は凡童に及ぶまで、未だ有らず、学ばずして能《よ》く覚り、教えに乖《そむ》いて自ら通ずることとなし」というのはまだしも、誡告をしめくくる教示として「孔子の曰《いわ》く、耕《たがや》すときは飢《うえ》其の中に在れども、学ぶときは禄《ろく》其の中に在り」という『論語』衛霊公篇のことばを援引する。『論語』そのものの文意は別として、ここに引かれる文脈からすれば、農耕に従事して汗みずたらして働きつめたとしても、時として凶年のときなどには食べることにも事欠く結果となるけれども、大学にあって学問に精励してさえいれば、官界へと進み得て、俸禄はおのずから確実に保証されるというのだ。

この教誡に対して、蛭牙公子をして「誠なる哉、斯《こ》の言。当《まさ》に紳骨《しんこつ》に鏤《ちりば》め書《しる》すべきのみ」と言わしめている。この孔子の諫言を肝に銘ずるために、帯にも書きとめ、骨にも刻みこんでおきましょうということである。しかし空海自身は、この道を進んではいなかったのだ。そして物語りの舞台は第二話へと進む。

愚者をよそおって亀毛先生の様子を冷やかに眺めていた虚亡隠士は、その異様な風采から普通の常識人でないことを暗示せしめている。頭髪は蓬《よもぎ》のように乱れ、身に纏《まと》った衣服はぼろぼろであり、どっかりと胡座《あぐら》をかいて坐している。このような風采の描写は、第三話で登場する仮名乞児のそれとともに、讖緯《しんい》思想にもとづく非凡な人物たることを表わしているのである。

虚亡隠士は亀毛先生が説示した忠孝の教薬を、病を療するにはまったく効能がないばかりか、むしろ患者を死へと追いやる拙医になぞらえる。「如何《いかん》が己身の膏肓《こうぼう》を療せずして、輙爾《たやす》く他人の腫《はれ》脚《あし》を発露《あらわ》すや。卿《なんじ》が病を療するがごときは治《ち》せざるに如《し》かず」とまでの辛辣な批判をあびせるのだ。亀毛先生はこのような批判に反駁しないばかりか、兎角公や蛭牙公子ともども、虚亡隠士が信奉するという道教の教えを聴聞したいと願い出るのである。そのために亀毛先生等は敢えて虚亡隠士が提示する誓約の儀式をも受けて、道教の世界へと誘《いざ》なわれてゆく。いわゆる老荘思想であって、道教の仙術、不老長生の道術が神符や呪禁《じゅごん》、仙薬の類《たぐい》として説かれ、「道」の根源的真理との一如、世俗的欲望の束縛から完全に離脱して、至福の境地へと到りつく。かくて天地とともに悠久なる寿命を保ち、広大無辺の性命《いのち》を生き抜くことを説き進めてゆく。

あげくに虚亡隠士は「其れ吾が師の教えと、汝が説く言《こと》と、汝等が楽しむ所と、吾が類《ともがら》の好む所と、誰か其れ優劣なるや。孰《いず》れか其れ勝負なるや」と問いかけるのだが、亀毛先生をして一言も反論せしめることなく、むしろ兎角公等をして、「吾れら幸いに好会に遇い、儻《たま》たま讜言《とうげん》を承わる」云々と言わしめて、儒教と道教との優劣は自明であり、これからは専心して永く道教の教えを吟味してゆきたいとも語らせている。

言うまでもなく、このような描写の背景には空海自身の三教に対する価値判断が働いてのことであるが、注目したいのは、儒教の境位にあった住心が、道教との出会いによって、その道教の住心へと昇華収斂されてゆく事実への言及である。そのことは空海の密教思想の最大の特徴とも言うべき「秘《ひ》密《みつ》曼《まん》荼《だ》羅《ら》十住心《じゅうじゅうしん》」の体系のはるかなる萌芽が、すでに二十四歳のときの作品に認められることである。

かくて兎角公の館に最後に登場してくるのが、さきの虚亡隠士よりも、なお一段と異様な風貌風采の仮名乞兒である。その人物描写はいかにも自虐的でもあり(29)、この乞兒が「偶《たま》たま市に入るときは瓦礫《がれき》雨のごとく集まり、若し津《わたし》を過ぐるときは馬屎《ばし》霧のごとくに来る」といった表現は、あるいは空海自身の当時における行動に対して投げかけられた文字どおり「襤《ぼ》褸《ろ》糞《くそ》」な非難のことばであり、空海自身の苦悩多き精神的な境遇をも暗示せしめているとみるべきであろう。この仮名乞兒に空海が自らの分身を反映せしめていることは、兎角公の館に到り着いて門柱によりかかり、亀毛先生と虚亡隠士の論説を耳にしていた乞兒が、かれらにその出自を問われて答えた内容からも自明である。すなわち輪廻転生の世界にあって、固定的な州《くに》県とか親子などあるはずもないのだが、かりそめの現況について言うならばとして、次のように答えている。

「頃日《このころ》の間、刹那《しばし》、幻のごとく南閻浮提《なんえんぶだい》の陽谷《ようこく》、輪王《りんのう》所化の下《もと》、玉藻《たまも》帰《よ》るところの島、櫲《よ》樟《しょう》日を蔽《かく》すの浦に住す。未だ思う所に就かざるに忽ちに三八《さんぱち》の春秋を経《へ》たり(30)」。「南閻浮提」とは仏教の世界観を示す語で、われわれの住む世界をいう。つまり、ここ暫く今生《こんじょう》のことを言えば、日《ひ》出《いず》る国の聖なる天子の治下にある玉藻が打ち寄せる讃岐《さぬき》の国、楠の大樹が太陽をさえぎる多度郡の屛風が浦に住んでいるのだが、未だ思慕する覚者のもとへも行けないままに、早や二十四歳の年月を経てしまったというわけ。この出自や年齢の描写はまさしく空海が『聾瞽指帰』を撰述した当時の状況と一致している。そしてその仮名乞児にも私度僧《しどそう》ながら阿毘法師《あびほっし》のような新しい同法がおり、常に懇《ねんごろ》に心くばりをしてくれる光明という名の優婆塞《うばそく》、いわば篤信の援助者もいたというのは[31]、槐市から山林へと身を投じた空海にも、幾許かの理解者がいたことを暗示するものであろう。因みに私度とは公度に対する語で、私《ひそか》に得度出家者を名乗る国家未公認人の行者をいうのだが、「阿毘」というのは、おそらく梵語の「阿毘跋致《ばっち》」(avaivartika)の略で、不退転の菩薩すなわち真理を忘失して退歩することのない行者を指しているのではないか。不退転の決意で山林へ身を投じた空海自体を反影しているかもしれない。

しかしその仮名乞児が「或るときは金巌《かねのたけ》に登って雪に逢うて坎壈《かんらん》たり。或るときは石峯《いしづちのたけ》に跨《また》って粮《かて》を絶って轗軻《かんか》たり」といった山林修行の描写や、山林修行のとき「雪を掃《はら》って肱《ひじ》を枕とし」「霜を払って蔬《くさびら》を食《くら》う」といった表現は、多分に『史記』(孔子世家)とか『文選』(古詩)、ないしは李白の詩、あるいは『論語』述而篇などを踏まえての記述と言われていて[32]、果たして空海自身の実体験であったかは疑わしい。「金巌」は吉野の金峯山を指し、「石峯」は伊豫の石槌山を指していて、ともに古くから山岳信仰の対象であったことは事実である。後の弘仁七年(八一六)六月に空海が嵯峨天皇に対して、修禅の道場として高野の下賜を願い出た上表文では、「空海、少年《わかかりし》の日、好んで山林を渉覧《しょうらん》して、吉野より南に行くこと一日、更に西に向って去ること両日程にして、平原の幽地あり。名づけて高野《たかの》と曰《い》う。計《はかりみ》るに紀伊国伊都郡《きいのくにいとのこおり》の南に当れり(33)」とあるから、二十歳を過ぎた頃に吉野の深山に足を踏み入れたことがあったのは事実である。

いずれにもせよ、大学での課程をおえながらも官僚への道を進むことなく、敢えて浮浪者と見紛う群れに身を投じながらも、官度僧にもならない空海に対してあびせられる非難の声は、忠に反し孝に背く最たる振舞いというものであったろう。「或る人告げて曰く、我れ師に聞く、天地の尤霊《ゆうれい》、寔《まこと》に人その首《しゅ》たり。惟《こ》れ人の勝れたる行は惟れ孝、惟れ忠なり。余の行は万差なれども、此の二は其の要なり。所以《このゆえ》に遺体《いてい》を毀《そこな》わず」などと言わしめているのは、そのことを予想せしめるけれども、『孝経』や『論語』を俟つまでもなく、人として至極尤もな在りようを示している。「遺体を毀わず」とは『孝経』開宗明義章の「身体髪膚、之を父母に受く。敢えて毀傷せざるは孝の始めなり」とあるのを指しているのは明白である。身体髪膚を毀傷するとは、罪人となって皮膚に入れ墨をされることをいう。まさしく孝に反する最たる悪行である。しかし官途に就くこともなく、徒らに山林の修行者の群れに身を投ずること自体、たとえ徭役《ようえき》などの税をのがれる行為と見做されるとしても、一体まことの「忠孝」とは何かを論ずることで、仮名乞児をして、こうした非難に対して敢然と反論せしめている。いわゆる「大孝」「大忠」の見解の披瀝である。

「僕《われ》聞く、小孝は力を用い、大孝は匱《とも》しからずと。是の故に泰伯《たいはく》は髪を剃《そ》って永く夷族《いぞく》に入り、薩埵《さった》は衣を脱《ぬ》いで長く虎の食《じき》と為る」というのが、その一説である。たとえば呉の泰伯は父王の思いを察して、弟の季歴に王位を譲《ゆず》るために、敢えて自ら髪を剃り皮膚に入れ墨をして蕃族の群れに身を投じて、父王の思いにそったではないか（『史記』呉太伯世家）。また仏陀は過去世の求道修行時代に、飢えた虎の親子が死に瀕しているのを見て、衣服を脱ぎ棄てて己れの身を投じて与えた（『金光明最勝王経』捨身品）というではないか。そのために父母には地に倒れるほどの悲しみを与えているのだから、こうした行為こそが孝に反する最たるものではないのか。

しかし孔子は泰伯を「至徳」なるものと称讃し、仏陀は再誕して「大覚者」となって人びとを救済したではないか。かくて仮名乞児は自らへの非難者に対して、「余《われ》、愚陋《ぐろう》なりと雖も、清波を斟《しん》酌《しゃく》し、遺風を鑽仰《さんぎょう》す。毎《つね》に国家の為に先ず冥福を捧げ、二親、一切に悉く陰功《いんこう》を譲《ゆず》る」として、これこそが真の忠であり孝であると言う。しかし何故か、この時点でも空海は国家が容認する年分度者としての出家得度に踏み切っていない。自らの行動を仮名乞児をして「父兄にも拘《かか》わらず、親戚にも近づかず、萍《うきぐさ》のごとく諸州に遊び、蓬《よもぎ》のごとくに異境に転ず」と言わしめている。後に民間に伝承される空海の諸国行脚《あんぎゃ》も、こうした空海自身の発言にその端緒を有していたのである。

三　秘門との出会い
——岐に臨んで幾度か泣く

仮名乞児が山林から、たまさかに街なかに歩を運び、食を乞うている折に、偶然、兎角公の館の門柱に倚りかかって、「是において亀毛と隠士とが論諍の戦の庭に逢《あ》いぬ」とあり、「各《おの》おの我《われ》は是《ぜ》なりと謂い、並びに彼は非なりと言う」(34)と書かれているが、しかし『聾瞽指帰』においても『三教指帰』にあっても亀毛先生と虚亡隠士との間の論争の記述はまったく認められないし、相互に批判しあう場面も一切なかった。むしろ前述のように、亀毛先生は虚亡隠士の説示を唯唯諾諾と肯《がえ》んじていたのではなかったのか。それなのに、仮名乞児の登場の場面で、乞児をして両者の論戦の場に出くわしたと言わしめているのは何故なのか。しかも亀毛と虚亡の所説に対して、「時に自ら思わく、溜水の微辯、爝火《しゃくか》の小光だにも猶、既に此の如し。況んや吾れは法王の子なり。盍《な》んぞ虎豹の鉞《まさかり》を擁《も》ち、蟷螂《とうろう》の斧《おの》を拉《とりひし》がざらん」と仮名乞児をして言わしめていることも、いささか高踏的にすぎるように思えないでもない。「亀毛先生や虚亡隠士の弁説は、言ってみれば水滴がぽたぽたとしたたり落ちるような貧弱な主張にすぎず、かがり火の小さな光りにも及ばないような内容のお粗末さ。それに比して私は仏陀法王の子、虎や豹のように強靭な鉞をもって、かまきりの斧のような彼らの主張をへし折ってやらねば」といった強烈な表現は、仮名乞児のあまりにも自虐的な風貌体裁の描写と対蹠的たらしめることで、仮名乞児の教養知識の高くかつ深いことを示唆せしめているものと思われる。しかし仮名乞児をして儒道二教への思想的な批判をさせているわけでもないし、また仏教自体の特定な教理を深く論ぜしめてもいない。

　むしろ仮名乞児は自らの仏教との出会いについて、「頃日《このころ》の間、偶《たま》たま良師の教えに遇うて、既に前生《ぜんしょう》の酔を察《さま》せり」と述べて、すでに亀毛と隠士によって語られた儒道二教に対して、仏教の真髄を「生死の苦源」、その生死の苦しみから脱《のが》れる「涅槃《ねはん》の道」、そして「涅槃によって到りつく楽果」などについて淡々と述べてゆくのだ。ここで注目したいのは、これらの教説はいわば通仏教的な考えであって、当時のわが国における華厳《けごん》、律《りつ》、成実《じょうじつ》、倶舎《くしゃ》、三論《さんろん》、法相《ほっそう》の六宗の学説などにはまったく触れていない点である。それは仮名乞児自身、換言すれば空海自身が、八万四千の法門とも言われる仏教の多様性が衆生の機根によるものだとは了解し得ているとはいえ、現に今、一体どの道を辿るべきかの確信なき境位にあったことを暗示していないでもない。

　自らの進むべき道を直接に聞きたいと思っても、仏陀世尊はすでに此の世になく、遥か未来に仏陀たり得る印璽《いんじ》を与えられたという弥勒《みろく》菩薩はなおも覩史多天《としたてん》に在《いま》すということであれば、まずはその弥勒菩薩の在す覩史の京《みやこ》へと向かうほかない。しかしその道はなかなかに難路であり、しかも四方八方と幾つもの岐路にわかれていて、一体どの道を進めば覩史多天の弥勒菩薩のもとに往き着けるのか。未だに見当すらつかない有りさまである。

と仮名乞児をして告白せしめているのは、そのまま当時の空海自身の心境を反映せるものと見てよいだろう。教養の学として、学び始めた仏教に、自らの生き抜くべき道を見出しながらも、なおも正式に出家得度の道を選び得なかったのは、おそらくこうしたことへの自覚にあったと思われる。
　かくて仮名乞児は仏教の基本的世界観を「無常《むじょう》の賦《ふ》」や「生死《しょうじ》海《かい》の賦《ふ》」として、亀毛や隠士たちに示す。「賦《ふ》」とは駢偶《べんぐう》の韻を踏んだ文体をいうのだが、空海の文才を遺憾なく発揮するものとなっている。その「無常の賦」は「熟《つらつら》惟《おもん》みれば、峨峨《がが》たる妙高、崛岉《くつぶつ》として漢《あまのかわ》を干《おか》せども、劫《ごう》火《か》に焼かれて灰滅《けめつ》し、浩浩《こうこう》たる溟瀚《めいかん》、沆瀁《こうよう》として天に滔《はびこ》れども、数日に曝《さらさ》れて消渇《しょうかつ》す」から始まる長文の賦である。[35] 意味するところを概説すれば「よくよく熟慮してみれば、世界の中心に高く聳える須弥山《しゅみせん》は、たとえ天《あま》の川《かわ》にとどく程ではあっても、この世の終りの劫火《ごうか》に焼かれれば、一塵の灰と成り果てて消え失せてしまうだろう。果てしなく拡がり、深くよどむ四大海の海原は天にまでも溺《みなぎ》るほどであったとしても、劫末《ごうまつ》となれば幾つもの太陽に照りつけられて、すっかり干上《ひあが》ってしまう」とつづけて、無常を嘆《なげ》き悲しむ。この賦においては、五蘊《ごうん》、十二縁起、三毒（貪瞋癡）、四苦（生老病死）といった仏教の基本的な教理についても詠嘆し、たとえ神仙とても無常の風を免れることはできないし、いかに財宝を積んだとても、またどのような権力を手にしたところで、寿命は購《あがな》うことのできないもの。かりに寿命を延ばすという神丹《しんたん》を千両も服用したとしても、あるいは人を蘇生させるという奇香を百斛《ひゃっこく》もたきこめたとて、片時とも生命《いのち》を引きとめることは出来はしないのだという。

かくて「無常の賦」では、死後にうける業報《ごうほう》としての苦しみを描き、「嗚呼《ああ》、痛ましき哉、嗚呼、痛ましき哉。吾れ若し生前に勉めずして、蓋《けだ》し一苦一労に罹《かか》ること有らば、万《よろず》たび歎き、万たび痛むとも、如何ぞ能く逃《まぬが》れんや。勉《つと》めよや、勉めよや」と教誡して、亀毛たちを大きな感動へと誘《いざな》う。

このとき「仮名《かめい》は則ち瓶を採り、水を呪して普《あま》ねく面《おもて》の上に灑《そそ》ぐ。食頃《しばらく》ありて蘇息しても醒《さかよい》に似て言わず《ものいい》」とある。仮名乞児の迫真の説示に亀毛らは深い感銘の衝撃で気を失うほどであったということへの処置である。仮名乞児が一種の呪法を行なったことは注目に値いするけれども、仏教の呪法は、正倉院文書によってみても、奈良時代から盛んに行なわれていたことがわかっている。

ここに示された「無常の賦」や「生死海の賦」が、いわば真諦を示したものとすれば、この呪法などは俗諦にあたることとなろうが、後に述べるように「真俗の二諦は倶《とも》に是れ常住」とするのは、空海の仏教観の特質であることに留意しておくべきだろう。

亀毛先生らから、さらに仏教の綱要を尋ねられた仮名乞児は、「仏陀の教えは周公旦や孔子も未だ説いていないし、老子や荘子によってさえも、これまで述べられたこともないほどのもの。しかも同じ仏説と言っても、その果報は声《しょう》聞《もん》や独覚《どくかく》たちの小乗の徒輩ですらも及び得ないもので、十地の菩薩のみが到り得る態のものなのだ」という。かくて最後に、その大乗仏教の究極的な真理を示すものとして、「生死海の賦」「大菩提の果」を出すのである。要約してその大綱を示すなら、無限に生死の輪廻《りんね》をくりかえす迷界を超脱して、勝《しょう》心《しん》つまり本来的にそなわっている勝れた菩提《ぼだい》の心を因として、大いなる覚者の世界へと到り着きうることを示す。ここでは煩悩を転ずることで大いなる涅槃《ねはん》すなわち寂静の境地が得られ、所知障《しょちしょう》、つまり正しい認識を障げる煩悩を転じて、無上の覚《さとり》を得るとする点にも、当時の空海による仏教思想への深い理解度を読みとることができるだろう。

空海が『聾瞽指帰』を著わすに当たって依用した中国の古典や仏教の経論は、実に彪大な量に及んでいると、この作品を訳注した福永光司氏は指摘している。[36] 当時の空海の該博な知識には、ただただ驚嘆するのみであるが、この作品に依拠援引された論書のなかに、『釈《しゃく》摩《ま》訶《か》衍論《えんろん》』が含まれていることは、空海がやがて一沙門との出会いへと導かれる遠因となり得た点できわめて注目すべきことである。この点については夙に論及したことがあるので、ここでは立ち入らないこととする。[37]『聾瞽指帰』を総括する結頌としての「十韻の詩」は先にもふれたが、もう一度原文とともにみてみよう。

作心漁孔教　馳憶狩老風
雙営今生始　並怠来葉終
方現種覚尊　円寂一切通
誓深梁溺海　慈厚灑焚籠
悲普四生類　恤均一子衆
誘他専為業　励己兼作功
汎濫船六度　翥抜車両空
能浄翔寥覚　悪濁泳塵夢
両諦非殊處　一心為塞融

心を作《な》して孔教を漁《あさ》り、憶《おもい》を馳《は》せて老風を狩る。
雙《ふたつ》ながら今生《こんじょう》の始を営み、並《とも》に来葉の終りを怠る。
方《まさ》に現ず種覚の尊、円寂にして一切に通ず。
誓いは深くして溺海に梁たり、慈みは厚くして焚籠《はんろう》に灑《そそ》ぐ。
悲みは四生の類に普《あまね》く、恤《めぐみ》は一子の衆に均《ひと》し。
他を誘いて専ら業となし、己を励まして兼ねて功を作す。
汎濫には六度を船とし、翥抜《しょばつ》には両空を車とす。
能浄寥覚に翔《かけ》り、悪濁塵夢に泳ぐ。
両諦は殊処《しゅしょ》に非ず、一心塞融《さいゆう》を為す。

庶幾擾擾輩　速仰如如宮　庶幾《こいねが》くは擾擾《じょうじょう》の輩《ともがら》、速やかに如如《にょにょ》の宮を仰がん。

この結頌の要諦を概観すれば、心をこめて孔子の教訓を探求し、憶《おもい》を致して老子の教風を尋求してみた。しかし二教ともに、なべて現世の営為のみにかまけて、来世に受くべき果報などについては、何らの言及も示唆もない。しかし偉大なる覚者仏陀の教説は、三世にわたって円満し、一切に通じて欠けるところはない。ものみな救い取らねば止まぬという無限の慈悲の心、すべて人びとを絶対の安らぎへと誘う六度《ろくど》のわたし、俗と真との無碍なることの体得、それこそ真如、つまりは絶対真理の宮殿へと参入する仏教の核心なのだ。

三教の要旨をまとめた「十韻の詩」では、儒道二教を「雙《ふたつ》ながら今生の始めを営み、並《とも》に来葉の終りを怠る」点で、三世にわたって一切に通ずる仏教には及び得ないとの評価が与えられている。しかしこの著書の改訂版ともいうべき『三教指帰』の結頌では、三教への評価がすっかりと変わってきている。その「十韻の詩」は次のとおりである。

居諸破冥夜　三教褰癡心　居諸冥夜《きょしょめいや》を破り、三教癡心《ちしん》を褰《かか》ぐ。
性欲有多種　医王異薬鍼　性欲《しょうよく》に多種有れば、医王薬鍼《やくしん》を異《こと》んず。
綱常因孔述　受習入槐林　綱常《こうじょう》は孔に因って述ぶ、受け習って槐林《かいりん》に入る。
変転聃公授　依傳道観臨　変転は聃公《たんこう》の授《さずけ》、依り伝えて道観《どうかん》に臨む。

金仙一乗法　義益最幽深
自他兼利済　誰忘獣与禽
春花枝下落　秋露葉前沈
逝水不能住　廻風幾吐音
六塵能溺海　四徳所帰岑
已知三界縛　何不去纓簪

金仙一乗の法、義益《ぎやく》最も幽深なり。
自他兼ねて利済す、誰れか獣と禽を忘れんや。
春の花は枝の下《もと》に落ち、秋の露は葉の前に沈む。
逝水住《とど》まること能わず、廻風《かいふう》幾たびか音《こえ》を吐《は》く。
六塵《ろくじん》は能く溺《おぼ》る海、四徳は帰する所の岑《みね》なり。
已《すで》に三界の縛《ばく》を知りぬ、何ぞ纓簪《えいしん》を去《す》てざらん。

『三教指帰』の結頌では、儒道仏の三教ともに等しく暗夜を照らす月光のように、われわれの癡心、つまりは愚かな迷いの心を照らして開き、行くべき道に導いてくれるという。三教の弁別ではなくて、いわば三教斉合論の立場が表明されている。

かくて、これら三教の表面的な相違は、人びとが生来そなえている性質や生まれつきの環境などにも差異があるから、医王にも比すべき如来が病に応じて薬を与えるように、人びとに適応する教えにも、違いが生じてくるのだ。

三綱五常の教えは孔子によって説かれ、これらを学ぶことで高位高官へと昇ることもできるのだし、陰陽変転の道は老子の教えにもとづくもので、これを受け習うものは道教の寺院に入って修道に励む。

仏一乗の教えは教理の点でも利益《りやく》の面でも最も幽深であり、自己の悟りとともに他者の救済をも可能とし、その慈悲のこころは人間のみならず、禽獣など生きとし生けるものすべてに及んでいる。まさしく現実世界は、春の花は散り、秋の露とて消え果ててなくなるように、果敢《はか》ない。それはまた逝《ゆ》く水の流れは暫くもとどまることなく、つむじ風も音をたてて吹き抜けてゆくようなもの。つまりは感覚をおぼえる現実世界は、人を溺れさせる苦悩の海であり、常楽我浄の仏の境地こそ、われわれが目指すべき究極の峰なのだ。すでに欲《よく》、色《しき》、無色《むしき》の三界への輪廻の糸を断ち切るべきものと知り得た今こそ、世俗の虚飾ある生活を捨て去ることこそ、最上の道。ざっと、このような意味になろうか。

この『三教指帰』にあっては、三教には本質的な差異なきことを認めるとともに、かく自覚したからには、俗世の虚飾を捨て去るべきとしている点に着目すべきである。『聾瞽指帰』では儒道二教を現世での問題解決の道として、仏道にこそ心を向けるべきとしていた心情的境位とは格段の差異を認めざるを得ない。三教不斉合の立場から三教斉合への変移、さらに言えば三教はすべて有機的関連性を有するという『秘密曼荼羅十住心』の原意を、われわれは『三教指帰』の結頌においてはもとよりのこと、『聾瞽指帰』自体においても認めうることに留意しておくべきであろう。

『続日本後紀』巻四の空海卒伝では空海と「一沙門との出会い」と「虚空蔵聞持法」の修習が『聾瞽指帰』撰述以前であったかのような記述となっているが(38)、そうではない。空海が虚空蔵法を修したという阿波の大瀧嶽も土佐の室戸崎も、『聾瞽指帰』にはまったく言及されないし、仮名乞兒が虚空蔵法を修したことを示唆するような記述も皆無であるからである。

いずれにもせよ、空海の思想遍歴のうえでもっとも大きな転機となったのは、一沙門からの虚空蔵聞持法の呈示であることに異論はない。それはまさしく空海と秘門との出会いを意味しているからである。この「虚空蔵聞持の法」とは唐の開元五年（七一七）にインド僧の善無畏《ぜんむい》三蔵によって翻訳された『虚空蔵菩薩能満諸願最勝心陀羅尼求聞持法』一巻を指しているとみて誤りはなかろう。この『求聞持法』一巻をわが国にはじめて齎《もたら》したのは、奈良時代の著名な三論宗の学僧道慈《どうじ》であった。その道慈は唐都長安の西明寺《さいみょうじ》で留住していたが、この寺で訳出された『求聞指法』を入手するとともに、善無畏自身から直接に受法し、その翌年、わが国の養老二年（七一八）に帰国している。この道慈と並んで、当時「釈門の秀者」[39]と称讃された神叡《じんえい》は吉野の比蘇山寺《ひそさんじ》で虚空蔵菩薩の霊感を得て、自然智《じねんち》を得たとも伝えられるし[40]、当時、比蘇山寺を中心として、自然智の開発《かいほつ》を目指す修行グループが「自然智宗」として知られていた。神叡の孫弟子に当たる護命《ごみょう》（七五〇―八三四）は法相宗の学僧であったが、「年十五にして元興寺《がんごうじ》の万耀《まんよう》大法師を以て依止《えじ》とし、吉野山に入って苦行す。十七にして得度し」た護命は生涯にわたって「月の上半は深山に入って虚空蔵法を修し、下半は本寺に在って宗旨を研精す」[41]とあって、一般に山林修行として虚空蔵法が修せられていたことがわかる。ただこの「虚空蔵法」が空海が一沙門から授けられた「求聞持法」とまったく同じものであったかどうかはわからない。

善無畏訳の『虚空蔵求聞持法』では、冒頭で「能く諸願を満たす虚空蔵の最勝の心髄である陀羅《だら》尼《に》を常に読誦しつづければ、無始以来のあらゆる罪障が消滅し、常に諸仏菩薩によって護念され、一切の苦患が悉く除かれて幸福が得られる」と説く。次いで虚空蔵菩薩の画像法、陀羅尼の念誦法などを示して、「前後通じて計すること百万遍を満たせば」「一たび耳目を経《へ》たる文義を倶《とも》に解《げ》し、之を心に記《とど》めて永く遺忘することなし」と説く。つまりこの菩薩の陀羅尼を如法に一百万遍読誦すれば、一旦眼に触れ、耳にした経論の文意とその深い真実義を、ともに解悟して忘れることがないというのだ。そこでは「希有の心を生じ、真身《しんしん》の解《げ》を生ず」とあるとはいえ、いわゆる「成仏法」にかかわる言及はまったく見られない。その限りにおいては呪法を説示する雑部密教の経軌に限りなく近い。

　しかし空海がこの『虚空蔵求聞持法』から得たものは、単に記憶術と見まがうような呪法ではなくて、この『虚空蔵求聞持法』自体が、空海と「秘門との出会い」を仲介してくれる経典であり得たことに大きな意義があったのである。つまり空海が注目したのは、この一沙門から呈示された『虚空蔵求聞持法』には、翻訳者名として「大唐中印度三蔵善無畏」と記され、さらにこの『求聞持法』は「金剛頂経成就一切義品に出ず」と附記されていたことである。この『虚空蔵求聞持法』には説かれない「成仏法」について、当然ながら、空海は「善無畏」や「金剛頂経」を手懸りに探索を開始することになる。すでにわが国に伝来していた『開元釈教目録』は唐の智昇が唐の開元十八年（七三〇）に撰集した仏教の一切経目録である。この『目録』によってわかったことは、善無畏三蔵には他にも『大毘盧遮那成仏神変加持経《だいびるしゃなじょうぶつしんぺんかじきょう》』七巻、『蘇婆呼童子経《そばこどうじきょう》』三巻、『蘇悉地羯羅経《そしつじきゃらきょう》』四巻などが沙門一行《いちぎょう》のために訳出されていたことであり、その沙門一行にも『大毘遮那成仏経疏』

十巻があることもわかった。さらに「金剛頂経」についても、金剛智三蔵《こんごうち》が同じ一行禅師の強い要請によって翻訳した『金剛頂《こんごうちょう》瑜伽《ゆが》略出《りゃくしゅつ》念誦経《ねんじゅきょう》』四巻、『金剛頂経《こんごうちょうきょう》曼殊室利《まんしゅしつり》菩薩《ぼさつ》五字心《ごじしん》陀羅尼《だらに》品《ぼん》』一巻などを翻訳していることも確認できた。しかもこれらの経典は、すべて天平七年（七三五）に帰国した玄昉《げんぼう》（?―七四六）によって日本に齎《もた》らされ、幾度かにわたって書写されていることもわかっていた[42]。

かくて空海は、仏陀の説く世界に自らの生き抜くべき道を見出し得ながらも、なおも揺るぎなき拠点を探りつづけていたとき、漸く自らが強く尋ね求めてきた究極の仏道と確信する教法に出会うことになる。いわゆる「秘門との出会い」である。早々にこれら秘門の法文に接して読み始めてみても、「文に臨んで心昏《くら》き」ことに大きな衝撃を受ける。これまで読み習った仏教経論の領域をはるかに超えて、通常の文字や言語の世界とは別異の非常識な世界が広がっているかに空海には思えたのだ。文字を追って、なおも不可解という経験を、空海ははじめて味わった。インドの言語である梵語による悉曇文字《しったんもじ》の真言や陀羅尼は兎も角として、密教の修法に不可欠な曼荼羅《まんだら》、印契《いんげい》、そしてこれらによる瑜伽観法《ゆがかんぼう》などについて、教授してくれる師は当時の日本には一人もいなかったのだ。

もっとも天平八年（七三六）に来朝したインド僧の菩提僊那《ぼだいせんな》は華厳を本宗としながらも、唐国にあっては金剛智三蔵から金剛頂系の密教を稟受し、その付法の印信《いんしん》つまり証明として金剛智から七條褐色紬袈裟一領などを貰いうけている[43]。かれらが来朝した当時は天然痘が大流行していて、国家はもっぱら菩提僊那の密教呪法にその対策を求めるほかなかったのである。そうした事情とともに時機未だ熟さずということもあって、真言の妙法は絶えて伝わることがなかったと、後に桓武天皇は延暦二十四年（八〇五）八月二十七日の「内侍宣」で記している。(44) 空海も、あるいはこうした伝承を聞き及んでいたとしても、現に瑜伽密教を教授してくれる能化《のうけ》の人は皆無であった。空海にとっては、宝珠を目前にしながら、それを己れの身につける術《すべ》が皆目《かいもく》わからなかったのだ。その頃の自らの焦燥感を空海は後に次のように語っていたという。

「毎《つね》に歎じて曰く、提葉凋落《だいようちょうらく》して久し。龍葩《りゅうは》何《いず》れの春をか待たん。吾が生の愚なる、誰に憑《よ》りてか源に帰らん。但し法の在る有り」(45) つまり「常に嘆息しながら思いつづけてきたことは、釈尊が入滅してすでに久しく、さりとて弥勒菩薩が釈尊の後を嗣《つ》いで仏陀として現われるのは一体いつのことか。生来の愚人たる此の私は、一体誰を師主として教えを乞い、絶対根源の在りようへと立ち還り得るだろうか。その師主は見当たらないとはいえ、その秘法そのものは、今、自分の目の前にあるというのに」といった意味になろうか。この歎息のことばに続けて、さらに次のような述懐のことばも見えている。

「予《われ》を起すは是れ天なり。天、其の願に随って、果たして求法《ぐほう》に擢《ぬき》んでらる」とし、入唐求法の留学へと筆を進めている。教養の学としての仏典への思いが、単なる知識の領域を超えて、遂には自らの真に生き抜くべき世界を形成しながらも、「空海等、念雲兎《つき》を蔽《かく》し、業霧烏《ひ》を籠《こ》んで、久しく還源《げんげん》に迷い、長く境《さかい》、帰《き》舎《しゃ》に酔えり」(46) といった苦悶の日々が長くつづいたのである。「秘門」の教えが示す還源への道、つまり絶対的根源たる真実の自己に立ち還る道をわからなくしていたのは、ほかならぬ自分自身への思いこみと、それにもとづく永年の歩みそのものであったというのだ。

一沙門から呈示された虚空蔵求聞持法を契機として、漸くにして還源への道としての「秘門」に出会い得たことについて、空海自身、次のように書き記している。「弟子空海、性熏《しょうくん》我れを勧《すす》めて還源を思いとす。徑路未だ知らず、岐《ちまた》に臨んで幾たびか泣く。精誠に感有りて、此の秘門を得たり。文に臨んで心昏《くら》くして、赤県《せきけん》を尋ねんことを願う。人の願いに天順《したが》いたまいて、大唐に入ることを得たり[47]」。

僅かに数行の文章に、『聾瞽指帰』を書きあげてから一沙門との出会いまでの、空海の苦悩多き日々が、見事にみてとれる。「赤県」とは中国を指す。入唐留学の願いに「天順いたまう」とあるのは、きわめて意味深長である。

いつの頃からか、我が国は唐国に対して「二十年一来」の使節派遣を約していたこともあって、延暦二十年（八〇一）八月に遣唐使節を派遣することが決定されていた。実際にその使節の船団四艘が難波《なにわ》住吉《すみのえ》の三津崎を出港したのは延暦二十二年（八〇三）四月十六日であったのだが、不運にも出港後五日目に暴雨疾風に遭難して、渡航は一旦は中止された。船舶の修復と人員や物資の補充をおえて、再度、遣唐使節の船団が唐国へ向ったのは、「延暦二十三年季夏の月」であったと空海は書きとめている。帰国後に自らの留学成果を国家に報告した「新請来の経等の目録を上《たてまつ》る表《ひょう》」

の冒頭で、「入唐学法沙門空海言《もう》す。空海、去《い》んじ延暦二十三年を以て、命を留学の末に銜《ふく》んで津《しん》を万里の外に問う。其の年の臘月《ろうかつ》に長安に到ることを得たり(48)」と書きとめている。

当然のことながら「命を留学の末に銜んで」の国家派遣の留学僧である限り、正式な出家得度者でなければならない。『続日本後紀』巻四の「空海卒伝」では「年三十一にして得度、延暦二十三年入唐留学」とあって、得度と入唐留学とが同じ年の一連の出来事として記されている。当時、国家公認の「年分度者《ねんぶんどしゃ》」としての得度は毎年正月に宮中において執り行なわれるのが通例であり、当時の仏教界の状況から見て、年分度者は法相宗か三論宗のいずれかに属していた。

平安末の写本と言われる治部省へ与えられた太政官符では「留学僧空海」とあって、「右、去延暦廿二年四月七日出家入唐(49)」とあるが、幾つかの点で史料としての信憑性に問題ありと言われている。今、これらの点に立ち入ることは避けたいと思うが、「四月七日出家」とは、律令制からみて、空海が東大寺《とうだいじ》戒壇院《かいだんいん》で具足戒を受けた時日を示しているとみるべきである。ただ問題はその得度は年分度者としてのものではなくて、臨時度者としてのそれであったと思われる。年分度者ならば必ず師主があっての得度でなければならないが、空海が自らの師主として挙げるのは唐都長安で師事したインド僧の般若《はんにゃ》三蔵と青龍寺東塔院の恵果《けいか》和尚《かしょう》の二人のみであって、空海が生涯にわたって、日本における自らの師主について言及するのは舅の阿刀大足《あとのおおたり》を除いて、他に一人もいない。

おそらく臨時度者としての得度や入唐留学の一連の軌跡は、まさしく「人の願いに天順いたまいて」実現し得たことであった。この「天」が諸天とともに、桓武天皇を指していることは瞭然である。その桓武天皇の寵愛を一身にうけていた伊豫《いよ》親王は、当時、式部省の長官の地位にあり、かつての同学空海の懇願を容易に適えうる立場にあったといえる。ただ留意すべきは、伊豫親王による推挙は単なる私情によるものではなくて、空海の広く深い才能を信頼し、とりわけ重要な外交文書のことなど看案して、遣唐大使の外交補佐を兼ねての留学許可であったと思えることである。それ故にこそ、当時まったく無名の一青年僧の空海が藤原大使の第一船に乗り、福州では大使に代わって外交文書を撰書し、しかも藤原大使一行が本来の任務を果たして長安の都を離れ、日本への帰国の途につくまでは、空海は藤原大使と起居をともにしていた事実が、何よりも、そのことを如実に物語っているとみるべきである。その事実については後に述べるとおりである。

註

略号

『大』――――『大正新修大蔵経』
『定弘全』――『定本弘法大師全集』（全十一巻）高野山大学密教文化研究所、一九九一―一九九七年
なお、『伝教大師全集』（全五巻）は、比叡山専修院附属叡山学院編、世界聖典刊行協会、一九七五年を使用した。

（1）久木幸男・小山田和夫編『論集　空海といろは歌――弘法大師の教育』下巻、思文閣出版、一九八四年。
（2）沼本克明『歴史の彼方に隠された濁点の源流を探る――附・半濁点の源流』汲古書院、二〇一三年。

（3）阿部龍一「真言　経国　法界宮――あるいは、空海密教の書的構築」（『弘法大師墨蹟聚集――書の曼荼羅世界〔論文編〕』弘法大師墨蹟聚集刊行会編集・発行、二〇〇八年、七七頁以下）。

（4）Donald Keen, *Anthology of Japanese Literature: From the Earliest Era to the Mid-Nineteenth Century*, UNESCO Collection of Representative Works, Grove Press, 1955, pp. 63ff.

（5）福永光司編『日本の名著　3　最澄・空海』、中央公論新社、一九七七年。

（6）『続日本後紀』新訂増補國史大系、三八頁。

（7）『中村直勝博士蒐集古文書』中村直勝博士古稀記念会、一九六〇年、二五九頁。

（8）「遺告諸弟子等」（『定弘全』七、三五一頁）。

（9）「学令」第十一『日本思想体系　3　律令』岩波書店、一九七七年、二六二頁。

（10）『令集解　第二』新訂増補國史大系、四四四頁。

（11）『定弘全』六、四頁。

（12）『広付法伝』巻二（『定弘全』一、一〇〇頁）。

（13）『定弘全』七、四一頁。

（14）「遺告諸弟子等」（『定弘全』七、三五一頁所収）、拙著『空海――生涯とその周辺』吉川弘文館、二〇〇九年、一六頁。

（15）加地伸行「弘法大師と中国思想と」（中野義照編『弘法大師研究』吉川弘文館、一九七八年、七〇頁以下）。

（16）『日本紀略』前篇十三、延暦四年八月庚寅条以下（『日本紀略』第二、新訂増補國史大系、二六〇頁）。

（17）福永光司、前掲書、三七頁以下。

（18）「綜藝種智院の式幷びに序」（『性霊集』巻十、『定弘全』八、一八七頁）。これら「二教院」と「芸亭院」についての言及は、空海の「綜藝種智院の式幷びに序」においてのみ認められる。

(19)『懐風藻、文華秀麗集、本朝文粋』日本古典文学大系、岩波書店、一七三頁。
(20)空海は天長元年（八二四）四月十七日の「少僧都を辞する表」において、「空海は弱冠より知命に及ぶまで、山藪を宅とし、禅黙を心とす」と書きとめている。「弱冠」は二十歳を意味し、「知命」とは五十歳を指す。このとき空海は五十一歳であったから、大学の槐市を去って山村での修行に入ったのは、二十歳を過ぎた頃ということになる（『定弘全』八、六八頁）。
(21)薗田香融『平安仏教の研究』法蔵館、一九八一年、三五頁以下。
(22)『定弘全』七、五頁では「瑞帝瑞号、延暦十六年窮月始日」と一行に印刷されるけれども、空海自筆本によると、二行にわたって記されている点にこそ、きわめて重要な意味がこめられているのである。
(23)飯島太千雄「『三教指帰』の文章論的比較書像学的研究――済暹偽撰説」（『大谷大学研究年報』第六十四集、二〇一二年三月、大谷大学、一六二頁以下）。村岡空訳注「聾瞽指帰」（編集代表宮坂宥勝『弘法大師空海全集』第六巻、筑摩書房、一九八四年）一二八頁。
(24)行遍『大師行化記』上下（『弘法大師伝全集』第二、ピタカ、一九七七年〔復刻版〕、一五三頁以下）。
(25)『定弘全』七、四頁。
(26)右同、三七頁以下。
(27)右同、八六頁。
(28)「三綱」とは君を臣の綱とし、父を子の綱とし、夫を妻の綱とするという儒教の教え。綱とは綱維、綱紀をいう。「五常」とは仁、義・礼、智、信の道。
(29)『定弘全』七、六三頁。たとえばその風貌については「漆髪剃り損して、頭は銅の瓫に似たり。紛艶都べて失せて、面は瓦の堝かと疑う。容色のかんばせ顦顇とかしげ、体形のすがた蕞爾としていやし。長き脚、骨竪って池辺の鷺の若く、縮まれる頸、筋連なって泥中の亀に似たり。〔中略〕折頞とはなびせに、高匡 とまかぶらたかに、頷頤とおとがいぼそに、隅目とますみたてり。嗚める口、鬚なくして孔雀の貝に似たり。欠ける唇、歯疎かにして狡兎の唇の如し」とする。難解な文であるが、その風采についての描写を要約すれば、「黒髪は剃り落として、頭は銅の甕〔かめ〕のよう。およそうるおいはまったくなくて、顔面は土堝〔どなべ〕のようだ。容色なく風采はまったくあがらない。長い脚は骨ばって、池のほとりに立つ鷺の脚のよう。短い首は筋ばって、まるで泥亀のよう。〔中略〕鼻筋はまがり、眼はくぼみ、おとがいはとがって、斜視のよう。ゆがんだ口もとには鬚もなく、まるで子安貝のよう。口は三つ口で歯は抜けて鬼の唇のようだ」といった意味になろうか。

(30) 右同、二七頁。

(31) 「阿毘私度は常に膠漆の執友たり。光明婆塞は時に篤信の檀主たり」とある（『定弘全』七、二〇頁）。

(32) 福永光司、前掲書。

(33) 『性霊集』巻九（『定弘全』八、一七〇頁）。

(34) 『聾瞽指帰』「仮名乞児論」（『定弘全』七、二五頁）、『三教指帰』「仮名乞児論」（『定弘全』七、六九頁）。

(35) 右同（『定弘全』七、三三頁以下、七四頁以下）。

(36) 福永光司、前掲書。

(37) 拙著『空海――生涯とその周辺』三二頁以下。

(38) 『続日本後紀』巻四、承和二年（八三五）三月庚午条では、十八歳で大学に進んだことに続いて、「時に一〔ひとり〕の沙門有り。虚空蔵聞持の法を呈示す。其の経に説く、若し人、法に依って此の真言一百万遍を読まば、乃ち一切の教法の文義を諳記することを得と。是に於て大聖の誠言を信じて、飛焔を鑽燧に望む。阿波国の大瀧の嶽に攀躋し、土左国室戸の崎に勤念す。幽谷、声に応じ、明星来影す。此れより慧解、日に新たにして、筆を下せば文と成る。世に伝う、三教論は是れ信宿の間に撰する所なり」とある（新訂増補國史大系、三八頁）。この文脈から見る限り、「三教論」すなわち『聾瞽指帰』の撰述は、虚空蔵求聞持法を修した後ということになるが、事実ではない。「信宿の間」とは『聾瞽指帰』は、二、三日の間に書きあげられたということである。
(39)『続日本紀』巻十五、天平十六年十月辛卯条の道慈卒伝（新訂増補國史大系、一七九頁）。
(40)『扶桑略記』第六所引の『延暦僧録』（新訂増補國史大系、第十二巻、九〇頁）。
(41)『続日本後紀』巻三、承和元年九月戊午条の護命卒伝（新訂増補國史大系、二九頁）
(42) 石田茂作編『奈良朝現在一切経疏目録』八一頁以下（『写経より見たる奈良朝仏教の研究』附録、東洋文庫、一九六六年）。
(43)「東大寺献物帳」の冒頭に見られる「御袈裟合玖領」のうち、もとの所持者が記入されているのは「七條褐色紬袈裟一領、金剛智三蔵袈裟」（『寧楽遺文』中巻、竹内理三編、東京堂出版、一九七六年、四三四頁）のみであり、これを将来した人物は菩提僊那を措いては他に考えられない（拙稿「日本密教形成序説」（『高野山大学密教文化研究所紀要』一九九九年一月、密教文化研究所、および拙稿「弘法大師空海の入唐求法への軌跡」（『高野山大学密教文化研究所紀要』第一三号、一九九九年二月、密教文化研究所）。
(44)『叡山大師伝』（『伝教大師全集』巻五附録、二二頁）。前項に掲げた拙稿二篇。
(45)『性霊集』序（『定弘全』八、三頁）。
(46)「平城の東大寺に於て三宝を供する願文」（『性霊集』巻七、『定弘全』八、一一七頁）。
(47)「四恩の奉為に二部の大曼荼羅を造る願文」（『性霊集』巻七、『定弘全』八、一〇八頁）。
(48)『定弘全』一、三頁。
(49) 注（7）。

起の章　入唐留学と秘門の受法
――『請来目録』の読み解き

一　唐都長安への路
――尋ぬるに一乗を以てす

まったく無名の一青年僧にすぎなかった空海が、藤原大使の第一船に乗り、常に行動をともにしたのは、伊豫親王の配慮による外交補佐の役目を荷っての入唐であったと思える点については、さきに触れたとおりである。伊豫親王の父、桓武天皇が強く推挙した請益僧《しょうやくそう》の最澄は当時すでに内供奉《ないぐぶ》であって、仏教界においては空海とは雲泥の差があった。その最澄さえ石川副使の第二船に乗ったこと自体、おそらく異例のことであったろう。

遣唐使の四船が肥前《ひぜん》の田浦《たのうら》の港を揃って出帆したのは、延暦二十三年（八〇四）七月六日であった。当時わが国の航海術はなきに等しく、出港の日時等は陰陽師が決めたという。旧暦七月の初めといえば、今の九月の台風の季節に当たっている。案の定、出港の翌日には早くも暴風雨に襲われて、第三と第四の両船が消息を絶っている。藤原大使が空海とともに乗った第一船の航海について、『日本後紀』巻十二では「死生の間を出入し、波濤《はとう》の上を掣曳《せいえい》すること都《す》べて三十四日。八月十日に福州長溪県赤岸鎮《せきがんちん》已南の海口に到る(1)」云々と記されている。ほぼ一か月の間、荒れ狂う海上を漂流したあげく、日本からの遣唐使船としては、これまで経験したこともない遥か南方の福州の辺鄙《へんぴ》な海岸に漂着したのである。

いわば九死に一生を得ての航海だったのだが、このとき遣唐使節が慣例で国書《こくしょ》を携行していなかったために、それまで日本国からの使節に接したことのなかった福州の辺地の役人によって、遣唐使節であることを疑われて、一時は屈辱的ともいえる処遇をうける羽目に立ち到ることになる。このようなときに、とりわけ重要な役割を果たすのが外交文書である。わが国の遣唐使節がいつの頃からか、信義を重視して、国書を敢えて携行しなくなったのは、例の遣隋使小野妹子が携えた国書が煬帝の逆鱗にふれたことに起因するとも言われるが確かではない。

しかし確実に言い得ることは、外交文書にあっては僅かに二字か三字の記載の如何んによっては国交断絶を招きかねない事態が、現に幾度か認められているのも事実である。余談にわたるけれども、『隋書』倭国伝には、隋の大業三年(六〇七)、わが国の推古天皇の十五年に、小野妹子を遣隋使として派遣したときの記事が、次のように記載されている。

使者曰く、聞くならくに海西の菩薩天子、重ねて仏法を興《おこ》すと。故に遣わして朝拝せしめ、兼ねて沙門数十人来って仏法を学ぶ、と。その国書に曰く、日出ずる処の天子、書《ふみ》を日没する処の天子に致す、恙《つつが》なきや、云々と。帝、之を覧《み》て悦《よろこ》ばず。鴻臚卿《こうろけい》に謂って曰く、蛮夷《ばんい》の書《ふみ》、無礼なるものあり。復《ま》た以て聞するなかれ(2)。

ここに引かれる国書はそのごく一部に過ぎないのだが、この部分を隋の煬帝は「蛮夷の書で無礼きわまる」ものと憤慨するのだ。このときには国交断絶とまでは至っていないが、朝貢来聘《ちょうこうらいへい》をつかさどる長官に対して、日本の使節を無視するように命じている。この国書の一体どこが煬帝の逆鱗にふれたのか。中国の六朝以来、実にしばしば刊行された「書儀《しょぎ》」類、すなわち公的ないしは私的な書状などの綴り方の作法に関する知識を有する人にとっては、その理由は一目瞭然であろう。それは一にかかって「日出処天子致書日没処天子」のなかの「致書」という僅か二文字に起因しての憤激であったのだ。「書儀」によれば、公的であれ私的であれ、「書《ふみ》を致《いた》す」というのは、自分と同等か或いは自分よりも目下の者に対して使う用語なのである。皇帝に対しては「上表」すなわち「表《ふみ》を上《たてまつ》る」と書かねばならないのだ。しかし日本の国書で敢えて「致書」の二字を使用したのは意識的な措辞であったと思われる。つまり、当時、朝鮮半島の三国はすべて隋の冊封《さくほう》体制のもとにあったのに対して、わが国はたとえ小国たりとはいえ、隋国とは対等の独立国であるとの自尊心あっての記載であったと思えないでもない。しかしとりわけ面子を重視する隋の煬帝に対する文書としては、なお一考を要する筆致を以てすることも、外交としては重要なことである。こうした文書への配慮を含めて、空海に期待を寄せたのは、その才能を熟知していた伊豫親王を措いて他にない。

事実、藤原大使に代わって福州の観察使すなわち長官にあてて代筆した空海の「大使が福州の観察使に与えるが為の書(3)」をして、外交文書としてはもっとも勝れたものと評価したのは本居宣長であった。俗説として、このとき福州長官の閻済美《えんさいび》は空海の文筆についての異常な才能に魅せられて、自らの側近たらしめようとして、敢えて長安への入京を許す人名簿から空海の名を除いたとさえ伝えられている。入京を許す名簿のなかに、当初、空海の名前がなかったのは事実であった。そのことにもっとも驚き戸惑ったのは、むしろ大使の藤原葛野麻呂《ふじわらのかどのまろ》であったろう。空海は直ちに「福州の観察使に与えて入京する啓」を差し出して、すんなりと容認されている。この「啓状」では大使の外交補佐のことなど片言半句も言及されないのは当然であるが、自らの留学について「時に人の乏《とぼ》しきに逢うて、留学の末に簉《そ》えり。限るに二十年を以てし、尋ぬるに一乗を以てす」と書いている。つまり、このとき空海は留学僧として爾後二十年にわたって、秘密一乗の教えを究めたいというわけだ。もっともこの「一乗」は空海にとっては「法華一乗」でもなく「華厳一乗」でもなかったことは言うまでもない。

ところが、「法華一乗」の天台の法文を求めて、このときの第二船に乗り入唐したのが伝教大師最澄であった。最澄の乗った第二船は、嵐にもかかわらず、比較的早く明州《みんしゅう》の鄮県《ぼうけん》に着岸していた。その正確な到着日時は未詳だが、不運にも遣唐副使の石川道益《いしかわのみちます》は上陸の後、間もなく明州において四十三歳で病没している。その副使に代わって代表をつとめた遣唐判官の菅原清公《すがわらのきよきみ》ら二十七名は九月一日に長安へ向かって明州を出立している。最澄もまた上陸の後に病を得て暫く療養を余儀なくされたのだが、九月十五日には通訳の義真《ぎしん》と侍者の丹治比福成《たじひのふくなり》らとともに台州の天台山へと向かっている。この地で最澄は天台の第七祖と称される道邃《どうずい》や行満《ぎょうまん》から、天台の法門を余すところなく受け学び、菩薩戒《ぼさつかい》をも受け、さらには真言にかかわる教えの一端をも習い、多くの天台の法文を蒐集することができた(4)。

空海が藤原大使一行二十三人の一人として、上都長楽駅に到着したのは、その歳も暮に近い十二月二十一日であった。このとき空海が藤原大使に代わって、入京を告げる啓状を書いたかどうかはわかっていない。翌日には唐の朝廷の内使趙忠《ちょうちゅう》が飛龍《ひりゅう》家《け》の細馬二十三頭を曳《ひ》いて出迎えている。唐代には官馬に飛龍の焼印がおされていたところから、朝廷から遣わされる官馬のことを、「飛龍家の細馬」と呼ぶのだという。この細馬つまり立派な馬二十三頭に、空海も含めた大使一行二十三人がすべて駕して、春明門を通り抜けての長安城入りであったのだ。長安城に入った一行二十三人が揃って唐の朝廷が提供した官宅に向かったということは、空海もまた遣唐使節の一員としての長安への入京であったということになる。

長安では東市に近い宣陽坊《せんようぼう》の公館が日本からの使節一行の宿舎にあてがわれて、そこには判官菅原清公の一行二十七人がすでに到着して、藤原大使らの一行を待ちうけていた。空海もまた、この公館に入り、暫くは藤原大使と起居をともにすることになる。この間での空海の外交補佐にかかわる事跡は殆ど未詳であるが、たまさかに当時、長安に滞留していた渤海国《ぼっかいこく》の王子へ与える啓書を、空海が藤原大使に代わって書いたものが残っているにすぎない(5)。

　宣陽坊の公館に滞留中の空海は、藤原大使の補佐をつとめながらも、自らの研鑽のために精力的に長安の都を歩き廻っている。それは単に仏教界の現状を的確に把握するにとどまらず、僅か二か月足らずの間に、長安における著名な文人、墨客を訪ねて、その極意の伝授をうけ、また実に尨大な量の詩文集や書跡や讃などの類を蒐集し尽している。筆や墨の製法を習ったのも、この時期のことであった。

　帰国後、嵯峨天皇からの要請で多くの詩文や書跡、筆などを献納したときの上表文などが、その事実を端的に物語っている。たとえば「劉廷芝《りゅうていし》の集を書して奉献する上表」のなかでは、書くべき詩の内容の違いによって字勢も筆迹も変えるべきことなどを示し、「余《われ》、海西において頗《すこぶ》る骨法《こっぽう》を閑《なら》えり」とあるのは、ほんのごく一例にすぎない(6)。さらに空海は後に詩文などの創作理論を説いた『文鏡秘府論《ぶんきょうひふろん》』六巻を著わすのだが、そのなかで「貧道《ひんどう》、幼《わか》くして表舅に就いて頗る藻麗を学び、長じて西秦に入りて粗《ほ》ぼ余論を聴く」とあるのはまさしく宣陽坊の官宅に滞留中のことへの言及なのである。後に触れるように、官宅を出て西明寺《さいみょうじ》に移り、本格的な密教受法を始めてからの軌跡をみて、空海の一般文化的な分野での探索活動は、この時期以外にはまったく考えられないからである。

　この二か月足らずの間に、空海は自らの留学目標をも的確に把握しおえていたのは驚きである。

その事実を端的に示す一例として、帰国の途につく藤原大使に託して、自らが長安で蒐集し得た玄宗皇帝御製の「一行《いちぎょう》 阿《あ》闍梨《じゃり》碑文《ひぶん》」を本国の朝廷へ奉進している事実をあげることができよう。一行禅師（六八三—七二七）は俗名を張遂といい、著名な算道学者であり暦学者でもあって、『大衍《たいえん》暦《れき》』五十二巻を著わしたことでも有名である。この『大衍暦』をわが国へはじめて将来《しょうらい》したのは吉備真備《きびのまきび》であったのだが、後に出家した一行禅師を玄宗皇帝は自らの師と仰いだという。

一行禅師が出家したのは、荊州の玉泉寺においてであった。この寺は天台大師智顗《ちぎ》が滞留したこともあって、もともと一行禅師は天台の法門から出発したのだが、洛陽や長安では金剛智三蔵に就いて金剛頂系の密教を学び、また善無畏三蔵とともに『大日経』の翻訳などにもかかわって、自ら『大日経疏』十巻（後に二十巻に分巻）を撰述してもいる。この『大日経疏』では折に天台の立場から『大日経』を注釈することがあるのも、そのためである。この事実を夙に承知していた最澄は、後に空海に対しても「遮那《しゃな》宗《しゅう》と天台とは与《とも》に融通し、疏宗もまた同じ」と書き送り[7]、「天台の止観と真言の法とは義理冥符すと知りぬ[8]」とも円仁は伝えている。いずれにもせよ、空海は帰国する藤原大使を通じて、自らのこれからの留学の目標が、一行禅師に象徴されるように、金剛頂系と大日経系の両部を統括する秘密一乗の法門を受け学ぶことにあることを、国家に対して告知したのではなかったのか。「国家」とは「人の願いに順いたまいし」天、つまりは桓武天皇であり、また伊予親王への報告でもあったのだ。

藤原大使の一行が遣唐使節としての役割を完全に果たし、長安の都を去って日本への帰国の途についたのは、唐の順宗の永貞元年（八〇五）、日本の延暦二十四年二月十一日であった。使節の一行を見送って、空海は漸く本来の留学僧としての第一歩を踏み出すことになる。このとき、同時に入唐した最澄はすでに台州での留学の目的は果たし得ていたのだ。藤原大使との離別のことに触れて、空海は帰国後、『請来目録』で次のように報告している。

廿四年仲春十一日大使等旋軔　本朝
唯空海孑然准　勅留住西明寺永忠和尚故院(9)

延暦二十四年の仲春の十一日、大使等は軔《かなえ》を本朝に旋《めぐ》らす。
唯だ空海のみ孑然《けつぜん》として、勅に准じて西明寺の永忠《えいちゅう》和尚の故院に留住す。

ここで敢えて漢文のまま引用したのは、「本朝」の上二字分と「勅」の上二字分が、ともに空白とされる「空格」の様式で書かれている事実に注目したいがためである。この『請来目録』自体が、空海によって帰国後に朝廷に提出されたものである以上、「空格」の用法で書かれている「本朝」はもとより、「勅に准じて」の「勅」もまた、天皇自身を指していると見て誤りあるまい。その「勅」をたまいし「本朝」の天皇とは、桓武天皇を指していることは言うまでもない。しかしその桓武天皇は空海が『請来目録』を提出したときには、すでに崩御されて半年以上を経過していたのである。藤原大使一行が長安の都を離れて帰国の途についた後に、「唯だ空海」のみが「勅に准じて西明寺」に「留住」したというのは、空海の入唐留学が遣唐大使の外交補佐を条件としての勅許であったことを、如実に示しているといえる。

空海が本格的に留学生活に入るために移住した西明寺は、長安の西市に近い延康坊にあって、祇《ぎ》園精舎《おんしょうじゃ》を摸して建立されたと伝えられる古刹である。この寺の建立には玄奘三蔵もかかわりをもつと伝えられ、南山律の大家道宣《どうせん》をはじめ、多くの錚々たる学僧等が止住した寺でもあった。他面また国際会館的な性格をも兼ね備えていて、多くの留学僧たちが止住し滞留する寺でもあった。かつてこの西明寺に永年滞留して三論を学び、養老二年（七一八）に帰国した留学僧の道慈《どうじ》は、西明寺の設計図をも持ち帰り、都が藤原京から奈良の平城京へと移されたとき、勅命によって大官大寺の代わりとして、西明寺を模して大安寺《だいあんじ》を建立したと伝えられている。

『請来目録』で西明寺を敢えて「永忠和尚の故院」と書いたのは、空海が移住するまで、この西明寺には、宝亀三年（七七二）に入唐留学した三論宗の永忠が滞在していたからである。この永忠は空海と入れ替わりに、藤原大使とともに帰国したのである。その帰国の船には、さらに請益僧の最澄も乗っていた。台州で道邃から天台の法門を余すところなく受法し得た最澄について、今少し触れておかねばならない。

帰国するために、台州から明州に赴いた最澄は、台州で蒐集し得なかった天台の典籍が越州の龍興寺に存在するとの情報を得る。遣唐使船の出港までには、なお暫くの日時を要するとのことで越州へと赴く。しかし龍興寺には求むべき典籍は一冊もなく、たまたま龍興寺を訪れていた泰嶽霊巖《たいがくれいがん》寺《じ》の順暁《じゅんぎょう》に出会うことになる。その順暁から、湖鏡の東峯山道場で、最澄と通訳僧の義真はともに「五部灌頂曼荼羅壇場に引入され、現に真言の法を授くることを蒙り、また真言水を灌頂せられ」[10]て、多くの念誦法門ならびに供養具様などを将来することになる。「進官録上表」において、最澄は「妙円の極教、聖機に応じて興顕し、灌頂の秘法、皇縁を感じて円満す」[11]と上奏し、天台の法門とともに真言の灌頂の法門をも、あわせ将《も》ち来《きた》ったと書きとめている。桓武天皇もまた、最澄が天台の法門と真言の秘教をともに齎《もた》らしたことについて、「良《まこと》に国師たり」と称讃している。[12]帰国後の空海と最澄との交わりの必然性はここにあったのである。

二　梵語の学習と密蔵の受法
——膝歩接足して彼の甘露を仰ぐ

インド僧善無畏が来唐後はじめて『虚空蔵求聞持法』を翻訳したのは、この西明寺の菩提院であったことを知った空海は特別に深い感慨をおぼえたに違いない。この事実を知ったのは西明寺の学僧円照からの教示によってのことであったろう。円照が編著した『貞元新定釈教目録』（以下『貞元釈教目録』）巻十四にも、そのことは記されていた。円照はそれ以前に著わした『大唐貞元続開元釈教録』では、「西明寺翻経臨壇沙門円照集」と記し、[13]その後、改めて撰著した『貞元釈教目録』でも「西京西明寺沙門円照撰」[14]と記している。

円照は西明寺の曇雲律師の弟子であり、仏教全般に通じていたが、なかでも律蔵に精通し、また当代屈指の仏教史家でもあった。さきに挙げた訳経目録のほかに、一行禅師などの伝記や、唐代密教を代表する不空三蔵が唐の朝廷に上奏した諸種の上奏文書などを蒐成した『不空三蔵表制集』六巻などは、唐代初期密教の実態を知り得る数少ない貴重な史料の一つである。さらに注目すべきは、自ら「翻経沙門」と称するように、とりわけインド僧の般若三蔵の翻訳には、その当初から「筆受《ひつじゅ》」として関与しつづけている。筆受とは梵文を中国語に翻ずることにかかわる役割の一種であるが、梵語についても高度な知識を有していたことがわかる。その事実についてはは後に再び触れることがあろう。

西明寺には、当時、今一人、注目すべき学僧として慧琳《えりん》がいた。空海がこの寺に移る以前から、彼は「大蔵音義《だいぞうおんぎ》」、いわゆる『一切経音義』百巻の撰述に余念がなかった。疎勒国《そろくこく》すなわちカシュガル出身の慧琳は梵語および西域地方のいくつかの言語に精通し、「始め不空三蔵に事《つか》え室灑《しつしゃ》を為す。内に密蔵を持し、外に儒流を究《きわ》む。印度の声明《しょうみょう》、支那の詁訓《こくん》に精奥ならざるはなし」（『宋高僧伝』巻六）という。慧琳は仏典を正しく読解するに当たっては「仏意を参向し、是非を詳察」することが肝要として、一切経の重要な語彙の意義について、中国の『字林』『字統』『声類』『三蒼』『切韻』『玉篇』および『説文』など、いわゆる七家の字典類なども参照駆使して注解しつづけていたのである。まさしく語学の天才であった。

この『一切経音義』百巻が完成をみたのは、空海が帰国した後の元和五年（八一〇）であったから、空海がこの『音義』百巻を請来することはなかった。しかし後に記すように、空海が釈教つまりインドにおいて釈尊が説かれた仏教を真に理解するためには、釈尊自身が用いた言語つまり梵語の学習が不可欠であることを痛感せしめられたのは、この慧琳からの影響もあってのことであったろう。しかし空海がこの慧琳から直接に梵語などを学ぶことは不可能であった。慧琳はかつて不空三蔵に師事したこともあったのだが、当時の彼は『大蔵音義』の撰述に掻首の暇さえない情況であったからである。そのときインド僧の般若三蔵にまず師事すべきことを勧奨し、かつ斡旋の労をとってくれたのは円照であったろう。

般若三蔵は北天竺の迦畢試国《かびしこく》の出身であり、姓を喬答摩《ごうたま》（Gautama）といった。しかし母の姓は羅氏《らし》であったというから、おそらく西域の人であったろう。般若三蔵自身、後に空海に対して「吾が生縁は罽賓国《けいひんこく》なり。少年に入道して五天を経歴し、常に伝灯を誓って此の間（中国）に来遊す(15)」と告げているが、円照によれば「罽賓というは訛略なり」という。いずれにもせよ、「阿含」の経典から始まって、中天竺の那爛陀寺《ならんだじ》では大乗の論蔵および声明論《しょうみょうろん》すなわちインドの言語学などを学び、さらに南天竺に持明蔵《じみょうぞう》（密教）が尚ばれていることを耳にして、遂に南天竺に往詣して未聞の持明蔵（ダラニ蔵）を受け学んだという。

南天竺では七世紀後半から金剛頂系《こんごうちょうけい》の瑜伽密教《ゆがみっきょう》が盛行していた。般若三蔵は「南天の烏荼王寺《うだおうじ》に詣《いた》り、瑜伽教を習い灌頂壇《かんじょうだん》に登り、五部真言を悉く皆な諮受す(16)」とあるから、般若三蔵は金剛頂系の密教僧でもあったのである。空海は即刻、西市の北に位置する醴泉坊《れいせんぼう》の醴泉寺に滞留していた般若三蔵を訪ねて師事し、梵語のみならず、金剛頂系の密教の一端や南天竺の宗教事情、なかんずく婆羅門教《ばらもんきょう》やインドの諸哲学学派などについても、きわめて短期間ながら、実に精力的に多くを学びとっている。この寺には同じインド僧の牟尼室利《むにしり》三蔵なども滞在していて、仏典の翻訳にかかわっていた。空海自身、このときの学習の一端に触れて、「貪道、大唐の貞元二十一年〔八〇五〕に長安の醴泉寺において、般若三蔵および牟尼室利三蔵に南天竺の婆羅門等の説を聞く[17]」と書き残している。

　空海が主著とも目される『秘密曼荼羅十住心論』十巻を撰述したとき、巻三の「嬰童無畏《ようどうむい》住心」の段でインドのバラモン教や十六外道などに詳しく言及し、その境位を第三住心に該当せしめているのは、あるいは般若三蔵等に師事していた頃の学習の成果の一端を反影していると言えるかもしれない。

　「真言陀羅尼宗《しんごんだらにしゅう》」とも呼ばれる密蔵（『分別聖位経』序）の法門を受け学ぶには、まずは梵語ならびに悉曇文字《しったんもじ》を学ぶことから始めなければならない。このとき空海が用いたテクストは、かつて般若三蔵が五台山で沙門智廣に梵字を教えたとき[18]、智廣はノートを『悉曇字記《しったんじき》』一巻としてまとめていたのだが、おそらく空海も、この『悉曇字記』を依用しての学習であったと思われる。空海自身、帰国に際して、この『悉曇字記』一巻を請来しているが、この題目の下には「南天竺般若菩提の悉曇」との添書がみられ、さらにこの序では智廣自身が五台山の山房で般若三蔵から習い受けたことも記され、またその般若菩提が陀羅尼の梵夾《ぼんきょう》を齎らしたとも書かれている。だとすれば空海が最初に師事した般若三蔵は詳名を般若菩提（Prajñā-bodhi）といったのかもしれない。空海はこの般若三蔵から、帰国時に「梵夾三口」を貫いうけていることが知られている[19]。

空海が藤原大使一行の一員として福州を出発して長安に向かい始めた頃、般若三蔵は牟尼室利や円照、さらには当時、華厳の第一人者と目されていた澄観《ちょうかん》らとともに、『守護国界主陀羅尼経』十巻を訳了し、徳宗皇帝に献上している。この密教経典に関する講伝も、空海は般若三蔵から受けたに違いない。帰国後の弘仁元年（八一〇）十月に、空海は「国家の奉為《おんため》に修法《しゅほう》せんと請う表」のなかで、この『守護国界主陀羅尼経』を含めて、「空海、師の授《さず》けを得たり」と明記されているのは、その修法について直接に師授を受けていることを示唆しているからである。つまり般若三蔵は空海にとっては単なる梵語学習のみの師ではなかったのだ。事実、空海の帰国に際して、般若三蔵は付《ふ》法《ほう》の印信《いんじん》すなわち教法を伝授した証明として、さきに言及した「梵夾三口」とともに、円照や澄観も参加して訳出された『大方廣仏華厳経』四十巻、それに般若三蔵が入唐直後、最初に翻訳した『大乗理趣六波羅蜜経』十巻などを空海に与えることで、般若三蔵自身と日本国との縁を結ばしめて、「元元を抜済せん」ことを申し伝えている[20]。

実はこの般若三蔵によって翻訳された『守護国界主陀羅尼経』十巻と『大乗理趣六波羅蜜経』十巻は、空海が最晩年に「真言宗《しんごんしゅう》年分度者《ねんぶんどしゃ》三人」の制を設立した際に、それぞれ「金剛頂業」と「胎蔵業」の度者の学ぶべき主要経典とされていることに注目しておくべきである[21]。この事実は空海が考慮した「真言宗」というのが、従来の南都の六宗と新しい天台法華宗をも含めた七宗とは、その内実をまったく異にしたもので、単なるセクトとしての「真言宗」ではないことを含意しているのだが、ここでは『六波羅蜜経』の最初の翻訳にかかわるエピソードを紹介しておこう。そのことが空海の入唐留学とかかわりなしとしないからであり、さらに言えば、般若三蔵のもとでバラモン教をはじめインドの諸哲学学派についても見聞しながら、当時、長安の都にも伝来していた景《けい》教《きょう》すなわちキリスト教やマニ教などについては、なぜか空海は一言半句も言及するところがないからである。異教についての言及もさることながら、異教について承知しながらも敢えて言及しない事実もまた極めて重要な意味を有すると思えるからである。

般若三蔵が入唐した当時、長安には母方の従兄弟で神策将軍の羅好心がいた。入京した般若三蔵を自らの「家に留め、供養」していた羅好心は「三宝を信じ重んじて、仏経を訳さんことを請い、乃ち大秦寺《だいしんじ》の波斯《はし》僧景浄《そうけいじょう》と、胡本《ごほん》に依りて六波羅蜜経七巻を訳成す。時に般若〔三蔵〕は胡語に閑《な》れず、復た未だ唐語を解《げ》せず、景浄は梵文を識らず、未だ釈教を明らかにせざる為に、伝訳と称すると雖も、未だ半珠をも獲《え》ず[22]」といった有様であった。唐の貞元二年（七八六）のことである。その二年後の貞元四年四月に西明寺において重ねて翻訳することになり、このときは般若三蔵自身がインドから齎持した梵本にもとづいて、西明寺の円照らの協力をも得て、『大乗理趣六波羅蜜経』十巻を再度訳出しなおしている。この「胡本」が中央アジアのいかなる言語による訳本であったかについては未詳であるが、この胡本を所持していたのは、その胡語をも理解し得る羅好心であったろうし、彼はまた景浄とも昵懇《じっこん》の関係にあったのだろう。

景浄は本名をアダムといい、建中二年（七八一）にキリスト教の中国への伝播について記録した「大秦景教流行中国碑頌《だいしんけいきょうりゅうこうちゅうごくひじゅ》」を撰述したことで、よく知られている。(23) 中国に伝来したキリスト教は当初は飛来地を冠して「波斯教《はしきょう》」（ペルシャ教）などと呼称されていたが、メシアを正義の光りであり正義の太陽と崇めて、メシアすなわちキリストによる正義の太陽の光明遍照の信仰を表現する用語として、後には「景教」と呼ばれるようになったのである。つまりキリスト教ネストリュウス派を指す。しかし景教という名称自体は「大いなる日の光りの遍照」を意味していて、当時、善無畏三蔵や金剛智三蔵によって伝えられて、大いに流行していた「大日如来の教え」たる密教と殆ど同じような意味の紛らわしい呼称であったと言えよう。

かくて円照は『貞元釈教目録』巻十七で次のような注目すべき記述を残している。すなわち「夫《そ》れ釈氏の伽藍《がらん》と大秦僧寺《だいしんそうじ》とは居止既に別にして、行法も全く乖《そむ》けり。景浄《けいじょう》は応《まさ》に弥師訶《メシア》教を伝うべし。沙門釈子は仏経を弘闡す。教法区分して、人をして濫渉することなからしめんと欲す(24)」として、景浄が仏経の翻訳にかかわったことを非難するとともに、景教の名称自体がその字義において密教の「大日の教え」と殆ど区別がつけがたく、人びとの耳目には両者が同じ宗教としての誤認を与えることを危惧しての発言でもあったと思える。「正邪、類を異にし、涇渭、流れを殊《こと》にす」とも書き添えているのは、円照にとって景教はまさしく邪教と目されていたことを窺知せしめる。

当時、長安の都には景教のほかにも摩尼教《まにきょう》なども伝播し、これら異宗教の聖典類も多く漢訳されていた。このような現象を空海が知らない筈もなかったし、キリスト教（ネストリュウス派）の教会である大秦寺へも歩を運び、そこに建立されていた景浄の碑銘を眼にしたに違いない空海が、これらの異教についてまったく言及しないのは何故なのか。摩尼教についての聖典類の『摩尼教下部讃』『摩尼光仏教法儀略』、あるいはキリスト教の『序聡《イエス》迷詩訶《メシア》経《きょう》』とか『景教三威《けいきょうさんい》蒙度讃《もうどさん》』といったものも数多く存在したはずである。ちなみに現存の漢訳では『序聴迷詩訶経』とあるが、「序聴」は「序聡」の誤写である。『十住心論』においては、儒教はもとより、インドのバラモン教にも諸哲学学派の思想にも言及しながら、これら景教や摩尼教などについての発言が見られないのは何故か。ただ一つ、これら西方から伝来の異教について、偏見なくその教義なり教理の正確な知識を学び得る時間的余裕を有し得なかったことが考えられないでもない。たしかにとりわけ恵果和尚との出会い以降は、密蔵の受法以外に思いを馳せる余分は瞬時もなかったのは事実である。

般若三蔵のもとで、ほぼ三か月間を搔首の暇なく学びつづけた空海は、いよいよ恵果和尚のもとへと赴くことになる[25]。般若三蔵が滞在していた醴泉寺には、恵果和尚の弟子でもあった義智がいた。かつて恵果は醴泉寺に赴いて義智のために金剛界大曼荼羅を作って供養を行ない、その席には般若三蔵等も座をともにしていたことを、後に空海は書き留めている[26]。この事実は恵果和尚と般若三蔵とは旧知の間柄にあったということを示唆している。日本からの新進気鋭の留学僧空海が般若三蔵のもとで梵語などを学んでいる事実は、般若三蔵自身や義智などを通じて、恵果の耳にも届いていたに違いない。恵果和尚自身の体調を案じて、密蔵受法に必須の学習を一通り教えた般若三蔵自身が、空海を促して恵果和尚の許に赴かせたに違いない。唐の貞元二十年（八〇四）五月の頃であったろう。初対面の情況について、空海自身、『請来目録』のなかで次のように記述している。
「和尚乍《たちま》ちに見て笑《えみ》を含み、喜歓して告げて曰《いわ》く、我れ先に汝が来たらんことを知り、相い待つこと久しかりつ。今日相い見《まみ》ゆ、大《はなは》だ好《よ》し、大だ好し(27)」。同じことは空海の弟子真済も伝えていて、「和尚始めて一たび目《み》て以て喜びたまう。待つこと已に厚うして曰《いわ》く、吾れ汝を待つこと久《ひさ》し。来ることの何ぞ遅かりつる。生期《しょうご》、向《まさ》に闋《お》えなんとす。早く受けよ」と記している(28)。同じことは『請来目録』においても、恵果和尚のことばとして「報命竭《つ》きなんとするも、付法に人なし。必ず須《すべか》らく速かに香花を弁じて潅頂壇《かんじょうだん》に入るべし」とある。恵果自身が真意を告げたことばであったろう。事実、恵果はこの出会いから僅か半年後に入滅することになるのである。空海への密蔵の法門の伝授は、この半年間で余すところなく果たされたのであった。

一般的に密教の授法に当たっては、その付法の弟子が如法の資格をそなえているか否かを厳しく吟味すべきことが、密教経軌には説かれている。それを一瞥したのみで、速刻に潅頂の入壇を勧告したのは、すでに般若三蔵や義智を介して、空海の為人《ひととなり》や異常な才能を知悉していたからでもあろうが、対面して瞬時に異才ぶりを感知してのことであったろう。ただ留意したいのは「付法に人なし」と恵果をして嘆息せしめている事実についてである。かつて密蔵の法門を朝廷から始めて中国に根づかせた不空三蔵の居処の大興善寺《だいこうぜんじ》には、その高弟の恵朗《えろう》が早逝していたこともあって、もはや就くべき師とて存在しない現状が、恵果をして、そのような発言をなさしめたものでもあろう。

恵果はまず空海に密教の戒である「発菩提心戒《ほつぼだいしんかい》」を授ける。別に三昧耶《さんまや》戒とも呼ばれるが、「三昧耶」（samaya）とは「平等」を意味する。つまり本来的に自己にそなわっている「菩提の心」すなわち仏心と自心とは平等につながっていることの自覚へと導くための授戒である。密教を受け学ぶための儀礼《イニシエーション》としては、この「発菩提心戒」に次いで「持明灌頂《じみょうかんじょう》」を受けなければならぬ。別に「学法灌頂《がくほうかんじょう》」ともいわれる。いわば真言《しんごん》、陀羅尼《だらに》を受持し読誦し思惟する密蔵の法門への入門儀礼である。

「灌頂」とは、もとはインドの国王の即位に際して、四大海の水を頭頂に灌《そそ》ぐことで、四大海つまり全世界を統治しうる王位に即《つ》くための重要な儀礼であったのだ。この即位儀礼が仏教に採り入れられて、菩薩が仏位へと到達する受職《じゅしき》の礼法とされ、密教では如来の五智を象徴する五瓶の水を弟子の頭頂に灌ぐことで仏位を継承し、その法統を伝持するための重要な儀礼となっている。

中央に法身《ほっしん》すなわち存在の絶対的根源の仏である摩訶毘盧遮那《まかびるしゃな》（Mahāvairocana）つまり大日如来を安置し、その四方に法身から流出した諸仏諸菩薩が在り、さらに諸天などをも自然本有《じねんほんぬ》の在りように配した曼荼羅《まんだら》で荘厳された道場に、目隠しをされた弟子が導き入れられ、法に依って花を投じ、その花が着いた曼荼羅の尊と結縁して、その尊格の悟りの境位に到るための「三密《さんみつ》の加持《かじ》」を受け、かつ瑜伽観智《ゆがかんち》の観照体験の修行を繰り返すことから、密教の受法は始まるのである。「三密の加持」とは、修行者自身の身・語・意のはたらきが根源的絶対者の身・語・意のはたらきと感応同交する体験をいう。これらの瑜伽観智の行が達成されると、密教の阿闍梨《あじゃり》となって法を伝え得る資格が与えられる「伝法阿闍梨位の潅頂」を受けることになる。
空海自身、自らの受法について『請来目録』において簡潔に次のように記している。

六月上旬、学法潅頂壇に入る。是の日、大悲胎蔵大曼荼羅に臨んで、法に依りて花を抛《なぐ》るに、偶然として中台の毘盧遮那如来の身上に着く。阿闍梨は讃じて曰く、不可思議よ、不可思議よ、と。再三讃歎す。即ち五部の潅頂を沐《ぼく》して三密の加持を受く。此れより以後《のち》、胎蔵の梵字儀軌を受け、諸尊の瑜伽観智《ゆがかんち》を学ぶ。

七月上旬に更に金剛界の大曼荼羅に臨み、重ねて五部の潅頂を受く。亦た抛《なぐ》るに毘盧遮那を得たり。和尚、驚歎すること前の如し。

八月上旬に亦た伝法阿闍梨位の潅頂を受く。是の日、五百僧の斎《とき》と設けて普ねく四衆に供《く》す。青龍《しょうりゅう》、大興善寺《だいこうぜんじ》等の供奉《ぐぶ》の大徳等、並びに斎筵《さいえん》に臨む。悉く皆な随喜す。金剛頂瑜伽五部の真言、密契、相い続けて受く。梵字梵讃、間《まま》に以て之を学ぶ。(29)

空海が恵果和尚から密蔵の法門を実際に受けたときの記録は、これがすべてである。まさに秘密の法門の伝受と呼ぶにふさわしい記述というほかはない。「此れより以後、胎蔵の梵字儀軌を受け、諸尊の瑜伽観智を学ぶ」とあるのは、七月の金剛界潅頂の後も当然ながら金剛界の梵字儀軌による一尊法の瑜伽観智が修せられているわけで、ここに般若三蔵のもとで学び得た梵語の学習が実を結んでの両部潅頂であったことが偲ばれる。真言、陀羅尼の伝授はもとより、瑜伽観法の実際を説示する儀軌類もまた、不空三蔵以来、梵語梵字で書かれたテクストによって伝授するのが恒例となっていた。(30)

六月の胎蔵界の場合も、七月の金剛界のときにも、曼荼羅に臨んで投じた花はともに中尊の毘盧遮那如来の身上に着いたという。両部ともに中尊の毘盧遮那すなわち「遍照如来」と結縁したことは、きわめて希有なこととして、師主恵果は再三讃歎したという。この希有なる事実を空海自身は「偶然として」と表現している。同じことは師主恵果との出会いについても「偶然として青龍寺東塔院の和尚、法の諱《いみな》は恵果阿闍梨に過《あ》い奉る」(31)と表現しているけれども、空海がここで用いる「偶然」という語の奥底には、自己の意志をはるかに超えた自然本有《じねんほんぬ》の妙用の意味が込められているのだ。それはまた空海自身が「存在の根源的本体」である「法身」大日如来（遍照如来）そのものと即一的な在りようにおいて在ることを象徴する現象でもあったのである。「毘盧遮那」(vairocana)とは「遍照」とも意訳されるから、この不可思議な体験をなし得た空海に対して、恵果和尚は「遍照金剛」という潅頂名を与えたのである。

『請来目録』において、遍照如来（大日如来）から脈々と師資相承された真言の秘蔵の法門が、空海自らが祖師と尊称する大廣智（不空金剛）阿闍梨を経て恵果和尚へと伝持され、その法門が今まさに、本源の法身仏と名実ともに同一の「遍照金剛」すなわち空海自身へと伝授された事実を示唆せしめているのだ。(32)このことを記す『請来目録』が国家への正式な留学成果の報告書であることを忘れるべきではあるまい。

今ここで空海が観照体験した灌頂、そしてその後に修した瑜伽観智の法について深く言及し得ないことを遺憾とする。空海が恵果和尚から秘門の奥義を悉く伝授された青龍寺東塔院の灌頂道場について、恵果の弟子の一人呉慇《ごいん》は次のように書き記している。

「灌頂堂の内の浮屠塔《ぶどとう》〔仏塔〕の下、内外の壁上に悉く金剛界および大悲胎蔵の両部の大曼荼羅、および一々の尊の曼荼羅を図絵す。衆聖儼然として華蔵《けぞう》の新たに開けるに似たり。万徳耀曜して密蔵の旧《ふる》き容《かたち》に還《かえ》れり。一覩《いっと》一礼《いちらい》するに罪を消し、福を積む[33]」。空海が恵果から灌頂を受け、一尊の瑜伽法《ゆがぼう》などを修した神秘的雰囲気は感じとることができるだろう。灌頂によって結縁し得た尊の瑜伽観智の修法とは、梵語の儀軌に説かれる諸作法によって、行者自身がその尊の悟りの境位、つまりは仏智と融通無碍に相応する事実を観照体験する深き瞑想をいう。『大日経』とか『金剛頂経』といった経典の文字を読むことによる学解《がくげ》、つまり文字文章の単なる語句理解の枠をはるかに超えて、それらの経典の一々の文字の意味の深みへと沈潜することで、真実世界の真理そのものを観照するのである。その観照体験の手引き書が梵語梵字で記述される諸種の儀軌《ぎき》類である。こうした儀軌類の内容が伝法阿闍梨によって伝授されることは言うまでもない。空海がまず依用したのは、『梵字大毘盧舎那胎蔵大儀軌』二巻と『梵字金剛頂蓮華部大儀軌』二巻であった。すべて悉曇文字で書写された梵語のテクストである。

恵果和尚に師事して僅かに三、四か月にして、空海は大悲胎蔵（大日経系の法門）と金剛界（金剛頂系の法門）の両部にわたる密蔵の法門を余すところなく受け畢《おわ》り、その秘法を他に伝えうる阿《あ》闍梨《じゃり》としての資格を有するに至ったのである。この三、四か月の間というものは、文字どおり掻首の暇さえなき学修の連続であったろう。唐都長安における自らの学修について、空海自身、次のように書き残している。「幸《さいわ》いに中天竺国の般若三蔵および内供奉《ないぐぶ》の恵果大阿闍梨に遇《あ》いて、膝歩接足して彼《か》の甘露《かんろ》を仰ぐ。遂に大悲胎蔵、金剛界両部の大曼荼羅に入って、五部瑜伽の灌頂の法に沐《もく》す。飡《さん》を忘れて読《とく》に耽《ふけ》り、仮寐《かび》して書写す。大悲胎蔵、金剛頂等、已に指南を蒙って之の文義を記す」[34]。ここで般若三蔵を「中天竺国の人」とするのは兎も角として、特に留意したいのは、恵果和尚から胎・金両部の大法を余すところなく受け学んだ折に、空海は「之の文義を記す」と述べている事実である。

『請来目録』に記載されている経論類だけでも、「新訳等の経、都《す》べて一百四十二部二百四十七巻、梵字真言讃等、都べて四十二部四十四巻、論疏章等、都べて三十二部一百七十巻。已上、三種惣じて二百十六部四百六十一巻」とあって、この他にもなお、大部の曼荼羅や祖師像などがある。これらの経論類の書写について「仮寐」しての遂行であったとするも、『請来目録』自体では「廿余の経生を集めて金剛頂等の最上乗の密蔵の経を書写す」とするから、自らのほかにも二十人ばかりの写経生を雇用しての書写であったことがわかる。そして曼荼羅などの作成については「供奉《ぐぶ》の丹青、李真《りしん》等十余人を喚《よ》んで胎蔵金剛界等の大曼荼羅等一十鋪を図絵す」とあり、「また供奉の鋳《いもの》博士《はかせ》の趙呉《ちょうご》を喚んで、新たに道具一十五事を造る」ともある。「供奉の丹青」とか「供奉の鋳博士」とは宮廷の一流の職人である。このときの書写、図絵などの事業は一留学生の能力を遥かに超えるものであることに留意したい。しかしここでは、さきに指摘した「之の文義を記す」という事実に、まず注目したい。

空海はこれら尨大な数量の経論儀軌類のみならず、曼荼羅類を、ただ闇雲に蒐集して請来したのではないのである。その殆どすべての経軌について、師主恵果から一々指南をうけ、その指南に際しての教授の「文義」つまりノートを丹念精密に写し取っていたことに、われわれは留意しなければならない。すでに言及したように、空海は帰国後の弘仁元年（八一〇）十月に、いわゆる薬子の変にかかわって、「国家の奉為に修法せんことを請う表」のなかで、自ら請来した『仁王念誦儀軌』、『守護国界主経』、『仏母明王経』などの念誦法門によって国家の安泰を祈る旨を述べているが、これらの経軌について「空海、師の授けを得たりと雖も、未だ練行すること能わず(35)」としているのは、空海自身、請来した一々の経軌について、すべて師の伝授を受けていることを示している。しかし残念ながら、その「文義」を記した文献は現存しない。一説には『秘蔵記』と呼ばれる文献がその「文義」のノートであろうと見る伝承もあるが、事実ではない。

密教を学び修すること自体が、単なる経論の文字の解読と教理の論談にとどまらず、それらの文字の奥底に秘められる真実義を自らに観照体験することにある以上、仮りに恵果和尚からの受法時のノートが空海の手許にあったとしても、これを自らの弟子達に示し、かつ書写せしめるようなことはなかったろう。「密蔵は深玄にして翰墨に載せ難き」（『請来目録』）が所以である。それゆえにこそ、密蔵の要諦を体解《たいげ》するためのみならず、その密蔵の伝法と受法にとって不可欠なのが、ノート類ではなくて、「図像」つまり曼荼羅なのである。

空海による尨大な量にのぼる経論儀軌類や曼荼羅などの書写の功が終わろうとしていたのは、永貞元年（八〇五）も暮に近づく頃であった。師主恵果がその事業の殆どを援助したのは言うまでもない。その恵果和尚は空海に対して「纔《わずか》に汝が来れるを見て、命の足らざらんことを恐る。今則ち法の在るとし有るを授く。経像の功も畢《おわ》りぬ。早く郷国に帰り、以《もっ》て国家に奉じ天下に流布して蒼《そう》生《せい》の福《さいわい》を増せ。然らば則ち四海泰《やす》く万人楽しまん。是れ則ち仏恩を報じ師徳に報じ、国の為には忠、家においては孝なり。義明《ぎみょうぐぶ》供奉は此の処にして伝えん。汝は其れ行矣《さけ》く之を東国に伝えよ。努力《つとめ》よ、努力《つとめ》よ(36)」と遺誡《ゆいかい》しおわって、その年の十二月十五日に恵果和尚は遷化《せんげ》した。

恵果和尚には、さきに見られた義明とともに五大弟子がいたと空海は伝えている。義明は青龍寺にあって恵果の法脈をつぐべき人であったのだが、他に訶陵《かりょう》つまりジャワ出身の弁弘《べんこう》、新羅《しらぎ》の恵《え》日《にち》、剣南《けんなん》すなわち現在の四川省出身の惟上《いしょう》、河北の義円がその人たちである。恵果和尚の俗弟子呉《ご》慇《いん》は「恵果阿闍梨行状」のなかで、恵果の弟子達に言及して次のように記している。

常に門人に謂《かた》って曰く、金剛界、大悲胎蔵の両部の大教は諸仏の秘蔵、即身成仏《そくしんじょうぶつ》の路なり。普ねく願わくは、法界に流伝して有情を度脱せんことを。訶陵の弁弘、新羅の恵日には並びに胎蔵の師位を授く。剣南の惟上、河北の義円には金剛界の大法を授けたり。義明供奉には両部の大法を授く。

今、日本の沙門空海有り、来りて聖教を求むるに、両部の秘奥、壇儀《だんぎ》、印契《いんげい》を以てす。漢梵差《たが》うことなく、悉く心に受くること猶《なお》し瀉瓶《しゃびょう》の如し。此れ是の六人は吾が法灯を伝うるに堪えたり。(37)

恵果和尚自身が空海の密蔵受法について「漢梵差うことなく、悉く心に受くること猶し瀉瓶の如し」と讃嘆しているのは、般若三蔵に就いて梵語を学び、漢語つまり中国語にも十分に堪能であって、その受法は恰も一方の瓶の水を他方の瓶へと移し注ぐがごとく、密蔵の秘法は余すところなく恵果和尚から空海へと伝授されたというのである。かくて空海は師主恵果の遺誡にしたがって帰国を決意する。

空海をして、二十年の留学をまる二か年の学修で帰国することを決意せしめたのは、恵果和尚入滅の夜の不思議な出来事によってのことという。恵果和尚が入滅した夜、一人道場において持念していた空海の面前に、「和尚は宛然《えんぜん》として前に立ちて告げて曰く、我れと汝とは久しく契約ありて、誓って密蔵を弘む。我れ東国に生れて必ず弟子と為らん」と告知したと、空海は『請来目録』のなかで記している。つまり「闕期《けっき》の罪」ともいうべき二十年の留学をまる二か年で帰国した大きな理由の一つが、師主恵果の遺命によるものであったことの表明なのである。この恵果の遺命については、空海は自ら撰書した「阿闍梨恵果和尚之碑」のなかで、さらに詳しく書き記している。

和尚掩色《えんしょく》の夜、境界の中において弟子〔空海〕に告げて曰《いわ》く、汝未だ知らずや、吾れと汝と宿契《しゅくけい》の深きことを。多生の中に相い共に誓願して密蔵を弘演《ぐえん》す。彼此代るがわる師資《しし》と為ること、只《ただ》の一両度のみに非ず。是の故に汝が遠渉《えんしょう》を勧《すす》めて我が深法を授く。受法云《ここ》に畢《おわ》んぬ。吾が願いも足《た》んぬ。汝は西土〔中国〕にして我が足を接す。吾れは東生して汝が室に入らん。久しく遅留《ちりゅう》すること莫《なか》れ。吾れ前《さき》に在って去《い》なん、と(38)

この境界つまり道場で深き瞑想に入っていたときの師主恵果の遺誡が、空海の帰国決意を決定づけたのだが、当時、長安の都で空海がなお学び修めるべきものがなかったのも事実であったろう。いずれにもせよ、このとき空海の心底に深い印象を残したのは、師主恵果と弟子空海とが、多生の間の宿契深き関係にあって、相互に師となり弟子となって密蔵を弘めてきたし、これからもその秘門を宣揚してゆくことになるという夢告の内容であった。このとき空海に告げた恵果との多生にわたる宿契は、恵果の師主であった不空三蔵は空海の前生であったことになる。換言すれば空海は不空三蔵の再誕ということになる。そして恵果自身が空海に告げたという東生して汝が弟子とならんということは、恵果は日本に生まれて空海の弟子となり、ともに密蔵を弘めることになる。その恵果の再誕こそ、讃岐の佐伯氏として此の世に生を受け、空海の最晩年の弟子となり、高野の開創と真言宗度人の制の確立にも力を尽すことになる真然《しんぜん》その人であると空海自身、考えていたかどうか――。

いずれにもせよ、恵果の遺誡によって空海は帰国を決意することになる。その決意を確定ならしめたのは、このとき偶々《たまたま》、日本国使の高階 遠成《たかしなのとうなり》が長安に来ていたこともあってのことであったろう。一説には唐の新帝即位への会同《かいどう》の礼《れい》のためとも言われているが、『旧唐書』の「東夷伝」には「貞元二十年〔八〇四〕、使を遣わして来朝す。学生 橘 逸勢《たちばなのはやなり》、学問僧空海を留《とど》む。元和元年〔八〇六〕日本の国使判官高階 真人《たかしなのまひと》上言す。前《さき》の件《くだん》の学生、藝業稍《かな》り成り、本国に帰らんことを願う。便ち臣と同じく帰らんことを請うと。之を従《ゆる》す[39]」と記録されている。

空海はこのとき自らの帰国願とともに、留学生の橘逸勢の帰国願をも代筆しているが（『性霊集』巻五）、ともに二十年の留学を期して入唐しながら、まる二か年の滞留での帰国ということになった。その点について空海は「本国の使と共に帰らんことを請う啓」のなかで、「十年の功、之を四運に兼ね、三密の印、之を一志に貫《つらぬ》く」と記している。満々たる自信の披歴である。つまり十年間をかけて挙げるべき成果を、四運すなわち四季の移りかわる一か年で完遂し得たというわけだ。ということは二十年間を期した留学の成果は、この二年間で完全に果たし得たことになるのだ。その成果を一言にして表現すれば「三密の印、之を一志に貫く」ということ。法身の身・語・意の三密に収斂される密蔵の法門のすべてを、余すところなく自らの一心のなかへと収斂し、絶対者と自己とがまさに一心に包蔵される境位をも完全に学び修し得たというのである。

恵果和尚から学び修し得た密教の特質について、その帰国申請の啓状のなかで、空海は次のように端的直截に記している。すなわち「此の法は則ち仏の心、国の鎮なり。氛《ふん》を攘《はら》い祉《さいわい》を招く摩尼《まに》、凡《ぼん》を脱《まぬが》れ聖に入る嘘徑《きょけい》なり」(40)。ここで「此の法」が今まさに恵果和尚から受け学んだ密蔵の法門を指すことは言うまでもない。つまり密蔵の教法は仏陀所説の肝心の教えであり、その教法が広まり行われている社会は安泰安穏になる。さらに敷衍して言えば、この秘門の教えによって、天的かつ人的なあらゆる災害が取り除かれ、あらゆる人びとに祉《さいわい》を意のままにもたらしうるのだ。しかもこの現世での人びとへの福祉の実現が、そのまま、とりも直さず迷いの境地から悟りの聖なる境地へと到る近道なのだということである。

恵果和尚が早々の帰国を勧告したときの言葉に「早く郷国に帰り、以て国家に奉じ、天下に流布して、蒼生《そうせい》の福《さいわい》を増せ」とあったことを想起してほしい。「蒼生」とは人びとをいう。この恵果が発した「福《さいわい》」を受けて、空海は「祉《さいわい》を招く摩尼」と言う。人びとにもたらすべき「福」と「祉」は、ともに「さいわい」と訓《よ》む。この両者を合成すれば「福祉」という術語が得られる。この術語はウェルフェアの翻訳語としてよりも一千二百年も以前に、恵果と空海とによって使用されていたのだ。それは、密教が現実社会の人びとの福祉を意のままに実現しうる教えであるとともに、その福祉の実践がそのままに此の現実世界での成仏への境地に到るもっとも近い道だというわけである。そのことはいわゆる「現世利益《げんぜりやく》」と「即身成仏《そくしんじょうぶつ》」とは本来的には有機的に密接不可分につながっているという独自にして真実の仏教観を見事に表現し得ていると言うべきであろう。

しかもこのような仏教観は空海の独断的な所見ではなくて、密教の伝統的な見解なり立場を表明するものであることに留意すべきであろう。たとえば中国に密教を定着せしめた不空三蔵の訳出した『金剛薩埵五秘密儀軌』の冒頭では、「夫れ菩薩道を修行し、無上菩提を証成せんには、一切有情を利益《りやく》し安楽ならしむるを以て、妙道とす」[41]と説かれ、末尾では、このような修行者を金剛薩埵《こんごうさった》と名づけるのだとして、「是の故に、菩薩の勝慧なる者は、乃《いま》し生死を尽すに至るまで、恒《つね》に衆生の利を作して、〔自らは〕涅槃《ねはん》に趣《おも》むかず」とも説かれている。まさしく大乗仏教の菩薩道の極致というべきであろう。

師主恵果なき後は、長安にてももはや就くべき師もいないこともあって、空海は遣唐判官高階真人遠成の船で帰国することになる。日本への出港地の明州への途次、空海は越州の節度使《せつどし》すなわち長官に対して、日本の文化向上に資する内外の経書の恵贈を求めている。この越州では仏教の経論の他にも、儒道二教にわたる書物、詩賦碑銘にかかわる文章論、さらには卜占、医学、薬学、土木、工学などの専門書なども多くを蒐集し得ている。

帰路もまた往路と同じように「大唐より還るとき数々《しばしば》漂蕩《ひょうとう》に遇う」と記しているから、[42]順調な航海ではなかったようだが、帰国後、空海は自らの留学の成果を『請来目録』として上表を添えて高階判官に託して朝廷に提出している。大同元年（八〇六）十月二十二日であった。このときすでに桓武天皇は崩御され、新帝平城天皇が即位して半年を経た頃であった。その諱名が暗示するように、新帝の関心は旧都奈良にあり、父帝桓武が大きな関心と尊敬を寄せた新仏教の天台をもたらした最澄にも、新来の空海の密教にも目を向けることはなかった。空海が『請来目録』に添えた上表のなかで「陛下の新たに璇璣《せんき》を御するを以て、新訳の経、遠くより新たに戻《いた》る」と書き、「恰も符《ふ》契《けい》に似たり、聖に非ずんば誰か測《はか》らん」と述べても、平城天皇が空海に関心を寄せることはなかった。それればかりか、二十年の留学を二年にして帰国したことを「闕期《けっき》の罪」に当たるとして、入京することを許さず、筑紫に滞留せしめられることになるのである。ただ同じく闕期の罪に該当した橘逸勢の処遇については未詳であるが、帰国して一年後の大同二年（八〇七）十月に、当時、中務卿兼大宰帥であった伊豫親王が、平城新帝の側近であった藤原宗成《ふじわらのむねなり》らの陰謀により、政権転覆の謀反の罪で川原寺《かわらでら》に幽閉されて親王位を廃せられ、遂にこの寺で母の藤原吉子とともに服毒自死するという悲惨な事件が起こっている。

この伊豫親王の変は、平城帝とその側近が、対立勢力であった藤原雄友、乙叡らや皇太弟の神野親王（後の嵯峨天皇）の勢力を押さえ込む意図のもとに惹起したと伝えられるけれども、この不幸な「伊豫親王の変」によって、伊豫親王と深いかかわりをもって入唐した空海の入京は、さらに遅れることになる。

三　真言思想形成の起点

――真言は幽邃にして字字、義深し

入京を許されないままに、遣唐判官高階遠成に附託して、空海は自らの留学の成果を国家に報告する。大同元年十月二十二日であった。いわゆる『請来目録』である。この『目録』は「都合六種」にわけて記載されていて、

新訳等の経、都《す》べて一百四十二部二百四十七巻、梵字真言讃等、都べて四十二部四十四巻、論疏章等、都べて三十二部一百七十巻、已上、三種、惣じて二百一十六部四百六十一巻。

仏菩薩金剛天等の像、法曼荼羅、三昧耶曼荼羅、并びに伝法阿闍梨等影、共に一十鋪、道具九種、阿闍梨付嘱物一十三種。


以下、それら一々の経疏、ならびに図像名などが具体的に列挙される。その限りにおいては、文字通り目録と呼ぶに相応しいことから、これまで『請来目録』について、これを空海の思想を明らかにするための資料として重視されることは少なかった。同じ他の留学僧の目録としては最澄以前のものはすべて散佚して現存しないけれども、現存する幾つかの留学僧の『請来目録』ないし『将来録』との大きな相違は、空海の場合、それぞれの経軌や図像などを請来した理由が端的に記載され、しかもその陳述自体が、そのまま空海の密蔵思想体系の形成の起点たり得ていることに最大の特色がある。つまり空海の真言教学の形成の解明にとって、この『請来目録』ほどコンパクトな資料は他にはあり得ないということである。日本文学研究者のドナルド・キーン氏は、私とはいささか視点を異にしているとはいえ、「日本文化史の形態を理解しようとする場合、空海の『弘法大師請来目録』ほど有意義な文献は少ないと思う」(43)と記して、「恵果と空海との運命的な出会い」のなかに「奥義伝授」の起原などを読みとっている。

空海の『請来目録』を一瞥してわかることは請来経軌の殆どが不空三蔵によって翻訳された密蔵

経典であって、旧訳経典類の請来も、不空三蔵所訳と同じように、これまでわが国に伝来していないものに限られていたのである。この事実は、空海がすでに入唐以前に、わが国の仏教界の現状、なかんずく蔵経の存否について正しく把握し認識していたことを示唆している。そして不空三蔵所訳の経軌類が空海によってはじめて我が国に齎らされたことで、夙《つと》に奈良朝の天平年間（七二九―七四九）に伝来していた不空の師主金剛智三蔵所訳の密教経典とともに、中国に伝わった真言密教がそっくり日本に移入され、その教学が漸く空海によって体系化の大成を見ることになるのである。

さらに着目すべきことは、梵語梵字で書かれた儀軌《ぎき》、真言、陀羅尼および讃の類が、これ程多量にまとまって請来された事実についてである。ただ梵字梵語の陀羅尼の一部はかつて天平八年（七三六）に来朝したインド僧の菩提僊那《ぼだいせんな》によって齎持されたことは正倉院文書の「智識優婆塞等貢進解」から窺知できる(44)。菩提僊那は婆羅門僧正としてもよく知られているが、華厳《けごん》を本宗としながらも、中国では金剛智三蔵から瑜伽密教の法門を受け、その印信《いんじん》つまりは付法の証明として金剛智三蔵の「七條褐色紬袈裟一領」を貰い受けて、日本へ齎持していたことが知られている(45)。その菩提僊那は日本における弟子達には、従来のような漢字音写の陀羅尼本ではなくて、「梵本陀羅尼」を読誦せしめた最初の人であったことは余り知られていない。真言《マントラ》は音韻上、正しく唱誦されねばならないことは、すでに古くインドのヴェーダの祭祀以来、強調されつづけ、インドの声明《しょうみょう》すなわち音韻、文法などの言語の学問はマントラをいかに正しく如法に読誦すべきかにかかわって生じたものであったのだ。そしてその事実を、日本人としてはじめて自覚した留学僧は空海その人であったろう。詳しくは後に言及するとして、その空海によって多くの梵本の真言、陀羅尼類が請来されたことで、これらの真言、陀羅尼をいかに正確に原語のままに発音読誦しうるかにかかわって、やがて仮名文字が考案される機縁となり、そして「五十音図」が作られる素因となった事実を忘れてはなるまい。空海の『請来目録』が有する日本文化史上の価値の一端は、この点にあると言うこともできよう。

ここで些か脇道にそれることになるけれども、日本文化史の観点から伝教大師最澄の真言受法についても一言しておかねばなるまい。というのも、先に不空三蔵の翻訳になる密教経軌の類は空海によってはじめてわが国に請来されたと述べたけれども、しかし実際には、不空訳と思われる経軌の一部が、最澄によって一足早く齎らされていた可能性があると思えるからである。もっとも、これらの経軌が不空三蔵の訳によるものとの自覚は、当時の最澄には全くなかったのである。

最澄の『越州録』には、越府の龍興寺に赴いたとき、偶然《たまさか》に出会い得た唐僧の順暁《じゅんぎょう》和尚から「五部潅頂曼荼羅壇場に引入され、現に真言法を授くることを蒙り、また真言水を潅頂せらる」と書き記され(46)、この「目録」ではまた、越州龍興寺を中心に蒐集したと思われる密教経軌類が四十数巻記載されているのだが、そのいずれにも、なぜか訳者名はまったく記入されていない。最澄将来のこれらの経軌はすべて現存しない以上、確認する術もないのだが、しかし「瞿醯《ぐけい》三巻、無量寿如来瑜伽儀軌一巻、一字頂輪王瑜伽法一巻、普賢金剛瑜伽法一巻、十八会瑜伽法一巻、普賢行願讃一巻、卅七尊心要一巻」[47]と列挙される経軌類はすべて不空三蔵の訳出せるものとみて間違いあるまい。これらはみな空海の『請来目録』のなかに、不空三蔵訳として認められるからである。ただ問題は、これらの経軌について最澄が順暁から直接に伝授を受けた可能性はまったくないと思えることである。

最澄が越州龍興寺の近くの湖鏡の東峯山道場で順暁和尚から潅頂を受け、三部《さんぶ》三昧耶《さんまや》の法を授けられたときの「付法文」では、その真言の法脈が善無畏三蔵―新羅僧義林―唐僧順暁―日本国弟子最澄と明記されていて、最澄が順暁和尚から受けた真言の法は善無畏三蔵の系統のそれであったことを示唆している。[48]そしてその事実は、延暦二十四年（八〇五）八月二十七日の桓武天皇の「内侍宣」において、最澄が「〔善〕無畏の貽訓《いくん》を受く」と明記されていることと符を一にしている。[49]ところが後に最澄自身によって著わされた『顕戒論縁起』巻上に転載された「内侍宣」では、「無畏の貽訓」が「不空の貽訓」と訂正されている。[50]順暁阿闍梨からの「付法文」からみて、「無畏の貽訓」とあるのが正鵠を射たものと言うべきであるが、最澄が『顕戒論縁起』を著わして朝廷に呈上した弘仁十二年（八二一）三月に、最澄が敢えてこれを「不空の貽訓」に改めたのは、一つには空海の真言密教を念頭においての恣意的な作為によるものであったのだが、さらには不空三蔵訳の密教経軌をわが国に最初に将来したとの自負の念《おも》いもあってのことかとも思われる。しかし空海の『請来目録』を誰よりも逸早く自ら写し取ったのは最澄自身であったし、上京を許された空海を高雄山寺に誘《いざ》なったのもまた、最澄その人であったのである。

この節の冒頭でも触れたように、空海の『請来目録』には、単にセクトとしての真言宗の域をはるかに超えて、仏教はもとより、インドや中国の諸宗教をも有機的に関連せしめる一大宗教体系を確立する起点たり得た素因が、すべてこの『請来目録』に含まれていると、果たして最澄自身、感じとったのかどうか。しかし少なくとも最澄に「天台止観と真言法とは義理冥符す」との確信があったのは事実である。

『請来目録』を空海の思想形成の起点として、以下三点に問題をしぼって概観してみよう。

まず第一に、顕密二教の対弁思想の先駆が読みとれる。その主要な眼目は、仏教を旧来の表層的な顕教《けんぎょう》と、新しい深層的な密教（密蔵）とに二大別して、成仏の遅速や教法の浅深を明示している点であろう。顕教と密蔵という用語自体、わが国の仏教者にとっては、あるいはこの『請来目録』においてはじめて見られるものであったかもしれない。『大智度論』第六十五には「諸仏の事に二種あり、一には密、二には現なり」との記述が認められるが、あるいはこれが典拠となっての用法かもしれない。旧来の仏教を「顕露なる皮相的な教法」と見做すことから「顕教」と呼び、「密教」と対比せしめているのだが、「密教」という用語はすでに不空三蔵（『不空三蔵表制集』巻一）や一行禅師（『大日経疏』巻二）によって使用されていた。しかし「密蔵」というのは師主恵果の示唆をうけて、空海自身が意識的に使用し始めた用語ではなかろうか。師主恵果なき後、空海自身が撰書した「恵果和尚之碑」では、恵果和尚が「常に門人に告げて曰く、人の貴《たっと》きは国王に過ぎず、法の最たるは密蔵に如かず。牛羊に策《むちう》って道に趣くときは久しくして始めて到り、神通に駕して以て跋渉するときは労せずして至る。諸乗と密蔵と、豈《あに》同日にして論ぜんや。仏法の心髄要妙、斯に在り[51]」とあるのが、空海による顕密二教の対弁の根拠となっているのは明白である。

　空海よりも後の人ではあるが、十世紀中葉の中国の賛寧《さんねい》は『大宋僧史略』巻上の「伝密蔵」の項で、「密蔵とは陀羅尼の法なり」として不空三蔵などに言及し、さらに「日本の大師は常に王公大人の為に密蔵を演《の》べ、今に至るも弟子繁衍す[52]」と記すのには留意すべきだろう。中国の文献で「密蔵」という用語が認められるのは、この『大宋僧史略』においてのみである。因みに、この『大宋史略』巻下の「賜僧紫衣」の項で「また日本国僧円載《えんさい》は西明寺に住し、辞して本国に廻《かえ》る」とあるも、円載は空海より一世代後の天台宗の留学僧として、同じく天台の請益僧円仁とともに入唐したのだが、悲しい哉、帰国の途次、海上で遭難死した[53]。だから賛寧が記す密蔵を伝持し宣揚した「日本の大師」とは空海を指していると見てよいだろう。

　いずれにもせよ「密蔵」という用語は空海独自のものと認められ、経論の一々の文字の表層的な意味を読み進めて、独自の教理を顕示することにとどまる「顕教」に対して、如来のコトバ、一々の文字の奥底に深く秘蔵されている密義の体得を可能とするのが「密蔵」であり「密教」なのである。いわば言語、文字、文章の意味の深みへと沈潜する瑜伽観法による観照体験を主眼とする教法と言い換えてもよい。

　空海が『請来目録』においてまず第一に指摘するのは、不空三蔵所訳の新しい経軌類などを多く請来した理由を述べる箇所で、顕密の二教を対弁し、かつ密蔵の法門の正統性と正当性の主張である。そしてここにこそ空海の真言教学形成の起点があるのである。また「存在世界は本源的存在者〔法身〕のコトバ自体の自己顕現」とみる空海独自の「コトバの形而上学」は、後に著わされる『声字実相義《しょうじじっそうぎ》』によって、その帰結を示すことになるのだが、その起点は実にこの『請来目録』における翻訳文学の限界性の自覚にあると言ってよい。

つまり漢訳仏典といういわば翻訳文献が、インドの言葉で説法した釈尊自身の教えの真髄を、果たしてどこまで正確に異文化圏の人びとに伝え得るか否かの問題である。この問題はとりわけ漢字で音写された真言や陀羅尼の読誦へと向けられることになる。四十二部四十四巻の梵字文献を請来した意義について、空海は次のように記す。

釈教は印度に本《もと》づく。西域《さいいき》と東垂《とうすい》とは風範天に隔《はるかへだ》たれり。言語も楚夏《そか》の韻を異《こと》にし、文字も篆《てん》隷《れい》の体に非ず。是の故に翻訳を待ちて乃《いま》し清風《せいふう》を酌《く》む。然れども真言は幽邃にして字字の義深し。音に随って義を改む、賒切謬《しゃせつあやま》り易く、粗《ほ》ぼ髣髴《ほうふつ》を得るも清切《せいせつ》を得ず。是れ梵字にあらざれば長短別《わか》ち難し。源を存するの意、其れ茲《ここ》に在るか。(54)

すでに言及したように、仏典を含めて中国に移入された諸宗教の聖典も、すべて中国の言語に翻訳された。人びとが釈迦の説法の清風に触れるのは、その翻訳仏典を介してはじめて可能となるのだ。しかし西方のインドと東方の中国とでは、風習も言語もまったく異なり、使用する文字も違っている。インドの梵字と中国の漢字とでは、当然ながら音韻を異にしている。釈尊のことばは重要であるが、しかし真言《しんごん》とか陀羅尼《だらに》のコトバは一層幽邃であって、その一字一字に秘められている意味は極めて深く重い。だから真言を読誦するのに、梵字の原典ではなくて、漢字による音写本を依用して唱《とな》えれば、漢字自体の性質として長短の音韻機能を十分に有していないから、梵語の音韻の長短、直拗、緩急などの正確な発音による読誦は不可能となり、いくらか原語に似ているようには思えても、清切すなわち正確な読誦はできないのだ。梵字梵語を重視するのはそのためで、多くの梵字文献を請来したのも、まさにそのためであったというのだ。

空海の発言の根底には、コトバの有する神秘的かつ呪術的《マジカル》な働きが意識されてのことであった。真言は梵語ではマントラ（mantra）といい、インドにあっては紀元前一千年の頃のヴェーダの祭祀において、このマントラの唱誦がもっとも神聖視され重視された。マントラを正しく発音し読誦するために、インドの声明《しょうみょう》（śabda-vidyā）つまり音声学、音韻学、文法学などが発達したといわれている。密蔵の法門で重視される真言が、時に神呪とか密呪と漢訳されることからみても、それが古代インドのヴェーダにもとづくバラモン儀礼とまったく無縁とはいえないとしても、その真言は法身《ほっしん》の真実絶対のコトバを実義とすることに留意すべきであろう。とりわけ不空三蔵が『分別聖位経』[55]の序で「一切如来の秘奥の教え」である密教を「真言陀羅尼宗」と名づけていることからも、密蔵にとって真言の占める意義は極めて大きく、かつまた「存在は具《つぶさ》には言語である」という独自の「コトバの形而上学」を形成する素因となり起点ともなり得ている。その事実は西暦六百年頃のインドのバラモンの哲学者バルトリハリの主張——最高原理の梵（Brahman）はコトバを本質とするものであり、コトバから成るものという、コトバは万有の本体であるとの主張——は、空海の「声字実相」の概念と驚くほど似ているのだ。

言語とのかかわりで更に注目したいのは、『請来目録』で「論疏章等」の請来理由を述べて、文字によって道理が敷衍されることを示しながらも、「一乗の理は奥ぶかくして、義は文と乖《そむ》けり」という。密蔵が時として文字による理解を拒絶することを示唆せしめているのだ。このことについては、空海はすでに入唐以前に体感していた。すなわち一沙門を通じて「秘門」すなわち密蔵と出会い得ても、「文に臨んで心昏《くら》し」といった情況を体験していたのである。「一乗」、とりわけ「秘密一乗」の教法は深玄であって、経典の文字の常識的な表層的な意味とは、時としてまったく異次元の深秘なる意義が、一々の文字の奥底に深く秘められているというのである。だからこそ『請来目録』の「論疏章等」のなかには、澄観の『華厳経疏』三十巻とか智顗の『法華玄義』十巻などといった一乗仏教の各宗の主要かつ未渡来の注釈書をはじめ、密教の一行禅師による『大毘盧遮那成仏経疏』十巻（後に二十巻に分巻）とか『金剛頂瑜伽秘密心地法門義訣』一巻といった注釈類が密蔵の経論の読み解きに不可欠のものとして請来されたというわけである。この「論疏章等」のなかに『悉曇字記』一巻、『悉曇釈』一巻が含まれるのも、そのためである。

さて『請来目録』において、まず空海が主張するのはさきに触れたように密蔵の正統性と正当性についてである。「古の法匠は派《みなまた》を泳ぎ葉に攀《よ》ずる」ごとき「雑密」であり、今、自らが受け伝える密蔵は「柢《ね》を抜き源《みなもと》を竭《つく》す」純密であるという。その正統性の根拠として、さきにも言及した遍照如来―金剛薩埵―龍猛菩薩―龍智菩薩―金剛智阿闍梨―大廣智（不空）阿闍梨の相承系譜をあげる。この不空三蔵が「更に南天竺の龍智阿闍梨の所に詣《いた》りて、十八会の瑜伽を括嚢《かつのう》し、胎蔵等の密蔵を研窮」したとも記している。この法脈にかかわる記述は「我が祖」と呼ぶ不空三蔵自身の「三朝にて翻ずる所の経が目録に入りて、流行を請う表」で不空自身が述べる師資相承の記述とか、不空の俗弟子厳郢《げんえい》が撰述した「〔不空〕三蔵和上影讃幷びに序[56]」、あるいは同じ厳郢の「廣智三蔵国師之碑銘[57]」などの記述に負うところが大きい。それ故に、『請来目録』に記載される密蔵の法脈は「我が祖の不空三蔵」までの師資相承の系譜のみを出しているのは、この典拠である不空三蔵自身の上表文や不空三蔵の碑銘の尊厳性を保持することで、相承系譜自体の正統性と正当性を示すためであったのだ。不空―恵果―空海の付法は『請来目録』自体から自明たり得たし、しかも空海が金剛界の潅頂の後に「遍照金剛」の潅頂名を授かったことも、空海の密蔵付法にとっては極めて大きな意義を有するものであった。さきにも触れたように、遍照如来所説の密蔵の法門は余すところなく遍照金剛たる空海へと伝持されたのであり、空海自身、遍照如来との即一性を体得しえた事実を、この法脈自体は物語っているのである。

次いで空海は「夫《そ》れ顕教は則ち三大の遠劫《えんごう》を談《だん》じ、密蔵は則ち十六の大生を期《ご》す」として顕密二教の成仏の遅速と教法の勝劣に言及する。「三大の遠劫」とは「三大阿《あ》僧祇《そうぎ》劫《こう》」のことで、「阿僧祇」(asamkhya)とは「無数」つまり数え切れない無限の長大さを意味する。「劫」とは劫跛

(kalpa) の略語で、一般的には時間の単位の最も長いものを指す。つまり顕教は成仏のためには数え切れない無限の時間の修行の必要性を説き、密蔵では「十六の大生」を期するというも、その「十六大生」とは金剛智訳『金剛頂経瑜伽修習毘盧遮那三摩地法』の結頌に出てくるのを依拠としている。

金剛智訳の『金剛頂経瑜伽修習毘盧遮那三摩地法』は瑜伽の最勝法によって、人びとをして無上の正等覚を頓証せしめることを説く経典であって、諸種の真言、印契そして心統一の三摩地《さんまじ》法、つまり観照体験によって衆生の器世間すなわち此の現実世界を純一浄妙な仏国土たらしめることを説くのだが、その結論としての偈頌として、次のごとく記されている。

「若し衆生有りて此の教に遇い、昼夜四時に精進して修すれば、現世に歓喜地を証得し、後の十六生に正覚を成ず[58]」。もしも人びとがこの密蔵の法門に出会い得て修習《しゅじゅう》すれば、現世に菩薩の境位を経て究極の仏の悟りの世界をわが身に現成ずることができるというのである。「後の十六生」とは、これから十六度の生死を繰りかえした後ということではなくて、『金剛頂経』に説かれる四方四仏の徳をそれぞれ象徴する四《し》親近《しんごん》の菩薩の、合計十六大菩薩の境位を指している。つまり菩提すなわち悟りの心を象徴する金剛薩埵《こんごうさった》から、その菩提のために精進する金剛拳《こんごうけん》菩薩に至る十六菩薩の徳を瞬時に観照体験して、遂にはこれら諸仏諸菩薩の根源仏である法身遍照如来と即一の境地に達し得ることを期《ご》するのが、密蔵というわけである。

空海が『請来目録』において、顕密二教の浅深ないしは優劣を論ずる規準として、一には成仏の遅速をあげるのは自明であるが、さらに強く意識的に比較しているのは、顕教が仏法の哲理を表層的であれ、深層的であれ、単に「談」じ論説する領域にとどまるものであるのに対して、密蔵は真言、印契などによる瑜伽《ゆが》の三摩地による観想の修法によって、現実世界において、仏の境位に達し得ることを確実に「期」するものとする点であろう。すなわち顕密二教の最大の相違は成仏を「談」ずるのみか、それを確実に「期」するかの点にあると、空海は喝破するのだ。そのための修法に必須の多くの梵字儀軌、真言、陀羅尼の類を学び受け、請来しているのである。これらは常識的言語の領域を超えた深秘な言語形態による修法に資するものであるが、これら梵語文献の請来について、空海が翻訳文学のもつ意志伝達の限界性について指摘していたことは、すでに述べたとおりである。聖徳太子が遣隋使とともに十余名の留学僧を派遣して以来、一体幾人の留学僧が漢訳経典による仏道の学修に疑問をいだいたのだろうか。

空海の『請来目録』において、次に注目すべきは「仏像等」の齎持にかかわる記述である。「法は本《もと》より言なけれども、言に非ざれば顕《あら》われず。真如《しんにょ》は色《しき》を断ずれども、色を待ちて乃ち悟る」として、絶対真理の領域は現象界の「言」も「色」も、ともに超絶しているとはいえ、「月指に迷うと雖も、提撕《ていせい》極りなし」というのが現実である。方便としての教誡のことばの如何に尨大なことよ。しかしながら「密蔵は深玄にして翰墨に載せ難し。更に図画《とかく》を仮《か》りて悟らざるに開示す。種々の威儀、種々の印契、大悲より出でて一覩《いっと》に成仏す。経疏秘略して、之を図像に載せたり。密蔵の要、実に茲に繋《かか》れり。伝法受法、此れを弃《す》てて誰ぞ。海会《かいえ》の根源、斯《こ》れ乃ち之に当れり[59]」。

密蔵はとりわけ深奥で幽玄なるが故に、世間通例の言語や表象による表現の域をはるかに超えている。それゆえ「図画」すなわち曼荼羅の図像によって象徴される仏の世界、絶対真理の境界へと誘《いざ》なわれるほかはないのだ。その曼荼羅に表示される諸仏諸菩薩のさまざまな威儀や容姿、そしてこれら諸尊の境位を象徴する印契《いんげい》や持ち物、そのすべては如来の大悲の自己顕現なるがゆえに、曼荼羅壇場へと導かれて潅頂を受け、三密《さんみつ》の加持《かじ》を受けた修行者は、この曼荼羅を一瞥《いちべつ》しただけで成仏することができるというのである。「三密の加持」とは天人感応説にも比せられるべきもので、絶対者の身・語・意にわたる存在エネルギーが行者自体の活力に即応して、絶対者との合一を可能ならしめる秘法である。

つまり密蔵の伝法や受法にとって、この曼荼羅は絶対不可欠の存在であって、密蔵の法門の源底は曼荼羅に秘められているということになる。さらに言えば、聖なるものの自己顕現が曼荼羅であり、その真実在の曼荼羅こそ真実のコトバそのものの表徴ということになる。ここにも「存在はコトバなり」の原理が秘められていることになる。

曼荼羅には諸尊の形像によって表示された「大曼荼羅」、各々の尊の梵種字をもって表わす「法曼荼羅」、それぞれの尊格を象徴する各尊の持ち物を以て構成される「三昧耶《さんまや》曼荼羅」、さらには各尊の働きを示す「羯磨《かつま》曼荼羅」がある。この「羯磨曼荼羅」を一般に立体曼荼羅というのは正確ではない。いずれにもせよ、これらの曼荼羅は『大日経』の所説にもとづく大悲胎蔵の曼荼羅と『金剛頂経』系の金剛界曼荼羅とに二分される。

空海が請来した曼荼羅類は五人の祖師（金剛智、善無畏、大廣智不空、恵果、一行）の影像とともに、「仏像等」の項目にまとめて記載され、前掲のごとき請来の理由が明記されている。今、請来の曼荼羅だけを記してみると、次のごとくである。

大毘盧遮那大悲胎蔵大曼荼羅一鋪 七幅一丈六尺
大悲胎蔵法曼荼羅一鋪 三幅
大悲胎蔵三昧耶略曼荼羅一鋪 三幅
金剛界九会曼荼羅一鋪 七幅一丈六尺
金剛界八十一尊大曼荼羅一鋪 三幅

このなかで、大悲胎蔵の大曼荼と金剛界九会曼荼羅とは一対のもので、その大きさが同じであって、極めて大規模の図像である。「七幅一丈六尺」とあるのは、絹七枚を縦継ぎした幅が約四・五メートルの巨大な曼荼羅であることを示している。しかもこれらの曼荼羅の作成について、『請来目録』では次のように記載されている。すなわち「和尚告げて曰く、真言秘蔵は経疏隠密して、図画を仮らざれば相伝すること能わず。則ち供奉丹青《ぐぶのたんせい》、李真《りしん》等十余人を喚《よ》んで、胎蔵、金剛界等の大曼荼羅等一十鋪を図絵す[60]」と。

つまりこれら十鋪の曼荼羅や五大祖師影像は、すべて当時一流の宮廷絵師の李真等十一人によって図画されたものであることがわかる。これらの曼荼羅の規模と数からみて、これらを完成するのに必要な経費は一留学僧の経済能力を遥かに超えている。「我れと汝とは久しく契約有りて、誓って密蔵を弘む」と境界のなかで告げたという恵果自身が、密蔵の東国日本への流伝を念じて、供奉丹青の李真等をして作成せしめたものであったに違いない。このことは、すでに触れたように、かつて恵果は弟子僧義智のために金剛界大曼荼羅を作って、これを施与した事実を想起すべきであろう。師主恵果の為人《ひととなり》について、空海は「阿闍梨恵果和尚之碑」で次のように記している。

縦使《たとい》、財帛は軫《あと》を接《まじ》え、田園は頃《うね》を比《なら》ぶれども、受くること有りて貯《たくわ》えることなし。資《し》生《せい》は屑《もののかず》にせず。或は大曼荼羅を建て、或は僧伽《そうが》藍処《らんしょ》を修す。貧を済《すく》うには財を以てし、愚を導くには法を以てす。財を積まざるを以て心とし、法を慳《おし》まざるを以て性とす。若しは尊、若しは卑、虚《むな》しく往《ゆ》きて実《み》ちて帰れり[61]。

師主恵果から密蔵の法門を、あたかも瀉瓶のごとくに余すところなく伝受され、今まさに師資契約してその法門の東流を期して、新訳の密蔵経軌および新写の曼荼羅類をも授与された空海は、まさしく「虚しく往きて実ちて帰る」ことになるのである。そして恵果和尚から受け畢った密蔵の法門の壮大な思想的体系化の起点を、すべて『請来目録』において明示して、これを国家へ上奏したのであった。ただこの空海の報告に対して、当時の仏教界において異常ともいえる大きな関心を寄せたのは、伝教大師最澄であった。

空海が密蔵法門の教学的帰結として世に問うことになるいわゆる三部書、すなわち『即身成仏義』『声字実相義』そして『吽字義』によって確立された「存在とコトバの深秘学」の思想的萌芽は、すでにこの『請来目録』のなかにすべて認められるのであり、在来の仏法についても「法海は一味なり、機に随って浅深あり」として、すべての教法は儒道二教をも含めて、本来的には有機的関連性を有する曼荼羅の思想体系へと帰結し、『秘密曼荼羅十住心論』十巻の萌芽も、まさしく、公示した『請来目録』のことばのなかに含まれていることがわかる。「法海は一味」という見解を起点として、それが後に述べる「勧縁疏《かんえんのしょ》」において「夫《そ》れ教は衆色《しゅしき》に冥《かな》い、法は一心に韞《つつ》めり。迷悟、機を殊《こと》にして感応、一に非ず」とあるのを転機としての帰結が、曼荼羅の思想体系の確立なのであったのだ。

註

（1）『日本後紀』巻十二、延暦二十四年六月乙巳条（新訂増補國史大系、四二頁）。
（2）『新訂 魏志倭人伝』（岩波文庫、一九九四年、七一頁）。
（3）『性霊集』巻五（『定弘全』八、七八頁以下）。
（4）『顕戒論縁起』巻上（『伝教大師全集』巻一、二六三頁以下）。
（5）「藤大使が渤海の王子に与うるが為の書」（『性霊集』巻五、『定弘全』八、八八頁）。
（6）『性霊集』巻四（『定弘全』八、五一頁以下）。

（7）拙著『空海と最澄の手紙』法蔵館、一九九九年、一四一頁。
（8）『類聚三代格』巻二（新訂増補國史大系、六九頁）。
（9）『請来目録』（『定弘全』一、三五頁）。『請来目録』の有する意義については、拙稿「請来目録についての問題」（拙著『空海思想の書誌的研究』高木訷元著作集4、法蔵館、一九九〇年、一九七頁以下）。
（10）「伝教大師将来越州録」（『伝教大師全集』巻四、三八一頁）。
（11）右同、三四九頁。
（12）『叡山大師伝』（『伝教大師全集』巻五、附録、二一頁以下）。
（13）大、五五、七四八頁中。
（14）右同、七七一上。
（15）『請来目録』（『定弘全』一、三八頁）。
（16）『貞元新定釈教目録』巻十七（大五五、八九一下および八九四下）。
（17）『広付法伝』巻一（『定弘全』一、七四頁）。
（18）般若三蔵が入唐を決意する理由の一つに、五台山にいますと信じられていた文殊菩薩を拝することがあげられている。拙稿「般若三蔵と弘法大師空海」（『高野山大学密教文化研究所紀要』第十四号、密教文化研究所、二〇〇一年一月）。
（19）『請来目録』（『定弘全』一、三八頁）。
（20）右同（『定弘全』一、三八頁）。
（21）「太政官符（応度真言宗年分者三人事）」（承和二年正月二十三日）（『類聚三代格』巻二、新訂増補國史大系、八〇頁）。
（22）『貞元新定釈教目録』巻十七（大、五五、八九二上）。

(23) 拙稿「収録典籍解題」(『大正新脩大蔵経索引』第三十巻、八頁以下)。
(24) 大、五五、八九二上。
(25) 前掲拙稿「般若三蔵と弘法大師空海」。
(26) 『広付法伝』巻二、恵果和尚の段(『定弘全』一、一〇九頁)。
(27) 『定弘全』一、三五頁。
(28) 「性霊集序」(『定弘全』八、三頁以下)。
(29) 『請来目録』(『定弘全』一、三五頁以下)。
(30) 『梵字悉曇字母并びに釈義』(『定弘全』五、一〇五頁)。
(31) 『請来目録』(『定弘全』一、三五頁)。
(32) 右同、一八頁。
(33) 『広付法伝』巻二所収の呉慇纂「大唐神都青龍寺東塔院潅頂国師恵果阿闍梨行状」(『定弘全』一、一一一頁)。
(34) 『性霊集』巻五、「本国の使と共に帰らんことを請う啓」(『定弘全』八、八五頁)。
(35) 『性霊集』巻四、「国家の奉為に修法せんことを請う表」(『定弘全』八、五四頁)。
(36) 『請来目録』(『定弘全』一、三七頁)。
(37) 『広付法伝』巻二、「大唐神都青龍寺東塔院潅頂国師恵果阿闍梨行状、弟子呉慇纂」(『定弘全』一、一一一頁以下)。
(38) 『性霊集』巻二(『定弘全』八、三六頁)。
(39) 『旧唐書倭国日本伝』(岩波文庫、三三―四〇二―一、三九頁以下)。
(40) 『性霊集』巻五(『定弘全』八、八六頁)。
(41) 『金剛頂瑜伽金剛薩埵五秘密修行念誦儀軌』(大、二〇、五三五中、五三九上)。

(42) 拙著『空海と最澄の手紙』四六頁。

(43) ドナルド・キーン『日本人の質問』（朝日新聞社出版局、一九八三年、二二一頁以下）。*Anthology of Japanese Literature from the earliest era to the mid-nineteenth century*, compiled and edited by Donald Keene, UNESCO Collection of Representative works [Japanese Series], Grove Press: New York, 1955, pp. 63ff.

(44) 『寧楽遺文』中巻（東京堂出版）、五一一頁参照。天平十四年（七四二）十一月十五日の秦大蔵連喜達の「優婆塞貢進解」では師主が「大安寺僧菩提」とあり、誦経できるものとして「梵本陀羅尼」として四種の陀羅尼が列記されている。この「大安寺僧菩提」とは婆羅門僧正と呼ばれた菩提僊那を指す。そして彼は自らの弟子に対しては、漢字音写の陀羅尼ではなく、悉曇文字で綴られた「梵字陀羅尼」を伝授して読誦せしめていたことがわかる。

(45) 『寧楽遺文』中巻（「東大寺献物帳」）四三四頁。前掲拙稿「般若三蔵と弘法大師空海」二〇頁以下。

(46) 「伝教大師将来越州録」（『伝教大師全集』巻四、三八一頁）。

(47) 右同、三七二頁参照。

(48) 『顕戒論縁起』巻上（『伝教大師全集』巻一、二七九頁以下）。

(49) 『叡山大師伝』（『伝教大師全集』巻五、附録、二二頁）。

(50) 『顕戒論縁起』巻上（『伝教大師全集』巻一、二八四頁）。

(51) 「大唐神都青龍寺故三朝国師潅頂阿闍梨恵果和尚之碑」（『性霊集』巻二、『定弘全』八、三四頁以下）。

(52) 『大宋僧史略』巻上（大、五四、二四四下）。

(53) 佐伯有清『悲運の遣唐僧――円載の数奇な生涯』吉川弘文館、一九九九年。

(54) 『請来目録』（『定弘全』一、二六頁）。

(55) 『略述金剛頂瑜伽分別聖位修証法門序』大、一八、二八七下。

(56) いずれも『不空表制集』巻第三、巻第四所収（大、五二、八四〇上、八四七上）。
(57)『広付法伝』巻二、一〇一頁以下。
(58)『金剛頂経瑜伽修習毘盧遮那三摩地法』（大、一八、三三一中）。
(59)『請来目録』（『定弘全』一、三一頁）。
(60) 右同、三六頁。
(61)「大唐神都青龍寺故三朝国師潅頂阿闍梨恵果和尚之碑」（『性霊集』巻二、『定弘全』八、三三頁）。

承の章　韜黙の一紀

――「中寿感興の詩并びに序」の読み解き

一　最澄との出会いと別離
――仏法の大事因縁を商量す

空海よりも一足早く、天台の法門とともに「真言秘教の潅頂の法」をも齎持して帰国した伝教大師最澄を阿闍梨として、桓武天皇は高雄山寺において、わが国における最初の潅頂を修せしめている。潅頂壇場として「毘盧遮那如来三十七尊曼荼羅所」を荘厳するために、「毘盧遮那仏の像一幅、大曼荼羅一幅、宝蓋一幅」などを画工の上首ら二十余人を召して図せしめ、その他の荘厳の調度などもすべて内裏より調達せしめている。(1)

この記述からわかることは、最澄自身が越州龍興寺で順暁阿闍梨から伝授された三部三昧耶の潅頂壇場の「毘盧遮那如来三十七尊曼荼羅所」(2)には、毘盧遮那如来の像一幅と(三十七尊)大曼荼羅一幅とで荘厳されていたことである。だとすれば、最澄自身、当時意識してはいなかったとはいえ、その潅頂道場は胎金両部の曼荼羅壇場であったことになる。後に触れるように、最澄は弘仁三年（八一二）十一月と十二月に、空海から金剛界と大悲胎蔵の学法潅頂を受けるのだが、後に世に問うた自らの『仏法血脈譜』では、唐の越州で順暁から受法した真言法を「胎蔵金剛両曼荼羅相承師師血脈譜」として出している事実も、そのことを推定せしめる根拠たり得ている。(3)

最澄を阿闍梨とする高雄山寺での潅頂では、桓武天皇の「内侍宣」によって、南都の高僧が入壇しているが、なかでも「石川と檉生《むろお》の二禅師」は「朕が躬《み》に相代って」の入壇潅頂であったし、またこのときの潅頂とそれ程、日を置かずに「城西の郊に好地を求めて壇場を建て」、さらに「画工十余人を召して」「五仏頂浄土一幅、大曼荼羅一幅」を図画せしめて修せられた潅頂は勅使石川川主を遣わして検校せしめていて、「朕が為に重ねて」行なわせたものと記録されている。(4)

これら二度にわたっての潅頂が、いずれも桓武天皇の発願によるものであったのは、「此の法を受伝し、以て国家を守護し衆生を利楽《りぎょう》すべし」(5)というにあったとしても、実にはこの潅頂には、かつての政変における陰謀で非業の死を遂げた実弟の皇太弟早良《さわら》親王の鎮魂のおもいが秘められていたのだ。早良親王亡き後、桓武帝の身辺に惹起した数々の不幸な出来事は、すべて、亡き早良親王の祟りと噂されていた。延暦十九年（八〇〇）七月には亡き早良親王に崇道天皇の尊号が追贈され、その後もしばしば怨霊鎮祀がくりかえされていた。今、最澄によってもたらされた「潅頂」自体が、もともとインドにおける王の即位の儀礼であったことを思えば、これら二度にわたる潅頂儀礼は亡き早良親王の即位を現実のものたらしめることで、さらなる鎮魂が意図されてのことではなかったのか。

いずれにもせよ、この潅頂を契機として、最澄に対して、治部省からは天台と真言の法をともに受け伝えたことを公認する「伝法公験《でんぽうぐげん》」が下賜され、年が明けた延暦二十五年（八〇六）正月二十六日には、南都の六宗に加えて、天台法華宗が太政官符によって公認されるに至っている。その天台法華宗には、年分度者《ねんぶんどしゃ》として、一人は『大毘盧遮那経』を読ましめる「遮那業」と、今一人は『摩訶止観』を学ばしめる「止観業」が認められたのである(6)。

ここで留意すべきは、このとき「真言宗」はすでに制度として国家によって「天台法華宗」の一翼として公認されていたという事実である。最澄自身すでに入唐以前から「天台止観と真言の法とは義理冥符す」ることを確信していたことは前にも触れたところである。そのことは、最澄が唐の越州で順暁から善無畏の法脈につらなる真言の法を受ける以前に、すでに台州にあって、国清寺の惟象《いしょう》和上《わじょう》から「大仏頂大契曼荼羅《だいぶっちょうだいけいまんだら》行事《ぎょうじ》」の伝授を受け、その付法文をも受けている事(7)実からも首肯できるだろう。しかも台州で幾つかの梵漢両字の陀羅尼とか「梵漢字随求即得曼荼羅一張」とか「梵種子曼荼羅一張」「大仏頂通用曼荼羅一張」などの曼荼羅類をも蒐集していることにも留意しておくべきであろう(8)。

天台法華宗の創立を許す太政官符が発せられて二か月ばかりを経た延暦二十五年三月十七日に、桓武天皇は崩御。最澄はここに最大の外護者を失うことになる。皇太子の安殿親王《あでのしんのう》は空海と同じ宝亀五年（七七四）の生まれであるが、即位の後、父帝崩御の年を越えるのを待たずに、その年の五月には年号を大同元年と改めた。この改元については『日本後紀』においてすら、「年を踰《こ》すことなく」「大同と改元するは非礼なり。国君は位に即《つ》くや年を踰え、而して後に改元するは臣子の心、一年にして二君有るに忍びざるなり。今、年を踰えずして改元す」るは「孝子の心に違《たが》うなり」とまで書きとめている。

新帝はその諱号が示唆するように、旧都平城京への再遷都の志向が強く、最澄の新仏教にも、空海が「陛下の新たに旋璣《せんき》に御するを以て、新訳の経遠くより新たに戻《いた》る」と上奏した密蔵の法門に対しても、まったく関心を寄せることはなかった。それのみならず、すでに述べたように、忌むべき陰謀による「伊豫親王の変」が、空海の上京を一層遅らせることになるのである。

革新的な行政を志向した新帝ではあったが、在位僅かに三年にして、風病のために皇位を皇太弟の神野《かみの》親王に禅譲する。嵯峨天皇である。嵯峨帝の即位と符を合するかのように、空海は筑紫を離れ畿内へと移る。一説には和泉の槇尾山寺《まきのおさんじ》であったというも定かでない。程もなく嵯峨帝から和泉国司にあてて空海の入京を許す官符が出されている。大同四年（八〇九）七月十六日であり、「件《くだん》の僧〔空海〕を京都に住せしめよ」とあるも、その空海を高雄山寺へ誘《いざ》なったのは最澄であったろう。

高雄山寺は和気清麻呂の発願によって建立された神願寺の代替の寺であり、当時は長子で先帝桓武の側近の一人でもあった和気広世《わけのひろよ》が檀越《だんのつ》であった。広世なき後は弟の真綱《まつな》や仲世《なかよ》が外護をつとめていた。高雄山寺には最澄の住房の北院も存在していた。最澄が空海を高雄山寺に誘なったのは、一つには、すでに国家によって公認されていた天台法華宗の遮那業の充実を期してのことであったのである。何度も言及したように、空海が国家に提出した『請来目録』を、誰よりも早く写し取っていたのは最澄であった。その目録によって、最澄自身、積極的に空海が請来した密教経典などを借覧し書写することで、「遮那業」の充実を計ろうと努めるのである。現存する経論借覧を依頼する書状のもっとも古いものは大同四年八月のもので、ここでは『大日経略摂念誦随行法』一巻をはじめとする十二部五十七巻が列挙されているが、この書状では起居を尋ねる挨拶の文句などはまったくなく、単に借覧を乞う経論のリストのみであることから見て、これ以前からの借覧が続いていたものと思われる。

　最澄と同様、空海の入京を待ち望んでいた人には、さらに新帝嵯峨天皇がいたのだが、それは密蔵への関心というよりは、唐都長安における最新の詩文や書跡に心を寄せてのことであった。空海が齎らした数多くの有名な書跡や詩文の類いを嵯峨天皇の要請に応じて、数多く、またしばしば献上した折の上表文が『性霊集』に多く残されている。

　その嵯峨天皇は、まず高雄山寺に入住した空海に対して、帰国直後に高階判官に託して奉進された新請来の密蔵経軌や曼荼羅などをすべて返却し、「兼《か》ねて宣するに、真言を伝授せよということを以てす」と空海自身が書き残している[9]。この勅旨によって空海は「即ち二、三の弟子を率《ひき》いて日夜教授す」と書き記しているが、その二、三の弟子として、その書状では、東大寺の杲隣《ごうりん》、実恵《じつえ》、大安寺の智泉《ちせん》の名を挙げている。実恵と智泉とは讃岐の佐伯氏の出身であり、智泉は空海の甥であった。かれらが高雄山寺の空海のもとに身を寄せたのは嵯峨天皇の勅旨によるとはいえ、最澄の深き親慮がなければ不可能なことであったろう。

　その最澄は空海請来の密蔵経軌の借覧と書写に寧日なき状況にあったのだが、十分に書写しおえると、やがて空海に対して「秘密宗を習学せんと思う」旨を申し述べている。七年も歳下で、しかも仏教界における地位としては雲泥の差があった空海に対して、「遍照一尊の潅頂を受け、七箇日許《ばか》り仏子等の後に侍して法門を習学せん」と申し入れている。すでに越州で順暁阿闍梨から真言の法を受け、帰国後は、その故を以て桓武先帝から「良《まこと》に国師たり」と称讃された最澄が、今、空海から重ねて「遍照一尊の潅頂を受け」、その後七日間ばかり空海の弟子達の後に侍《はべ》って密蔵の法門を受け学びたいというのである。この求法状は弘仁二年（八一一）二月十四日のものであるが(10)、空海にとってみれば、内供奉でもあった最澄を自らの若き弟子達と同列に坐せしめての授法など思いも及ばぬことであり、到底肯《がえ》んじ得ることではなかったのである。

　おそらくその前年頃に、最澄は空海を叡山に招いて、新仏教の宣揚を計《はか》ろうとしたことがあった。天台法華宗の「遮那業」の在りようを空海と協議し、その宣揚に空海の助力を期待したのは、同じ国家派遣の留学僧としてみれば当然のことと最澄が考えていたとしても不思議ではない。しかしこのとき空海は最澄に返事をしたためて、比叡山に登嶺できない旨を伝え、逆に最澄に高雄山への下山を乞い、「今、我が金蘭《きんらん》および室山《しつさん》と与《とも》に一処に集会し、仏法の大事因縁《だいじいんねん》を商量《しょうりょう》し、共に法《ほう》幢《とう》を建てて、仏の恩徳に報《むく》いんと思う。望むらくは、煩労《はんろう》を憚《はば》からず、蹔《しばら》くこの院〔高雄山寺〕に降赴《こうふ》せられんことを」と書き送っている。例の空海自筆の「風信帖《ふうしんじょう》」がそれである(11)。

ここで「金蘭」とあるのは最澄を指し、「室山」とは室生《むろう》の修円《しゅえん》を指している。当時、著名な法《ほっ》相《そう》の学僧でありながら、最澄と旧知の間柄であり、またよき理解者でもあった。この「風信帖」を見る限り、むしろ空海が中心となって、最澄と修円との来山を乞い、三人で「仏法の大事因縁を商量」しようというわけである。「大事因縁」とは『法華経』方便品に「諸仏世尊は唯だ一大事因縁を以ての故に、世に出現す」とあるのを踏まえての記述である。それは釈尊のみならず、諸仏が出現された因縁は、衆生を仏の知見に開示悟入せしめる一大事のためであったというわけである。この『法華経』方便品の記述を踏まえて、空海は旧仏教諸宗をも含めて、すべて仏一乗へと融和包括することが可能であり、またその総合こそ必要であると考えたのである。この見解は、最澄と空海とでは異なることはなかったろう。それもまた両者にとっては「一大事因縁」であったのだが、ただ融和の統一原理として真言一乗の立場に立つか法華一乗を中核とするかで、やがて両者の立場は微妙な相違をきたすことになる。しかし最澄にとって、「遮那業」すなわち真言一乗は「止観業」と併立することで天台法華宗たり得るとの見解は揺らぐことはなかったのである。それ故にこそ、最澄はその天台法華宗の「遮那業」充実のために、自ら空海に対して伝法を望んだのだ。そのことをもっともよく示唆するのが、弘仁三年（八一二）八月十九日の空海にあてた最澄の書状であろう。

「辱《かたじけな》くも金札《きんさつ》を枉《ま》げられ伝法の旨《むね》を告げらる。歓《よろこ》ばしい哉、先期を忘れず」で始まるのが、それである[12]。この書状においては「但《ただ》し遮那《しゃな》宗《しゅう》と天台とは与《とも》に融通し、疏宗も亦た同じ。誠に須《すべか》らく彼此志《こころ》を同じくして、倶《とも》に彼《か》の人を覓《もと》むべし」と記し、さらに「亦た〔法華〕一乗の旨は真言と異なることなし」と断定して、「伏して乞う、遮那《しゃな》を覓《もと》むる機、年々相計りて伝通せしめんことを」と書き結ばれている。この書状は、受法者が伝法の阿闍梨に対して記す体《てい》のものでは決してない。どうみてもこの書状は単なる求法状ではなくて、むしろ空海に対して、天台と真言とは相い融通せるものなるが故に、ともに協力して国家公認の天台法華宗の遮那業を希望する学生《がくしょう》の勧誘と指導への協力を依頼したものであって、その遮那業を宣揚するための自らの受法であることを示しているのだ。

一行禅師の『大日経疏』がときとして天台義によって『大日経』を釈しているのは事実であり、後に最澄はこの「疏宗もまた同じ」ことを根拠として、真言宗こそ、むしろ天台の法門に準拠しているとの天台為本を主張するに至るのである。その一例が後に触れる『依憑天台集』一巻の撰述である。

弘仁三年の十一月に最澄は高雄山寺の檀越《だんのつ》の和気真綱と仲世の兄弟らを伴って高雄山寺に空海を訪ねる。前の月に乙訓寺《おとくにでら》に滞留していた空海を訪ねて一宿した最澄と空海との間で交わされた伝法の口約にもとづく受法の打ち合わせのためであったろう。しかしこのとき最澄ら数名に対して、いわばぶっつけ本番の形で、金剛界の学法潅頂が行なわれた。そのとき最澄は、この年六月に叡山の内紛を避けて近江の高島に隠棲していた同法の泰範《たいはん》に早々の帰山を促し、ともに空海から潅頂を受けることを強く勧めている。この年の暮の十二月には最澄以下百九十名ばかりが同じ高雄山寺で大悲胎蔵の学法潅頂に沐している。泰範もその一人であった。この両度にわたる潅頂の受法者名を列記し、それぞれが結縁《けちえん》し得た仏菩薩等の名をも併記した名簿が、かの有名な空海自筆の「潅頂《かんじょう》暦名《れきみょう》」である。

この両部にわたる潅頂受法を契機として、最澄は空海の助力をも得て、天台法華宗の「遮那業」の伝通に意を注ぐはずであった。しかしこのとき空海は、自らが師主恵果から学法潅頂を受けたとき「梵字の儀軌を受け、諸尊の瑜伽観智を学」んだ例に倣って、天台法華宗の人びとのために『梵字妙法蓮華経儀軌』一巻による「一尊法」を伝授し修せしめることとした。この『梵字儀軌』は不空三蔵訳『成就妙法蓮華経王瑜伽観智儀軌』一巻と密接なつながりをもつ。不空訳の『法華儀軌』は、法華経を修持する男女はまず真言を修することで菩薩の道を行じ、大悲胎蔵の曼荼羅に入り、阿闍梨から潅頂を受けて、はじめて法華経の説く仏道を成就しうるというのである。いわば『法華経』を密教化する儀軌であり、その修法であったのである。

弘仁四年（八一三）二月に高雄山寺で開始された「法華儀軌一尊の法」(13)に最澄は座を列ねることはなかった。この年正月十八日に、「ただし小々の仏事ありて、暫《しばら》く学筵《がくえん》を辞す」という受法の辞退状を空海に送り、自らに代えて泰範、円澄、光定らを遣わしている。最澄はこの受法を辞退する理由として、比叡山寺における「小々の仏事」を「神分転経の事」と換言しているけれども、その実態については定かでない。あるいはその後の事蹟からみて「長講法華経」を指しているかもしれないが、しかし最澄は『法華儀軌』による一尊法を受け修することには逡巡せざるを得なかったろう。この『儀軌』には、『法華経』を修持しようとすれば、まず真言に依って菩薩道を修すべきことを説く。具体的には、まず大悲胎蔵大曼荼羅に入り、阿闍梨から灌頂を受け、師に従って法華儀軌を受けて観照することで仏位に達すると説く。また「此の経王」つまり法華経を単に読誦することによっては、速疾に三昧を証成するには由なしとも説くのだが、結局この儀軌は法華経を完全に密教化したものと言える。

　このいわば法華経の密教化の儀軌による一尊の瑜伽の法を受けることは、最澄にとっては天台法華宗が真言為本となることを意味していたし、そのこと自体、先帝桓武天皇の御意にも乖離することになるのだ。「天台と遮那とは与《とも》に融通」するとはいっても、「遮那業」と「止観業」からなる天台法華宗は飽くまでも天台止観が為本でなければならなかったのである。しかし最澄とても、このとき『法華儀軌』を完全に拒絶したわけではない。すでに述べたように、高雄山寺での法華瑜伽一尊法を泰範、円澄、光定らをして受法せしめているし、近江高島に居を移していた泰範に書状を送って、「然して法華儀軌は深く室下に憑る。伏して乞う、此の道を学び得て、永く後葉に伝えんことを。此れ深く望むところなり[14]」とも書いている。皮肉なことにその泰範は爾後真言の法を学びつづけて、比叡山に帰ることはなかったのである。

　最澄は高雄山寺での法華一尊法がおわると、それ以降の胎蔵の伝法灌頂を受けしめることもなく、円澄、光定らを比叡山へ喚び戻している。そしてこの年六月から、叡山において「天台の深義を講じつづけ[15]」、この年九月一日に、その長講の成果として『依憑天台義集』一巻を撰述し、大唐や新羅の諸宗はすべて天台の教義に依憑していることを表明した。この新撰述に対する当時の仏教界の反応は知るべくもないが、これ以降、最澄と空海の交わりは急速に薄れてゆくことになる。

二　「中寿感興の詩」に見る密蔵のおもい
――長夜に円融を念《おも》う

最澄が『依憑天台義集』を著わして一、二か月の後に、空海は自らの四十歳の初算賀に当たり、「中寿感興の詩幷びに序」を撰して知己に贈った。その知己の一人に最澄も含まれていたことが確実にわかっていることについては、後程触れることにする。おそらくこの「中寿感興の詩幷びに序」は嵯峨天皇をはじめ、多くの文人官僚、さらには南都などの幾人かの学僧達にも贈られたろう。その感興詩の序のなかには、空海の密蔵宣揚への篤き想いが色濃く秘められていた。まさにこの一篇の感興詩の序こそ、空海の密教思想形成の承点たり得ていることを強く印象づけるものである。

算賀とは年寿を祝うことであって、当時は四十歳から始めて、十年ごとに行なわれた。もともと中国の風習であったものが、わが国にも伝わったのだが、空海もその序で述べているように、「俗家には之を賀して酒会す」とあるから、歌舞音曲の宴での祝い事であったろう。もっとも一般庶民の間でも、このような算賀が行なわれていたかどうかはわからない。聖武天皇の算賀の記事が『東大寺要録』に見えているが、四十歳にかまけて四十頭の牛を献上したり、『華厳経』を四十部書写して祝意を表したりしたことが見えている。奈良時代の漢詩集である『懐風藻《かいふうそう》』にも、四十の齢を祝賀する「五八詩《ごはちのし》」が記載されている。四十歳を「五八の歳」と言うのは、「四」が「死」の音響に通ずるのを忌んでのことであったのだが、その「五八の詩」は四十字からなる押韻の詩であって、この詩を贈られた人は、やはり四十字からなる和韻の詩を作って贈り返すのが習わしとなっていた。そのためには「五八の詩」の内容が正確に把握されていなければならなかったことは言うまでもない。

空海が自らの四十の算賀を「中寿」と呼んだのは、おそらく釈尊の生涯八十年の「寿のなかば《よわい》」という程の意味であったろう。さきに言及したように、空海は「俗家には之を賀して酒会す。方袍《ほうぼう》は何事をか是《ぜ》なりとせんや。如《し》かず、目《まなこ》を閉じて端坐して、仏の徳を思念せんには」と述べて、仏徳を思念する手立てとして、不空三蔵訳の『文殊讃法身礼《もんじゅさんほっしんらい》』の四十行の偈頌をあげる。この『法身礼』の序によれば原典の梵本でも四十礼からなるというが、空海がこの『法身礼』の偈をあげるのは、言うまでもなく四十歳にかまけてのことである。この四十行からなる偈頌は「其の文は別《わか》り易くして深義は解《さと》り難し」という。『文殊讃法身礼』は五字四句を一礼とすれば、計四十礼の讃仏偈からなる。各句には「敬礼無所観」の句が付加されているのだが、これを除くと一句に三礼、四十句で「一百二十礼」となる。これら四十句一百二十礼が方形と円形の二図にどのように書き込まれ、その二図を依用して、いかような観想を行なったかは、これらに対する注釈書の「義注」を含めてすべて散佚して現存しない故に、具体的にはまったく知り得ない。しかしその讃仏礼の観想によって観想体験すべき内実が、「冀《こいねがわ》くは生盲の徒をして、頓《すみや》かに悟らしめん」として、次のように記されている。敢えて原漢文のままをあげると、次のごとくである。

「三昧法仏本具我心、二諦真俗倶是常住、禽獣卉木皆是法音、安楽観史本来胸中」。各句の「本具」「倶是」「皆是」「本来」はすべて接続助辞としての役割を果たしていることに留意して訓読すると、次のようになる。

「三昧《ざんまい》の法仏は本《もと》より具《つぶさ》に我が心なり、二諦《にたい》の真俗《しんぞく》は倶《とも》に是れ常住なり、禽獣《きんじゅう》卉《き》木《もく》は皆な是れ法《ほう》音《おん》、安楽なる観史《とし》は本《もと》より来《このか》た胸中なり(16)」。

『請来目録』において密蔵教学の起点として示された真言の幽邃性と深玄性は、ここに至って、まさしく「即身成仏《そくしんじょうぶつ》」と「法身説法《ほっしんせっぽう》」へと帰結する継承段階として展開されていることを如実に示している点で、この四句は極めて重要な意義をもつ。つまりこの四句は密蔵の法門の核心を余すところなく、確実かつ明瞭に説示し得ていて、おそらく当時の仏教界に極めて大きなインパクトを与えたと思われる。つまりこの「中寿感興の詩并びに序」によって、空海は一躍、世の注目を集めることになったのである。

「法仏」とは法身仏のことであり、字義どおりに解釈すれば、真理そのものを基体とする根源的な仏ということである。あるいは単に「仏の世界」と言ってもよい。そしてその仏の世界は本来「三昧の境地」においてあるというもの。極端に言えば、すべての存在に融消した在りようで在るということ。それを瑜伽の境地とか禅定の境地とかと言いかえてもよい。瑜伽（yoga）とは梵語で

「融通無碍《ゆうづうむげ》」の相応の境地を指している。究極の在りかたと見てもよい。その究極的存在である仏の世界は「本《もと》より具《つぶさ》には我が心」なのだというのは、我々の心は本質的本来的には、完全に仏の心と等同であるということ。この観想的体験は、後述する「勧縁疏《かんえんのしょ》」では「若《も》し自心を知るは即ち仏心を知るなり。仏心を知るは即ち衆生の心を知るなり」という師主恵果の説示として援引されることになる。この「衆生」を梵語のサットヴァ(sattva)、つまり「ありとしあらゆるもの」と解すれば、「仏は存在そのもの」ということになり、ここに空海特有の存在論ともいうべき『即身成仏義』への展開が予示されていると見ることもできよう。

次に「二諦の真俗は倶に是れ常住」とは、二通りに解釈することが可能である。まず第一には、師主恵果が空海に早々の帰国を勧奨したときの言葉を想起したい。「今、則ち法の在るとし有るを授く。経像の功も畢《おわ》りぬ。早く郷国に帰り、以て国家に奉じ、天下に流布して蒼生《そうせい》の福《さいわい》を増せ。然らば則ち四海泰《やす》く万人楽しまん[17]」というのがそれである。密蔵の法門は一つには「蒼生の福を増す」教えなのだ。この師主の遺誡を受けて、空海は帰国申請の啓状で次のごとく記していた。すなわち、「此の法は則ち仏の心、国の鎮なり。氛《わざわい》を攘《はら》い祉《さいわい》を招く摩尼《まに》、凡《ぼん》を脱《まぬが》れ聖に入る嘘径《きょけい》なり[18]」。密蔵の法門を「仏の心」とするのは真諦を指し、「国鎮」とするのは俗諦の面を表わしている。密教がその真俗二諦を兼ね備えていることについて、具体的には密教はあらゆる災害苦難を取り除き、人びとに思いのままに福祉をもたらすことができる教えなのだ。そしてその福祉の実現自体が、とりもなおさず、そのまま煩悩の迷界を超脱して聖なる悟りの境地へと到るもっとも近道なのだ、というわけである。現世利益《げんぜりやく》といわれる福祉の実現が、そのまま真実の世界への道へとつながっているというのだ。いわゆる「現当二世の利益」を意味している。現実世界での福祉の実現をはかる「俗諦」の面も、「仏心即我心」の自覚を可能ならしめる法門の真諦も、倶《とも》に「常住」すなわち永遠の真理なのである。

　このことは不空三蔵訳の『金剛薩埵五秘密儀軌』の冒頭にも明示されている。『請来目録』において空海が「教の優劣は金剛薩埵五秘密の儀軌の如し」と記しているのが、それである。この『儀軌』では「夫《そ》れ菩薩道を修行して無上菩提を証成せんとならば、一切有情を利益《りやく》し安楽ならしむるを以て妙道と為す」とし、末尾では「是の故に菩薩の勝慧なる者は、乃《いま》し生死を尽すに至るまで、恒《つね》に衆生の利を作して、〔自らは〕涅槃《ねはん》に趣かず[19]」とも説かれている。ここで特に留意すべきは、二諦が「倶に是れ常住」と明示されている点であって、「俗諦」は単なる仮説ではなく、「真俗二諦」は根源的には即一であり、ともに永遠の真理ということである。

　次いでもっとも注目すべきは「禽獣卉木は皆な是れ法音」ということであり、真言の本質を喝破せるものと言ってよい。「法音」とは法身の声、コトバを指す。文字通りに解釈すれば、鳥の囀りの声も、野獣の鳴き声も、さらには草木の葉擦《はず》れの音も、実にはすべて法身のコトバなのだということである。さきに述べたように「法身」とは存在の基体すなわち根源的な存在を意味している。さきの一句は、森羅万象は法身の説法なのだということを示す。だとすれば、これらの等式の叙述から導かれる解答は、森羅万象は存在の根源たるコトバそのものということになる。この思考は単なる思惟的な帰結ではなくて、密蔵の瑜伽観法による字輪観などの実体験から得られた確信的思考なのである。この思考はやがて「法身説法」の存在論へと展開し、『声字実相義』の空海独自の「コトバの形而上学」へと帰結してゆくことになる。

空海には「遊山慕仙詩」という五百三十言からなる長編の押韻の詩がある。『性霊集』巻一の冒頭に収載されていて有名であるが、その一節に、法身である「遮那《しゃな》は中央に坐《いま》す」とし、「本《もと》、是れ我が心王なり」という。さきに見た「三昧の法仏は本より具《つぶさ》に我が心」に相応する句である。存在の絶対的根源たる法身が「虚空に道場を厳《かざ》る」とし、その法身が「山毫《さんごう》、溟墨《めいぼく》を点ず。乾坤《けんこん》は経籍の箱なり。万象、一点に含み、六塵《ろくじん》、縑緗《けんしょう》に閲《す》ぶ」云々と詠じつづける。つまりこの存在世界は法身が須弥山《しゅみせん》を筆として書き込んだものであって、乾坤すなわち天地、さらに言えば、この宇宙、この存在世界は経籍すなわち文字がびっしりと書き込まれている空間なのであり、六塵すなわち意識の対象世界は法身によって書き込まれた書籍の表紙とみるべきものなのだという。

この宇宙観は一見、ジャック・デリダのエクリチュール論、つまり世界は文字の書き込みと見るのとよく似ているようだが、空海の場合には、この存在世界を「経籍の箱」と見る。その経籍は文字、コトバがぎっしりと書き込まれているから、結局、この存在世界は根源的にはコトバである法身の自己顕現であるということになる。すべての存在は法身を存在の基体としていることで、最高度の実在性が保証されることになると見ることもできる。[20]「禽獣卉木は皆な是れ法音」というのが、まさしくそのことを端的直截に表現し得ていると言えよう。

最後に第四句の「安楽観史は本《もと》より来《このか》た胸中なり」というのは、第一句の具象的あるいは観照的な表現と言えないこともない。宗教的観点から言えば、まさしく密蔵法門の安心《あんじん》を示したものとも言えるだろう。ただ「安楽観史」の四字句を「弥陀の極楽世界」と「弥勒の兜率天」と相違釈に読むか、あるいは「安楽なる観史」と持業釈に読むかで意見がわかれるところだろう。ただ空海自身が極楽世界としての安楽国に言及するのは、全著作のなかにあって、ごく僅かに過ぎない。しかしここでは私は「安楽なる観史」の読みをとりたい。というのも、空海が二十四歳の暮に著わした『聾瞽指帰』の仮名乞兒の段では、良き師である釈尊の教えに出会いながらも、その余りにも広範多岐にわたる岐路に迷い、遂には仏陀世尊が未来仏としての印璽を授けた慈尊弥勒のいます「観史の京に向うも、経途艱《なやみ》多くして、人烟夐《じんえんはる》かに絶えたり。康衢《こうく》甚だ繁くして径路未だ詳《つまび》らかならず」と思い悩む仮名乞兒の姿は、そのまま二十四歳当時の空海その人の境地でもあったのだ。当時、「人烟夐かに絶えたり」と思っていた弥勒の観史天も、実には本来、自分自身の心のなかに存在していることを、今や悟り得ていたのである。観史の浄土のみならず、仏法そのものが本来自らの心のなかにあると説くのが、空海最晩年の著作『般若心経秘鍵』の序文である。「夫《そ》れ仏法は遙《はるか》に非ず、心中にして即ち近し。真如は外に非ず、身を弃《す》てて何《いず》にか求めん」とあるのが、それである。

かくて自らの初算賀の感興を詠じて、空海は次のような「五八」の押韻の詩を作る。

黄葉索山野　蒼蒼豈始終　嗟余五八歳　長夜念円融

浮雲何処出　本是浄虚空　欲談一心趣　三曜朗天中

黄葉がすべて山野に散り果てても、果てしなくつづく蒼天には始めもなければ終りとてない悠久の存在。ああ、われもすでに黄葉にも比すべき四十の歳に達して、長き秋の夜を、われも自然も遍ねく融けあって無碍なることを、あるがままに観想する。

しかしあの迷妄ともいうべき浮雲は、そも一体何処《いずこ》から涌き出てくるというのか、虚空自体、本来、浄《きよ》らかであろうものを。まことの心の在りようを談じようとしたとて、〔所詮それは顕教の分際〕。日月星辰が中天に朗々と輝きつづけている〔事実こそ、まさしく密蔵の真実の世界なのだ〕。

この意訳は単に四十字の偈頌を表面的になぞったまでのこと。その一々の文字の奥底には更に深い密義が秘められているだろう。この「五八の詩」を贈られた人たちは、この詩の「終、融、空、中」の韻に和した詩を作って答礼しなければならなかった。だから、真摯な人はこの「五八の詩」の字義の深みに思いを込めて、返歌を作って贈ろうとした筈である。最澄がその一人であった。半年に亙る叡山での天台講義の成果として、今まさに『依憑天台義集』を世に問うたばかりの最澄である。

このとき最澄は、先年の潅頂以来、高雄山寺にとどまって真言を受け習っていた泰範に書状を送り、空海が新たに撰述した「一百二十礼」などの借用を依頼し、これら新撰述の趣旨を空海に聞いて教えて欲しいと書きしたためている。最澄自筆の尺牘《せきとく》としては唯一残存している「久隔帖《きゅうかくじょう》」が、それである。この書状で最澄は「大阿闍梨〔空海〕示すところの五八の詩の序の中に、一百二十礼仏ならびに方円図、ならびに註義等の名あり。今、和詩を奉らんとするに、未だ其の礼仏図なるものを知らず。伏して乞う、阿闍梨〔空海〕に聞せしめ、其の撰するところの図義ならびに其の大意を告げ施されんことを。其の和詩は忽ちに作り難く、著筆の文は後代に改め難し。惟《おも》うに其の委曲を示さば、必ず和詩を造り、座下に奉上せん」と書かれている。この最澄の書状は弘仁四年（八一三）十一月二十五日の日付であるから、空海が「中寿感興の詩幷びに序」を撰して贈呈したのは、この頃のことであったろう。いずれにもせよ、この書状から、最澄の真摯な人柄がしのばれ、その名の示すごとく、最も澄める人であったことが如実に感じとられる。

この年の十二月十六日付で、空海は叡山の最澄に対して、和韻の詩を贈られたことへの礼状を出しているから[21]、さきに見た最澄の請借はすべて適えられたことがわかる。そしてこれら新撰の請借が最澄に限ってのことでなかったとすれば、仏教界の空海への関心はいやが上にも増大することになったろう。だとすれば、下野《しもつけ》の勝道《しょうどう》が自らの二荒山《ふたらさん》（補陀洛山）への登頂を記念する碑文の撰書を、下野の国博士の伊氏を介して、空海に依頼したことなどは、その事実を示唆していると言えよう。『性霊集』巻二に収載されている「沙門勝道が山水を歴《へ》て玄珠を瑩《みが》く碑幷びに序」が、それである。この「碑幷びに序」の末尾には「余《われ》、道公と生年より相見《あいまみ》えず。幸に伊博士公に因りて、其の情素の雅致を聞き、兼ねて洛山《らくせん》の記を請うことを蒙る」と記されているから、上野国《かみつけのくに》の講師《こうじ》で華厳の学僧であった勝道とは面識がなかったことがわかる。この「碑文」については後に触れることがあるやもしれないが、ただここで留意しておきたいことは、この碑文の序の冒頭で見られる次のような文章である。

「夫れ境《きょう》は心に随って変ず、心垢《けが》るれば則ち境濁《にご》る。心は境を逐《お》って移る。境閑《しずか》なれば則ち心朗らかなり。心境冥《しんきょうみょう》会《え》して道徳玄《はるか》に存す」[22]。自然の環境はそこに住んでいる人びとの心に随って変化してゆくものである。もしも人びとの心が汚《けが》れていれば、かれらが住んでいる環境も自《おのず》から汚濁されてくることになる。逆に、人びとの心はそこに住んでいる環境につれて移り変ってゆくものである。だから自然なり社会の環境が静かで豊かであれば、そこに住する人びとの心も自《おのず》から朗らかとなり清らかとなってくるのだ。つまり人びとの心と環境とは本来奥底においてはつながっているのであり、万物の根源とその働きの深遠な在りように、深く思いをいたさなければならない、という程の意味になろうか。

この一見、老荘的な見解も、空海にとっては密蔵の法門と何ら軌を異にするものではなかったのである。その世界観は後のいわゆる三部書である『即身成仏義』『声字実相義』そして『吽字義』などにおいて論証されることになる。

空海が「中寿感興の詩幷びに序」を撰述した年の暮に、かつて最澄らと「仏法の大事因縁を商量し、共に法幢を建て」ることをはかった「室山」すなわち室生（樫生）の修円は、新進の空海に対して『金光明最勝王経《こんこうみょうさいしょうおうきょう》』の密意を伽陀《かだ》つまり偈頌《げじゅ》の形でまとめるように依頼している。当時、僧綱職《そうごうじき》の律師《りつし》であった修円は弘仁五年（八一四）正月の宮中における「最勝会《さいしょうえ》」での講師《こうじ》に任ぜられていたことによる依頼であったろう。そのことは、この『伽陀』の序の冒頭で、「円律師」を「国家が之を屈して最勝の妙典を講ぜしむ(23)」と書かれていることから明らかである。

三　意味の深みへ
——一字一画は衆経を呑んで飽かず

天武朝の頃に諸国に国分寺が置かれ、「金光明四天王護国之寺」と称されたように、国分寺には『金光明最勝王経』が安置され、その経典を読誦呪願《しゅがん》することで国家の安泰を祈念することを本分とする寺とされたのである。この経典は護国とともに祈年すなわち「年〔稔《みのり》〕を祈る」ための経典としても、読誦講説されてきた。宮中において、正月八日から催される「最勝会」はまた「御斎《ごさい》会《え》」とも呼ばれたが、その講師は古くは三論と法相の両宗に属する学僧に限られていた。修円は興福寺を本寺とする法相の学僧であり、室生に移住することもあったことから「室〔樫〕生の禅師」とも呼ばれていた。その修円の要請に応じて、弘仁四年の暮に、義浄三蔵訳の『金光明最勝王経』十巻の密蔵的な意味の深みを読み解き、その内容を偈頌の形式にまとめたのが『金勝王経秘密伽陀』（以下『秘密伽陀』）である。

『金光明最勝王経』各巻の密意を偈頌で示すほかに、「帰命伽陀」など七偈を加えて、総計十七偈からなる。この『秘密伽陀』の序において、修円からの依頼について、「余《われ》、持観《じかん》に暇《いとま》なきも匠に代りて仁に当たり、凍筆を寒燈に含ませ深致を釣る。散を遠ざけ、思いを凝らし、乙夜に金石を沙汰す」と述べる。蓋し「中寿感興の詩幷びに序」の余韻を引いた名文である。「凍筆を寒燈に含ませて深致を釣る」とは、まさしく仏陀所説の顕教の経典の文字の奥に秘められ凍結されている意味の深み、つまり密蔵の深い極致を寒燈のひかりによる観照によって誘引し、明白ならしめるという意味であろうか。このように顕教経典を密教的に読み解く独自の解釈学は、やがて空海によって諸種の経典の『開題《かいだい》』類として、具体的に示されることになる。その開題の一つに『最勝王経《さいしょうおうきょう》開題《かい》《だい》』がある。「開題」は「解題」とは異なって、単なるタイトルの解釈ではなく、経題を開き奥底に秘められる意味の深みへと読み解きを進めてゆくことを指しているのだ。

まず順序として『金勝王経秘密伽陀』から見てゆこう。この撰述を依頼した「円律師」を、後に空海の弟子となった真円《しんえん》と見做す説もあるけれども、(24) 弘仁元年（八一〇）九月に律師に補任された室生の修円と見做すのが至当であろう。(25) しかし今ここで留意したいのは、さきにも触れたように『金光明最勝王経』十巻における一々の文字の奥底に秘められる「深致」すなわち密蔵の真実義を「金石」として読み解いている事実である。しかもこの顕教経典の密教的解釈が、決して空海自身の独断的偏執による謬見ではないことに注目しなければならない。その独自な解釈の根拠として、空海はこの『秘密伽陀』の序で、次のように述べる。

夫《そ》れ如来の説法は必ず顕密の二意を具す。顕は則ち常途《じょうず》の所談、是れなり。密は即ち秘蔵の所論、即ち是れなり。顕家の趣は歴代の口実なり。密蔵の旨は此の土《くに》、未だ解《さと》らず。今、此の経を見るに、傍《かたわら》には顕の義を説くも、正しくは真言《しんごん》を以て宗を立つ。所以《ゆえ》に自宗の義を挙げて、以て頌の詞を樹つ。冀《こいねが》わくは博達の士、疑怪《ぎげ》を致すこと莫《なか》れ。時に弘仁四年季冬の月

この日付からみて、この『秘密伽陀』は「中寿感興の詩并びに序」を撰した翌月の作ということになる。「法海は一味なれども、機に随って浅深あり」とは『請来目録』において明示されていた。そして最晩年の承和元年（八三四）十一月に撰述した「宮中真言院正月御修法奏状」では、今問題とされる『金勝王経秘密伽陀』を単なる密蔵的な秘義解明におわらせることなく、さらにこの経自体に宗教的な救済機能が内在することを示したものであるけれども、この「御修法奏状」においても、空海は「如来の説法に二種の趣《おもむき》有り。一には浅略趣、二には秘密趣なり」とする。「浅略趣」とは経典に見られる文字の表層的意味の理解とし、「秘密趣」とはこれらの文字の意味の深みの読み解きにとどまらず、その意味の深みの密蔵を密蔵たらしめている「陀羅尼《だらに》の秘法」そのものとするのだ(26)。そこでは浅略趣とは恰も『太素経』や『神農本草経』などが単に病源の理論や薬理を説くに似ているとし、「陀羅尼の秘法」とは、処方にあわせて薬を調合し、これを服用せしめて病気を除くがごとしと説明するのだ。つまり『金光明最勝王経』の単なる表面的な意味解釈を講ずるのではなくて、その意味の深みに秘められる宗教的救済機能としての陀羅尼の修法《しゅほう》こそ、密蔵の核心で

あり、秘密趣というわけである。『請来目録』の末尾において、すでに早く「一心の利刀を翫《もてあそ》ぶは顕教なり、三密《さんみつ》の金剛を揮《ふる》うは密蔵なり」とするのが、まさしくそれである。

いかに護国の経典とはいえ、一見、顕教の経典と思える『金光明最勝王経』は、確かにその文字《もじ》面《づら》を読み進めてゆく限りは、常識的な教説の開示に思えるのだが、その一々の文字の奥底の深みには密蔵の最たる「真言《しんごん》」「陀羅尼《だらに》」が本来的に秘蔵されているのだ。そしてその真言、陀羅尼の秘法こそが、この経典の主意なのであり、常識の領域を超えた真実在の世界を如実に示しているということなのである。

この『金勝王経秘密伽陀』の冒頭におかれる「帰命の伽陀」で、「法報応の仏の三身は、本《もと》より来《この》た我が心裏に在り」と詠じられるのは、さきに見た「中寿感興の詩幷びに序」で明記されていた「三昧の法仏は本《もと》より具《つぶさ》に我が心なり」と軌を一にするものである。「法報応の三身」とは、真理そのものを存在の根源とする自性《じしょう》法身《ほっしん》、菩薩がその願《がん》と行《ぎょう》とに報《むく》われて得られる仏の境地が報仏であって、たとえば盧舎那仏とか阿弥陀仏などである。そして人びとを教導するために、人の姿をとってこの世に現われ、人の言語で法を説き示すのが応身、すなわち釈迦牟尼仏である。

これらの三身は当然ながら法身を根源とするから、仏心は本来、我心そのものであり、あらゆるものの心と異なることはないと説くのが『華厳経《けごんきょう》』であり、その密蔵的深義を説くのが師主恵果の所説であった。その「三心平等」の密義に空海が言及するのは、次章で取り扱う「勧縁疏《かんえんのしょ》」である。

「帰命伽陀」の末尾で「我れ秘蔵本有《ひぞうほんぬ》の義に託し、略して此の経の秘法輪を頌す」とあるのは、ただに当面問題としている『金光明経』に限らず、あらゆる仏教経典つまりは「如来の説法」には必ず表面的な顕略な意味のほかに「秘蔵本有の義」が含まれている故に、その意味の深みへ沈潜する方便としての修法、行法こそが何よりも肝要となってくる。その一端を示すのが、いわゆる「儀軌」の類《たぐい》である。たとえば不空三蔵訳『成就妙法蓮華経王瑜伽観智儀軌』などがそれである。これらの「儀軌」により、阿闍梨から伝授された「三密の加持」、手に印契《いんげい》を結び、口に真言、陀羅尼を誦じ、意中に経典本有の密義を観照体験することで、その経典自体の本義が自らを顕わにしてくることになる。その一例を示すものとして、この『金勝王経秘密伽陀』の最末尾で空海が挙げる「至心発願」の偈頌を見てみよう。

願わくは我れ妙経王を演説せん。一一の声字は皆な実相なり。実相は三世間に周遍して、平等平等にして偏党《へんとう》なし。所生の功徳《くどく》に限量なし。願わくは国王、五類の天と共に十方衆生界を窮《ぐう》尽《じん》して、平等に一如《いちにょ》の宮に証入せん。(27)

つまり、一見して顕教の経典とも思われる『金光明最勝王経』の一々の文字、一々のコトバは単なる意味表示、あるいは意志伝達のための記号にとどまるものではなくて、あらゆる文字、すべてコトバが、そのままに真実在をあらわし、そのコトバは実には存在そのものなのである。だからこそ、その文字、コトバは自然界、人間世界、そして仏の世界の「三世間」、いわば全宇宙に遍満していることになる。否、むしろ本源的なコトバ（としての法身）は全宇宙そのものであるからこそ、コトバとか文字は全宇宙を完全に平等ならしめるものであり、文字、コトバとしての存在こそが、すべて「一如の宮」すなわち唯一絶対の根源的存在、つまりは法身大日如来へと帰一するというわけである。

すなわち、一々の文字の枠（字相）つまりは表面的な意味への捉われを離れたとき、その文字の奥底に本来的に秘められている意味エネルギーが顕わになってくる。つまりは真実義である。その真実なる字義がそのまま真理の世界、仏の世界そのものの顕われでもあるということ。それは旧来の「意味」のパラダイムの画期的な転換を示していると言えよう。

『金光明最勝王経』の密教的解釈を説示するものには、さらに『最勝王経開題』がある。さきにも言及したように、「開題」であって「解題」ではない。つまり経の題目を単に意味的に解説するのではなくて、その題目の一々の文字、とりわけ梵語の原題における梵字の一字一字の奥に秘められる密蔵の実義を解き開くことで、それぞれの経典の核心を明らかにするのである。空海には『大日経』や『金剛頂経』などの基本的な密教経典のほかに、『仁王経』『法華経』『梵網経』『最勝王経』『金剛般若経』といった多くの顕教経典の『開題』、すなわち密教的な深秘な読み解きを示す独自の作品が残されている。

この中、『最勝王経開題』では、この経典が「諸仏の秘宝、衆経の密蔵」たる所以は、この「金光明」という経題自体が、仏の三身の密号であって、「金」「光明」「最勝」「王」「経」の五字は金剛界五仏の秘称であり、この五部の諸仏菩薩の三摩地《さんまじ》の法を修することで、一切の仏法を摂得するが故というのである。つまりこの経題にはまた「総持」すなわち陀羅尼の秘義さえもが意味の深みに含まれているというのだ。経題の字句を秘密趣の陀羅尼へと解き開くのが、さきに言及した空海最晩年の「宮中真言院正月御修法の奏状」なのである。

　空海聞くならく、如来の説法には二種の趣あり。一には浅略趣、二には秘密趣なり。浅略とは諸経の中の長行偈頌、是れなり。秘密趣とは諸経の中の陀羅尼、是れなり。浅略趣とは太《たい》素《そ》、本草《ほんぞう》等の経に病源を論説し、薬性を分別するが如し。陀羅尼の秘法とは方《ほう》に依って薬を合わせ、服食《ふくじき》して病患を消除し、性命を保持することを得るものなり。

　然るに今、講じ奉る所の最勝王経は但だ其の文を読み、空《むな》しく其の義を談じて、曾て法に依って像を画き、壇を結んで修行せず。甘露《かんろ》の義を演説することを聞くと雖も、恐らくは醍醐《だいご》の味を嘗《な》めることを闕《か》きてん。伏して乞う、今より以後、一《もっぱ》ら経法に依って、七日の間、将《まさ》に解法《げほう》の僧二七人《にしちにん》、沙弥二七人を択《えら》んで、別に一室を荘厳し、諸尊の像を陳列し、供具《くぐ》を奠布《てんぷ》して真言を持誦せんとす。然らば則ち顕密の二趣、如来の本意に契《かな》い、現当《げんとう》の福聚、諸尊の悲願を獲《え》ん[28]。

この上奏は直ちに勅許を得て、「永く恒例と為せ」とされた。今に伝わる「後七日御修法《ごしちにちのみしほ》」である。

経典の長行偈頌、すなわち字句の表面的な解釈や講説のみではなくて、その一々の字句の深層に秘められる陀羅尼の修法によって、この経典自体の真実義がはじめて発揮されるというのである。「経を読む」という密教的な意味はそこにあるのだ。つまり現当二世の福聚、あるいは諸尊の悲願の達成は、単に経典の字句の解釈講説のみによっては実現されないのは、恰も病人に対して隋の揚上善編の『太素経』三十巻や『神農本草経』三巻によって病理や薬理を読み聞かせるようなもので、直接の治療とはなり得ないようなものというわけだ。病人を治療するためには、それぞれの病気に相応する治療薬を処方して、実際にこの薬を服用させねばならぬと同じことだというのである。その「病にあわせて薬を調合し、これを病人に服用せしめる」のが密蔵の宗教的実践たる陀羅尼の秘法というのだ。

ならば「如来の説法の秘密趣」である陀羅尼とはいかなるものなのか。空海は弘仁五年（八一四）閏七月八日に、嵯峨天皇の要請に応じて「古今文字の讃」一巻、「王右軍が蘭亭の碑」一巻などとともに、自著の『梵字悉曇字母并びに釈義』一巻をも献上して、次のように記している。「伏して願わくは、陛下、一《ひと》たび梵字を披《ひら》かば梵天の護り森羅《しんら》たらん。再び神書を閲《み》れば神人の衛《まも》り逼《ひっ》側《そく》せん」と。つまり「真言や陀羅尼等を写すインドの文字を一《いと》たびご覧になれば、この文字を伝承した梵天の擁護を受けること限りなく、蒼頡《そうけつ》らの神書ともいうべき篆隷《てんれい》の古い中国の書体を目にされれば、これらの文字が本来的に有する妙なる働きが、陛下の安穏をもたらすでありましょう」というのである。

この上表文では、その冒頭で「帝王の政道が天に感ずるときは、秘録《ひろく》つまりは不思議な文字が必ず地上に顕われ、天子の徳に地が感動するときは、必ず霊妙な文章が世に顕われるもの」という天人感応による文字の自己顕現に言及する。このことは、殆どときを等しくして撰述されたと思える『文鏡《ぶんきょう》秘府論《ひふろん》』の序においても、同じような文章で記述されている。

「夫《そ》れ大仙の物を利するや、名教もて基《もとい》と為し、君子の時を済《すく》うや、文章是れ本《もと》なり。故に能く空中塵中に本有の字を開き、亀上龍上に自然《じねん》の文を演《の》ぶ」とあるのが、それである。宗教的な教化とともに政治的な治世がすべて文章を基体として達成されるというのは、文章すなわち文字の綾《あや》が自然本有の開示にほかならないからというのである。だから「梵字幷びに雑文を献ずる表」においても、まず「亀上龍上に自然（本有）の文《あや》を演出」している漢字によって、聖なる天子はその徳を人びとに及ぼし、政道の実を挙げてきたことを述べる。その上で「況んや復《ま》た、悉曇《しったん》の妙業、梵書の字母は、体《たい》は先仏より凝《こ》り、理は種智を含めり。字は生の終りを絡《まと》い、用《ゆう》は群迷を断ず。所以《ゆえ》に三世の覚満《かくまん》は尊んで師とし、十方の薩埵《さった》は重んずること身命に逾《こ》えたり。満界の宝も半偈にも報《むく》い難く、累劫の障は一念に断じ易し。文字の義用、大いなる哉、遠《はるか》なる哉[29]」。

ここで空海は、「はじめに文字ありき」と言う。この現象世界の基体は自然本有の文字そのものである根源仏（法身）の具象的自己顕現であるとみる。すでに見たように「中寿感興の詩幷びに序」においては「禽獣卉木は皆な是れ法音」と記す「法音」が、まさしく「法身の声」であり、更に言えば自然本有の文字を意味している。その文字とは「自然道理《じねんどうり》の所作」である梵字悉曇《ぼんじしったん》であり、その梵字に本来そなわっている理法は一切種智《いっさいしゅち》すなわち完全無欠の仏智を内包し、あらゆるものの生存を可能ならしめ、その妙用は一切の迷妄を断ずると言う。

「はじめにコトバありき、コトバは法身なりき」というのが空海の世界観の基底を示すのだが、「法身」(dharma-kāya)とは存在(dharma)の拠りどころ(kāya)であり、絶対的根源を意味していて、宗教的には大日如来を指している。このような「存在とコトバの深秘学」は『梵字悉曇字母幷びに釈義』において一層確固たるものとなったと言えるだろう。

陀羅尼は漢字音写によってではなくて、梵字のままに読誦すべきことを、わが国で最初に教授したのは、天平八年(七三六)に来朝したインド僧の菩提僊那《ぼだいせんな》であった。かれとともに来朝した林邑《りんゆう》(ヴェトナム)僧の仏哲は密呪に通じ、『悉曇章《しったんしょう》』一巻をも齎持したと伝えられているもの(30)の、真偽の程は定かでないし、ましてや空海の『請来目録』に見えている「梵字悉曇章一巻」と同じものか否かも明らかでない。この書は残念ながら現存しないが、空海が請来した今一つの『悉曇字記』一巻は唐の山陰沙門智廣がインド僧の般若菩提から五台山滞留中に習い受けた梵字悉曇の摩多《また》(母音)と体文《たいもん》(子音)およびこれらの合成文字を十八章にわたって示す悉曇文字の手習い書ともいうべきものである。この『悉曇字記』では、般若菩提は南天竺から陀羅尼の梵夾をもたらしたと記されているが、おそらく空海が唐都長安で梵語等を学んだ般若三蔵と同一人物とみてよいだろう。般若三蔵の入唐の動機が、五台山にいますと信ぜられた文殊菩薩への礼仏にあったというから、(31)智廣が五台山で般若菩提に謁して梵字悉曇を習ったことと、その伝承は符を一にしていることになる。

いずれにもせよ、智廣が梵字悉曇を学んだのは「頃嘗《このころ》、陀羅尼を誦ずるに音旨を訪ね求むるも、多くは差《ちが》い舛《そむ》く」ためであったという。それは「真言を以て唐書すれば、召くに梵語は髣髴《ほうふつ》たるのみ。豈《あに》、其の本文を観るに若《し》かんや」ということに起因するのだが、なぜ真言、陀羅尼は梵字梵語を以て誦ずるのかと言えば「総持《そうじ》〔陀羅尼〕の一文は理として衆徳を含むこと、其れ茲に在るか」(32)という点にあったのである。そしてこの見解は空海の『請来目録』で「真言は幽邃にして字字、義深」き故に、漢字音写の真言がたとえ「粗《ほぼ》、髣髴を得るも清切を得ず。是れ梵字にあらざれば長短も別《わか》ち難し」と記されているのと軌を一にする見解である。智廣は一説には、空海が在唐中の元和元年（八〇六）に寂したとも言われるから、事実とすれば般若三蔵を介して、空海もまた智廣から真言、陀羅尼の言語観について何らかの示唆を受けることがあったかもしれない。

智廣の『悉曇字記』では、玄奘の『大唐西域記』を引いて梵字悉曇を「梵天の製する所」とする伝承が引かれるが、この通説を空海は完全に否定して、梵字悉曇を「自然道理《じねんどうり》の所作」とする。(33)その典拠として空海は『大日経』入曼荼羅具縁品を挙げるのだが、しかしそこでは真言が法然の文字であるとして、「真言の相は一切諸仏の所作に非ず、他をして作さしめず。〔中略〕是の諸法は法として是くの如くなるを以ての故に。若しは諸の如来、出で現わるるも、若しは諸の如来、出でたまわざるも、諸法は法爾として是の如く住す。謂わく、諸の真言は真言として法爾なるが故なり」(34)とある。

この『大日経』の説示の文脈から言えることは、「真言」（コトバ）と「諸法」（存在）とは「法爾として」の在りようにおいて、即一的に在るということである。このような深秘的な言語観は究極的には「五大は皆な響き有るものなり、十界は具《つぶさ》には言語、六塵は悉く文字、法身は是れ実相」という『声字実相義』において、帰結せしめられることになる。

不空三蔵が強調する「夫れ真言、陀羅尼の宗は、是れ一切如来の秘奥の教にして、自覚聖智の頓証の法門」（『分別聖位経』序）であるためには、その真言、陀羅尼の文字が、たとえ梵天によってであれ、如来によってであれ、「作られたもの」であっては、まったく意味を有し得ないものであって、いかなる面にあっても、真言の妙用が発揮されるのは、その真言の文字が「自然本有《じねんほんぬ》」のものであって、はじめて可能となるものである。だから如来は「仏眼を以て」この「法然の文字を観察し、実の如くに是の字義を説いて、衆生を利益したまう」のであって、「梵天とても、その本有の文字を如来から伝え受け、それを人びとに授けて転用することで、衆生の救済に当たっているのだ」と空海は言う。

このような次第で、世間の人びとも、なべてこの梵字悉曇を日常的に使うようになったのだが、かれらはただその字相つまり文字の表面的な意味のみを知っているにすぎず、文字の深層に秘められている本有の字義を理解していない。そのことを空海は『梵字悉曇字母幷びに釈義』で次のように言う。

「若し字相に随って之を用うれば、則ち世間の文字なり。若し実義を解《さと》れば、則ち出世間の陀羅尼の文字なり」として、さらにその陀羅尼について、次のごとく記す。「謂わゆる陀羅尼（dhāraṇī）とは梵語なり。唐に翻じて総持《そうじ》と云う。総とは総摂、持とは任持なり。言うこころは一字の中に無量の教文を総摂し、一法の中に一切の法を任持し、一義の中に一切の義を摂持し、一声の中に無量の功徳を摂蔵す。故に無尽蔵と名づく[35]」と。だから「無尽蔵」なる陀羅尼の字母は「如来の所作に非ず。自然道理の所造」なのであり、その自然道理の文字を「如来は仏眼を以てよく観察し覚知して、実の如くに開演される」だけなのだと言う。

つまり真言、陀羅尼は如来とても仏眼を以てよく観じ覚知して、はじめて開演説法しうるものであってみれば、この真言、陀羅尼の字相、すなわち文字の表面的な意味を翻訳することは殆ど意味を有し得ないことになる。すなわち空海が指摘しているように、「梵字梵語は一字の声において無量の義を含む。改めて唐言とするときは、但だ片玉《へんぎょく》を得て三隅《さんぐう》は則ち闕《か》けぬ[36]」ということなのだ。つまり一字に無量の義を含む梵語梵字のダラニを中国語に翻訳するとすれば、珠玉にも比すべき真言は完全に破壊されてしまって、そのごく一隅を示しうる断片のみが残ることになるようなもの。だからこそ「中国仏教の大成者道安《どうあん》は、仏典の翻訳には五つの欠点があることを指摘し、義浄三蔵とても梵語を完全に翻訳し得ない歎きをかこっているほどだ」として、空海は「この故に真言を伝うる匠《たくみ》の不空三蔵等は密蔵の真言を教授するに、悉く梵字を用いたまう。然れば則ち此の梵字は三世に亙《わた》って常恒なり、十方に遍じて以て不改なり。之を学び、之を書すれば、定んで常住の仏智を得、之を誦じ、之を観ずれば、必ず不壊《ふえ》の法身を証す。諸教の根本、諸智の父母、蓋《けだ》し此の字母に在るか」と結論づけるのである。かくて梵字の母音、子音の各々の深秘なる実義を観想の内実として説くのが、まさしく『梵字悉曇字母并びに釈義』なのである。その帰結は『吽字義』において瞥見することになろう。

註

（1）『叡山大師伝』（『伝教大師全集』巻五、附録二一頁以下）。
（2）『顕戒論縁起』巻上（『伝教大師全集』巻一、二七九頁）。
（3）『内証仏法相承血脈譜』（『伝教大師全集』巻一、二四三頁）。
（4）『叡山大師伝』（『伝教大師全集』巻五、附録二三頁）。
（5）右同、二二頁。
（6）『類聚三代格』巻二「年分度者事」（新訂増補國史大系、七五頁）。
（7）『内証仏法相承血脈譜』「雑曼荼羅相承師師血脈譜」（『伝教大師全集』巻一、二四六頁以下）。
（8）『伝教大師将来台州録』（『伝教大師全集』巻四、三六五頁以下）。
（9）弘仁十二年（八二一）十一月に、右大臣藤原冬嗣にあてた書状のなかで「大同の初年乃ち著岸することを得たり。即ち将来する所の経及び仏像等を使の高判官に附して、表を修し奉進し訖んぬ。今上〔嵯峨〕暦を馭し、恩は卉木に普ねく、勅有りて、進める所の経仏等を返賜したまう。兼ねて宣するに、真言を伝授することを以てせよ。即ち二、三の弟子を率いて、日夜教授す」と見えている（『高野雑筆集』巻上、『定弘全』七、一〇七頁）。
（10）拙著『空海と最澄の手紙』法蔵館、一九九九年、一六一頁。

（11）右同、一一九頁。
（12）右同、一四一頁以下。
（13）光定『伝述一心戒文』巻上（『伝教大師全集』巻一、五三〇頁）。
（14）拙著『空海と最澄の手紙』一八六頁。
（15）光定『伝述一心戒文』巻上（『伝教大師全集』巻一、五三〇頁）。
（16）「中寿感興の詩幷びに序」（『性霊集』巻三、『定弘全』八、四三頁）。
（17）『請来目録』（『定弘全』一、三七頁）。
（18）『性霊集』巻五（『定弘全』八、八六頁）。
（19）『金剛頂瑜伽金剛薩埵五秘密修行念誦儀軌』（大、二〇、五三五中、五三九上）。
（20）井筒俊彦『意味の深みへ』岩波書店、一九八五年、二五三頁。
（21）拙著『空海と最澄の手紙』一二三頁以下。
（22）『性霊集』巻二（『定弘全』八、二二頁）。
（23）『金勝王経秘密伽陀』（『定弘全』四、二四一頁）。
（24）道猷『弘法大師弟子譜』巻四「沙門真円律師伝」（『弘法大師伝全集』第十、一二九頁）。
（25）『僧綱補任』第一（『大日本仏教全書』第六五巻、史伝部四、鈴木学術財団、八頁参照）。空海が律師を超えて小僧都へ任ぜられたのが天長元年（八二四）三月であったことを勘案しても（『性霊集』巻四、『僧綱補任』第一）、弘仁四年末の時期に、真円が「円律師」と呼ばれることはあり得ないし、『僧綱補任』にも真円の名は全く見えていない。
（26）『続日本後紀』巻三、承和元年十二月乙未条（新訂増補國史大系、三二頁）。
（27）『金勝王経秘密伽陀』「至心発願」（『定弘全』四、二五一頁）。

(28)『性霊集』巻九（『定弘全』八、一六三頁）。
(29)『性霊集』巻四（『定弘全』八、六二—六三頁）。
(30)『本朝高僧伝』巻二「林邑国沙門仏哲伝」（『大日本仏教全書』第六十二巻、三三頁）。
(31)拙稿「般若三蔵と弘法大師空海」（『高野山大学密教文化研究所紀要』第十四号、二〇〇一年二月、密教文化研究所、一二頁）。
(32)『悉曇字記』（大、五四、一一八六上）。
(33)『梵字悉曇字母并びに釈義』（『定弘全』五、一〇一頁）。
(34)大、一八、一〇上。
(35)『定弘全』五、一〇二頁。
(36)右同、一〇五頁。

転の章　密蔵法門の宣揚

――「勧縁疏」の読み解き

一　「勧縁疏」撰述の意義
――三心平等なりと知るを大覚と名づく

仏教界においても流行はあるものだ。平安初期には南都の仏教は、六宗とはただ名ばかりで、法相と三論の両宗、なかんずく法相に人気があった。年分度者の多くは法相宗を望み、三論の専攻を希望するものは少なかった。桓武天皇は延暦十七年（七九八）九月に詔勅によって「偏《ひとえ》に法相を務め、三論に至っては多く其の業を廃す」る現状を憂えて、以降、僧綱たちをして「宜しく慇懃に誘導して両宗普習」することを勧めるように命じ、延暦二十一年（八〇二）正月や翌二十二年正月にも、同じような勅命が出されている(1)。

中国仏教における玄奘、窺基の系統の唯識派の影響もあってのことであったろうが、当時の仏教界のトップに立つ僧綱職の多くは法相宗の学僧であった。俗に言う「寄らば大樹のもと」ということでもあったのだろうか。さきに触れたように、当時の年分度者は三論と法相の両宗に各三人が充当されて、華厳、成実、倶舎、律の諸宗は有名無実の状態であったと言ってよい。しかも当時の仏教界では「三論、法相の二宗相争」が激しく、延暦二十三年正月には三論、法相の両宗学僧の「目撃相争」を諫め、「阿党凌奪」を戒めているが、(2)当時の政庁にとって解決を迫られていた最大の問題は、久年にわたる両宗の争論を終焉せしめることにあった。数度にわたる桓武天皇の勅徴も効果は皆無に近かったのだ。まさしく、このような時期に、空海は三論でも法相でもなく、入唐留学のための臨時度者としての得度を果たしたのであった。

このような状況にあって、桓武天皇は南都の対仏教政策として、当時、最澄が新たに主唱し始めていた天台の法門を聴講せしめることで、両宗の争論を終焉せしめようとした。おそらくは最澄の最大の外護者であり、高雄山寺の檀越でありながら、当時、桓武天皇の有能な側近の一人であった和気広世の勧めによる政策であったかもしれない。その政策の採用は、天台の玄疏に説かれる教法が、釈迦一代の教えを総括するものとの最澄の主張こそ、対立をつづける三論、法相のみならず、南都のあらゆる宗派をも統括し得る原理たりうると期待してのことであったと思われる。和気広世が主催する高雄山寺での最澄を講師とする天台講会に、多くの学僧が参加したのも、その背後には桓武天皇の意志が働いていることを知ってのことであった。その聴講者のなかには、当時南都仏教を代表する一人、大安寺三論宗の善議《ぜんぎ》やその弟子勤操《ごんぞう》らもいた。「勅旨の口宣を蒙って」の参加であっただけに、善議は「謝表」を製して奉献し、天台の玄疏がまさしく釈迦一代の教えを総括し、しかも「独り諸宗に逾《こ》えて一道を示す」として、その「深甚の妙理も、七箇の大寺、六宗の学生の昔より未だ聞かざる所」と称讃の辞をつらね、桓武帝の意を汲んで「三論、法相の久年の争いも、渙焉《かんえん》として氷釈すること、照然として既に明らかなり(3)」と書きつらねている。しかし現実には両宗の相争は終止符をうつことはなかったし、何よりも、法相の代表的な学僧の護命《ごみょう》あたりからは、最澄の講ずる天台玄疏の講説の法脈について鋭い指摘を喚起することになった。この天台講会には護命は参加していない。その理由は、最澄の天台玄疏にかかわる講説は、師伝を受けてのものでなく、最澄自身の独学の成果であることへの非難であったのだ。

最澄はもともと華厳一乗の師授を受けながら、中国華厳宗の大成者法蔵の著作を学ぶうちに、その法蔵が多くを天台法華の智顗《ちぎ》の四種三昧などを援用することを知り、独学で華厳から天台へと転向したのである。その間の事情については言及を控えたいけれども、当時仏教界でもっとも重要視されたのは、自らが学び修める宗学が、どのように正しい法脈によって受けつがれてきたかという点にあった。かくて最澄自身も「幸に天台の妙記を求め得て披閲すること数年」を経て、たとえそのすべてを独学で理解し得たとは言っても、「若し師伝を受けざれば、得たりと雖も信ぜられず(4)」ということで、ここに最澄の天台受法のための入唐が桓武天皇によって推奨されることになるのである。

桓武天皇の対仏教政策にはいささかも変更はなかった。帰国後の最澄を「良《まこと》に国師たり」と称讃し、和気広世に命じて、最澄将来の天台の法文を南都の学僧たちに学ばせるために、その主要な玄疏を七通書写せしめ、それら一通ずつを南都七大寺に安置せしめようとした。つまり宗派を問わず、天台の法文を出家者の必修科目とする計画であったのだ。そのための七通の書写を図書寮《ずしょりょう》に命じ、書写に必要な上質紙はすべて禁中のものを使用せしめたのである。(5)

ところが、これらの天台法文七通の書写がおわり、装潢《そうこう》も完成して南都七大寺へ安置されたのは、嵯峨天皇の弘仁六年（八一五）三月十七日の先帝桓武の国忌の日であった。桓武天皇の勅命による事業でさえ、それが実現するためには十年の歳月を要したことになるのだが、残念ながら、このとき七大寺に安置された天台法文がいかなる玄疏であったのか、天台大師智顗の『摩訶止観《まかしかん》』二十巻の他にはわかっていない。このとき『摩訶止観』の題簽《だいせん》を嵯峨天皇自身が金字で揮毫したと伝えられているからである。

文人の嵯峨天皇は、天台の法文が七大寺に安置された日に、殿上において玄蕃寮《げんばのりょう》の頭《かみ》の真苑《まその》雑物《もち》と最澄の弟子の光定《こうじょう》との間で、法相と天台の教義論争を行なわしめている。(6) 雑物は還俗以前は法相の学僧であったのだ。それ以降、天台と法相との宗義にかかわる論争がしばしば見られるようになり、やがては最澄自身と法相の徳一《とくいつ》との間で、弘仁八年（八一七）春以来、数年にわたる実に熾烈な三一権実《さんいつごんじつ》論争へと展開してゆくことになるのは、桓武天皇の勅旨からみて、きわめて皮肉な歴史の展開と言わざるを得ない。

嵯峨天皇が天台の法文を七大寺に安置せしめたとき、同時に空海に対しても密蔵法文の宣布を促す口宣が下されたと、私は見ている。(7) 唐都長安で師主恵果から余すところなく受け学んだ密蔵の法門を「早く郷国に帰り、以て国家に奉じ、天下に流布して蒼生の福を増」すことを遺誡され、そのためにこそ「期を闕し」ての帰国でありながら、一紀の韜黙《とうもく》を余儀なくされていたのだが、その間の事情を空海は「貧道、帰朝して多年を歴と雖も、時機未だ感ぜず、広く流布すること能わず。水月別れ易く、幻電駐《とどま》り難し。元より弘伝《ぐでん》を誓う。何ぞ敢えて韜黙《とうもく》せんや」という。しかし今や嵯峨天皇の口宣によって広く密蔵の宣揚を決意するに至るのである。「中寿感興の詩并びに序」などによって、その環境はととのえられつつあったと言えよう。

天台法文七通が七大寺に安置収納された弘仁六年三月中旬に、空海は「諸の有縁の衆を勧《すす》めて秘密の法蔵を写し奉るべき文」、いわゆる「勧縁疏《かんえんのしょ》」を撰述して、本格的に密教宣揚に歩を進めてゆくことになる。この「勧縁疏」と密蔵経疏は、まず南都の諸寺にくばられて書写などが依頼された。南都には東大寺戒壇院があって、何と言っても日本の仏教の中心地であったからである。次いで三月下旬からは、下野《しもつけ》の薬師寺戒壇を中心とする東国地方へと使者を派遣して密蔵の宣布につとめ、秋には筑紫観世音寺の戒壇を核として、西国地方にも密蔵法文書写の依頼をつづけてゆくことになる。つまり空海は三戒壇を中心として密教の宣布をはかろうとしたことがわかる。ただ南都の人びとに宛てて密蔵法文の書写を依頼した書状は、残念ながら一通も残っていない。ただ弘仁七年以降、南都学僧らの空海への関心の異常な高まりが、そのことを暗示せしめるだけである。

弘仁六年三月下旬からは東国各地の有力な国司や僧衆に「勧縁疏」を持参せしめ、秘蔵の法文三十五、ないしは三十六巻の書写などが依頼されることになる。このとき使者の弟子僧の康守《こうしゅ》や安《あん》行《ぎょう》にもたせた私信の書写依頼状も幾通か残っている。たとえば「下野廣智禅師」への書状は三月二十六日付であり、「陸州徳一菩薩」へのそれは四月三日付となっている。他にも名前のわかるものには、「甲州藤太守」（甲斐守藤原真川）、「常州藤使君」（常陸守藤原福当麻呂）もあるから、密蔵法文の書写の依頼は僧衆のみに限っていなかったことがわかる。おそらくはそれぞれの国分寺へ安置せしめるためであったろう。

「勧縁疏」の冒頭では、書写を依頼すべき「秘密の法蔵、合して三十五巻」とあり、「具《つぶさ》なる目録は別紙に載《の》せたり」とするも、その目録なるものが現存しないために、これら三十五巻の具体的な経論名を詳かになし得ない。ただ京都栂尾の高山寺には、このとき空海の依頼を受けて、上野国浄土院の教興が書写せしめた『金剛頂大教王経』三巻が現存している。この写本の表紙の見返しには「秘密経王三十六巻、弘仁六年五月依海阿闍梨之勧進、上毛沙門教興書進」とあり、この奥書には「写経生仏子教興」と書かれており、また「経師近事法慧」とあって、書写の日付を「弘仁六歳次乙未六月十八日」と記している。この記述からみて、「勧縁疏」によって書写を依頼した密蔵の法文は「三十六巻」であったことになり、そのなかに不空三蔵訳『金剛頂一切如来真実摂大乗現証大教王経』三巻が含まれていたことがわかる。

『請来目録』において、密蔵と顕教との「教の優劣、法の濫觴《らんしょう》は金剛薩埵五秘密儀軌および大弁正三蔵〔不空〕の表答等の中に広く説くが如し」とあるから、同じ不空三蔵訳の『金剛頂瑜伽金剛薩埵五秘密修行念誦儀軌』一巻とか、あるいは「勧縁疏」のなかに援引される『菩提心論』、詳しくは同じ不空三蔵訳とされる『金剛頂瑜伽中発阿耨多羅三藐三菩提心論』一巻なども、当然含まれていたであろう。

いずれにもせよ、今ここで特に留意すべきことは、この「勧縁疏」には、それ以降、空海によって撰述された殆どあらゆる著作の主要なテーマがすべて内包されているという点である。このことから見て、「勧縁疏」は空海の真言教学形成の一大転機をもたらしたものと言えるだろうし、空海の座標はこの「勧縁疏」において明瞭たり得ているのである。その座標とは、言うまでもなく「法身説法」と「即身成仏」の二大軸の萌芽が明瞭に認められるということである。これらの二大座標が『請来目録』を起点として、「中寿感興の詩幷びに序」へと継承され、それがこの「勧縁疏」において大きな転換を遂げることで、やがて『弁顕密二教論』二巻、『秘密曼荼羅教付法伝』二巻、そして遂に『即身成仏義』『声字実相義』そして『吽字義』などへと帰結してゆくことになる。

この「勧縁疏」が旧来の顕教と新来の密教との弁別の強調から始めるのは、わが国における最初の密蔵法文の宣布を目的とする以上、いわば当然の論述ということになろう。なかでも「一乗、三乗は鑣《くつばみ》を分って生を駈《か》る」とあるのは、『弁顕密二教論』巻上で「若し秘蔵の金剛頂経に拠《よ》らば、如来の変化身《へんげしん》は地前《じぜん》の菩薩および二乗、凡夫等のために三乗の教法を説く。並《なら》びに是れ顕教なり[8]」とあるところからみて、最澄が主張する天台の法華一乗と南都の法相宗との間で続くことになる「三一権実」の熾烈な論争を予見しての記述とも思えてくる。「一乗」とは仏一乗を指し、唯一真実の教えによって、どのような人びとも、すべて一様に仏になれると説く教えをいう。こうした教えは『法華経』や『華厳経』あるいは『勝鬘経《しょうまんぎょう》』などで説かれるのだが、とりわけ『法華経』で強調される。これに対して「三乗」とは、人の素質や能力に応じて、声聞のための教えと、縁覚（独覚）のための教えと菩薩それぞれに異なった固有の実践修行法があるというもの。さらに言えば仏の説いた教法を聞いての修行（声聞乗）、単独で悟りを開こうとする実践（縁覚乗）、自他ともに、すべてが等しく悟りの境地へと達しようとする修道（菩薩道）をいう。これら三乗はそれぞれ別異の道とするのに対して、『法華経』などでは、これら三乗も究極的には仏一乗へと帰一するというのである。

「勧縁疏」では顕密二教を対弁して、「謂わゆる顕教とは、報《ほう》・応化身《おうけしん》の経、是れなり。密蔵とは法身如来の説、是れなり」として、顕教を「因果《いんが》六度《ろくど》を以て宗」とするところから、いまなお「菩薩の行」の範疇にあって、「随他語の方便門」とみるのである。つまり悟りへの階位へと進みつつある人びと（菩薩）のために教えを説示する報身仏と、ありとしあらゆる人びとに対して、それぞれの機根つまり素質能力、文化的環境や時代に応じて、納得のゆくように様々な形で教えを説く応化身である釈導の経典、これらが顕教であると言うのだ。そしてその顕教の特質として因果応報の理法から、「六度《ろくど》」つまりは六種の徹底した菩薩が行なうべき基本的な実践徳目を基幹としていると言う。六度は六波羅蜜《ろくはらみつ》の行とも呼ばれるが、「勧縁疏」で「是れ菩薩の行にして、随他語の方便門なり」とあるのを、軽々に菩薩行の否定と解釈してはならぬことは言うまでもない。六度の菩薩行の深層に秘められる法身の慈悲に思いを致すのが「本有《ほんぬ》の三密《さんみつ》」の自証であり、それこそが「密蔵」であるとするのが、「勧縁疏」の立場なのである。

ただ因果応報の理に安堵して、六度の行を以てすべて事足れりと思案する人びとにとっては、「上は応化の経より、下は論章疏に至るまで、自証を韞《つつ》んで説かず。他病に随って、以て訓を垂《た》る。希有甚深なりと云うと雖も、而も是れ権《かり》にして実《じつ》に非ず」(9)という。つまり顕教のあらゆる経論は、たしかにそれぞれ「希有甚深」な内容を有してはいても、なおそこには「自証」は「韞《つつ》」まれて明白には表われていないというのである。「自証」とは自内証のことであり、根源仏である法身そのものの悟りの境地自体をいう。この境地を、空海はまた「本有の三密」とも表現する。それを更に具体的に「自証の理を説く如義語の真実の説」とも言うのである。

法身とは「真理を基体とするもの」(dharmakāya)というよりも、むしろ「真理そのもの」であって、そのいわば姿形をともなわない抽象的概念としての真理が自ら真理を語り、それを人びとが聴くということなど、常識的には、およそ考えられないことであろう。「本有の三密」が密蔵の教法であるということが、その理解へと導いてくれるように思える。つまり、本来あるがままの根源的な存在自体にそなわっている深秘なる形象(身)、音声(語)、意志(意)の深層的領域での有機的な妙なるはたらき(三密)、換言すれば神秘的存在エネルギーそのものが法身の説法ということであり、それが密蔵の法門つまり教えを如実に示す経典すなわちテクストなのである。

空海はその経典を、ときとして錦繍　綾羅《きんしゅうりょうら》に喩えている。さきに見た「遊山慕仙詩」のなかで、「六塵《ろくじん》、縑緗《けんしょう》に閲《す》ぶ」というのもその一例であるが、「経糸《たていと》を以て能く緯《よこいと》を摂持して綾羅錦繍を成して、男女の身を荘厳するが如く、是の如く真実の語を経《たていと》とし、方便の説を緯《よこいと》と為して法界曼荼羅の錦繍綾羅を織り成して、遍一切処の定恵の身を荘厳す。故に経と云うなり[10]」とあるのは、まさしく「遍一切処の定恵の身」すなわち法身の禅定と智慧の織りなしこそが真理の世界をあらわす経であり、曼荼羅であるというわけだ。「真実の語を経（sūtra）とし、方便を緯（tantra）となす法界曼荼羅」はまさしく「法海は一味」の在りようを如実に示すものでもある。だから「勧縁疏」においても、敢えて「伝法の聖者は秘を知らずして、顕をのみ伝うるに非ず。知りて相譲《あいゆず》る、良《まこと》に以《ゆえ》あるなり」と書き添えてもいるのである。

「勧縁疏」では明白に「密蔵とは法身如来の説」と言い切っている。つまりは法身の説法ということである。この法身説法に関連する記述として、これまで「遊山慕仙詩」に見られる「乾坤は経籍の箱なり」とか、「中寿感興の詩幷びに序」における「禽獣卉木は皆な是れ法音」といった空海自身のことばを指摘してきた。「法音」とは法身の音声とみれば、まさしく法身説法ということになり、この自然界を含めた宇宙存在はまさしくコトバの空間であるということになる。そのコトバとは法身のコトバであることは言うまでもない。常識的に言って、「禽獣卉木」の音声を耳にすることはできたとしても、それが実には法身の説法だと理解することは困難であろう。つまり「禽獣卉木」の自然現象の奥底に、常識的には見聞できない法身のコトバを聞くことができると密蔵では説くのである。それを「果分可説」と言いかえてもよい。

「果分」とは、一般的には仏陀の悟りの内実を言う。しかし井筒俊彦氏はこの「果分」を哲学的に説明して、「意識と存在の究極的絶対性の領域」「絶対超越の次元」とする。だとすれば、常識的には「果分」は言語による表現も思慮分別の範疇も、ともに超えていて、まさしく「不可説」ということになる。

「言語道断《ごんごどうだん》」「心行処滅《しんぎょうしょめつ》」といった術語は『大智度論』で真理を表現するとき、「真理は言語をもって道《い》うことは断たれているし、意識や概念によっては把捉し得られない」ことを意味している。真理そのものは日常的言語や思慮分別を遥かに超えた彼方にあると見るのが伝統的な真理観であった。しかし空海は「真理そのものは遥か彼方にあるのではなくて、自らの心のなかにある」(『心経秘鍵』)というのだ。「勧縁疏」においても、次のように記している。

「華厳の地論《じろん》には果分不可説と述べ、法華の止観《しかん》には秘教不能伝と談ず。空論には則ち第一義の中に言説《ごんぜつ》なしと述べ、有宗には則ち真諦《しんたい》の廃詮談旨《はいせんたんし》を顕わす」[11]。つまり華厳の『十地経論』では因分は説き得ても果分は不可説とし、天台の『摩訶止観』でも深秘な真理は口説することはできないと言う。三論宗の『般若灯論釈』にも仏の悟りそのものである第一義諦、すなわち真理そのものは言語による説示の領域を超えているという。法相宗にあっても真諦つまり絶対真理そのものは談じ論ずることすらできないものだという。しかしこのような真理観は、あくまでも日常の経験世界における認識領域でのことであるのだ。そしてその常識の世界における真理志向の規準こそ教法なのであるが、しかしその「教は是れ迷方の示南なり。衆生の迷衢《めいく》を開示す。仏智を証せんと欲《おも》わば局執すべからず」とも空海は補足記述するのである。

迷方の指南にすぎない教法に局執することなく、「果分可説」のコトバがまさしく「本有の三密」を内実とする「真言」ということになる。それこそが悟りの境地（果分）を言語化することを可能とする異次元のコトバの働きと、井筒俊彦氏はいう[12]。その井筒氏が指摘する「コトバを超えた世界が、実は、それ自体、コトバなのである」というのは、まさしく法身説法それ自体に言及しているのだ。

「勧縁疏」において、今一つ看過できない視点は、「三心平等」のそれである。ここでは師主恵果の説示として、「三心平等の自覚」をあげるのだが、何よりも留意すべき点は「三心平等の自覚」による現身速疾成仏の思考が、『即身成仏義』において成仏の存在論的構造理論として構築されてゆく転機となり得ている事実である。すなわち「勧縁疏」における「三心平等の自覚」による現身速疾成仏を転機として、『実相般若経答釈』の撰述を経てさらに転展し、遂には「秘密神通の最上の金剛乗教」の真髄ともいうべき『即身成仏義』へと帰結してゆくことになるのである。そして今一つ、ここで特に留意しておきたいのは、「勧縁疏」において示される「現身速疾成仏」の教説が、空海自身の見解の披歴ではなくて、師主恵果が告示せるものとして説示されている事実である。この「勧縁疏」では、空海がよく見せる『大日経』なり『金剛頂経』の類いの経典に依拠しての独自説ではなくて、敢えて師主恵果の説示として挙げているのは、一体なぜなのか。その解答は、実に、この一節に先行する次の文章から、明確に読み取ることができるようだ。

貧道《ひんどう》、愚陋《ぐろう》なりと雖も、訓《おしえ》を先師に承《う》けたり。貧道、遠く大唐に遊んで深法を求め訪《と》う。幸《さいわい》に故《もと》の大廣智三蔵の付法の弟子、青龍寺の法の諱《いみな》、恵果阿闍梨に遇いたてまつることを得て、此の秘密神通最上金剛乗教を受学す。

このように記すのは、これ以降に述べる成仏論こそが、不空三蔵―恵果阿闍梨―空海と師資相承された正統かつ正当なる「秘密神通の最上である金剛乗の教え」のまさしく真髄たるべきものであることを仏教界に自覚せしめるためでもあったのだ。煩を厭うことなく、その全文を援引してみよう。空海が唐都長安において、師主恵果から密蔵の教説について、直接に提示を受けてその文義を記した形跡なり記録は、これ以外にはまったく残されていないからである。

和尚告げて曰く、若し自心を知るは即ち仏心を知るなり。仏心を知るは即ち衆生の心を知るなり。三心平等なりと知るを大覚と名づく。大覚を得んと欲《おも》わば、当《まさ》に諸仏の自証の教を学すべし。自証の教は謂わゆる金剛頂十万の偈および大毘盧遮那十万の偈の経、是れなり。此の経は則ち浄妙法身大毘盧遮那仏が自眷属の法仏と与《とも》に法界秘密心殿の中に住して、常恒に演説したまう所の自受法楽の教なり。故《もと》の〔十万偈の〕金剛頂経は自受法楽を説くが故に、此の〔三心平等の〕理趣を説く。応化仏の所説には同じからず。

また龍猛菩薩の云く、自証の三摩地の法は諸教の中には闕《けつ》して書《しる》さず、と。言うこころは、但だ此の秘密の経論の中にのみ説くなり。自外の顕の経論の中には説かざるなり。法身如来より我が大廣智〔不空〕三蔵和尚に曁《いた》るまで、師師伝授して今に六葉。仏陀の深妙も亦た此の教に在り。菩提を証せんと欲《おも》わば、斯の法最妙なり。汝、当《まさ》に受学して自ら覚り、他を覚らしむべし、といえり。(13)

ここで、われわれはすでに述べた『請来目録』における密蔵の正統性と優越性を述べた箇所(14)を想起すべきである。今、この「勧縁疏」の当該文章と対比してみるとき、『請来目録』での記述が完全に師主恵果の提撕《ていぜい》によるものであったことを確認できるだろう。

不空三蔵の正嫡である恵果が、密蔵の「大覚」すなわち悟りの核心を「三心平等の自覚」に在りとするのは、一見、驚きである。たしかに『大日経』「入真言住心品」第一の冒頭には「秘密主よ、云何《いかん》が菩提とならば、謂わく、実の如く自心を知ることなり(15)」とあるし、そこではまた「菩提心を因とし、悲を根本とし、方便《ほうべん》を究竟《くぎょう》とす」とも説かれてはいる。しかし明確に「三心平等」を説くのは『大日経』よりも遥か以前に成立した『大方広仏華厳経』「入法界品」においてである。そこでは「如心仏亦爾、如仏衆生然、心仏及衆生、是三無差別(16)」と説かれている。われわれ自身の心のように仏もまた同然であり、仏のようにありとしあらゆるものも同じ在りようにおいて在る。つまり自心と仏心と衆生心との三者には何ら差別はないのであって、すべては無礙に融通し、つながっているというのだ。

この「三心平等」については、南嶽慧思《なんがくえし》（五一五—七七）の『大乗止観法門』巻一にも言及されているというから、中国仏教では華厳のみならず天台にあってても周知のことであったことがわかる。したがって、この「三心平等」の理念は、わが国の仏教界においても遍ねく周知の事実であったのだ。それをしも、一体何故に、敢えて「三心平等の自覚」を密蔵の大覚と見做すのか。空海自身も、これより早く弘仁四年暮に著わした『金勝王経秘密伽陀』第四巻「最浄地陀羅尼品」でも、「仏智と衆生と即ち我が心とは、円通称入して最も幽深なり」[17]として、三心平等の自覚こそ密蔵の肝心とする。それについて「勧縁疏」ではさらに付言して、「三心平等の理趣」が「諸仏自証の教」として「金剛頂十万偈の経、および大毘盧遮那十万偈の経に説かれている」からとするのである。つまりその典拠を『華厳経』ではなくて、『金剛頂経』および『大毘盧遮那経』の「十万偈」の原本にありとするのである。

「金剛頂十万偈の経」については『弁顕密二教論』巻上の末尾でも言及されるけれども、「大毘盧遮那十万偈の経」とともに実在したか否かは定かでない。『（不空）三蔵和上の遺書』では、「梵夾を討尋すること二十余年」「方《まさ》に瑜伽四千頌の法を授かる」「遍ねく瑜伽を学び、親しく聖跡に礼し、十万頌の法蔵の印可を得て、相伝して来り帝郷に帰る」[18]とあるのを、具体的な一経典と見做すべきか否かの判断は困難である。ただ「勧縁疏」において恵果の告示として挙げられる「故金剛頂経説自受法楽故説此理趣」の一文を、通例「故に金剛頂経に説く、自受法楽の故に此の理趣を説くと」と訓じるのだが、ここで言及される「金剛頂経」は前後の文脈からみて「金剛頂十万偈の経」

を指している。いわば十万偈の経は伝承的要素がきわめて強いのだが、現存しないのは事実である。したがって、私はこの原文の「故金剛頂経」を、現在は既に失われて存在しない「故《もと》の金剛頂経」と訓ずる。つまり、今はなき根本の十万偈の金剛頂経は法身が自眷属の法仏らとともに法界秘密心殿において常に説きつづけている自受法楽として説かれたものであって、そこに「三心平等」の理趣が明確に説かれているというのである。人びとから、その理趣を説く典拠の提示を求められたとしても、それが今は亡き「故《もと》の金剛頂経十万偈の経」であってみれば、応答するに由なきことは明瞭であろう。

　しかしながら恵果が「三心平等の自覚」こそ密蔵で説かれる「大覚」とする直接的な典拠は、不空三蔵訳の『大方広仏華厳経入法界品四十二字観門』および同じ不空訳の『大方広仏華厳経入法界品頓証毘盧遮那法身字輪瑜伽儀軌』各一巻にあったことは明瞭である。ともに悉曇四《しったんし》十二字門《じゅうにじもん》による字義の観想を説くものであるが、特に後者は三心平等を観照体験する「円明字《えんみょうじ》輪《りん》」図を出して、中央に金剛界の大毘盧遮那如来を示す𑖪𑖽（vaṃ）字を置き、円の周囲に𑖀𑖨𑖢𑖓𑖡（a-ra-pa-ca-na）などの四十二字を配して、その字義、たとえば「阿字本不生」といった真実在を観想することによって、「応《まさ》に自心を観察し、心は本より不生にして自性成就」せることを覚るのだが、「復《ま》た応に自心と諸の衆生心と及び諸の仏心とは、本より異有ることなく、平等一相にして大菩提心を成ず」(19)とあるのを典拠とせることは明白であるし、更に今ひとつの典拠として、同じく不空訳と言われる『菩提心論』が自証の三摩地法を説く唯一の論書として援引されるのである。

かくて法身説法は果分可説とともに密蔵の法門の核心とされ、今一方で「三心平等の自覚」こそが密教の大覚と主張することで、旧来の顕教と明瞭な一線を画したのであった。「勧縁疏」の核心は、これら二極の強調だけでなくて、男女、緇素《しそ》を問わず、「此の法門に結縁」することで、つまりは曼荼羅阿闍梨に逢い、曼荼羅壇場に入って結縁灌頂を受け、さらにはまた持明灌頂をも受けることで、「説の如く修法し、理の如く思惟し観想すれば」、まさしく「父母所生の身」、つまりは現身にそのまま菩薩の境位を超越して、速疾に心仏に証入することが保証されていることに、留意を払うべきであろう。「心仏に証入」することは、師主恵果の説示した「三心平等」の自覚ということである。

「中寿感興の詩幷びに序」で明示された「三昧の法仏は本《もと》より具《つぶさ》に我が心」との主張は「勧縁疏」にあってはさらに具体的に師主恵果の「三心平等の自覚」へと転承されてゆくのである。

二　「勧縁疏」への反響

――得ることの晩《おそ》かりしを恨む

「勧縁疏」によって密蔵の法文の書写を依頼した折に附した一、二の私信を紹介しておこう。

幽蘭《ゆうらん》は心なけれども気《き》遠く、美玉は深く居《うずくま》りても価貴《あたいたか》し。闍梨《じゃり》は遐方《かほう》に僻処《へきしょ》すれども、善称は風雲と与《とも》んじて周普《あまね》し、甚だ善し、甚だ善し。貧道《ひんどう》、大唐に遊んで習い得るところの真言の秘蔵、その本未だ多からざるによって、久しく講伝を滞《とどこお》る。今思わく、衆機の縁力に乗じて神通《じんづう》の宝蔵を書写せんことを。所以《ゆえ》に弟子の僧康守《こうしゅ》を差しつかわして彼《か》の境に発《た》ち向かわしむ。冀《こいねが》わくは、かの金剛薩埵《こんごうさった》の悲願に乗じて、待雨の種子を扣勧《こうかん》せんことを。今、康守金剛子に因る。不宣、釈空海白《もう》す。

三月二十六日

下野の廣智禅師　侍童　謹空(20)

「幽蘭」とか「美玉」はともに廣智禅師を指しているのだが、この廣智は、東国の化主とも尊称された道忠《どうちゅう》の弟子であって、下野《しもつけ》や上野《かみつけ》を中心にすでに早く一種の天台教団とも呼ばれるようなグループが存在したとも言われている。その主導者の道忠は鑑真の持戒弟子とも伝えられているが、かつて最澄の一切経書写に多大の助力を行なった人物であり、また最澄に対して、天台宗には菩薩戒こそもっとも相応しいと進言した人物でもあったのだ(21)。最澄の弟子であった円澄も円仁も、もとはすべて道忠の弟子であったのである。

空海は弘仁六年三月の段階で、廣智ら東国の多くの阿闍梨たちとは面識を有してはいなかったろう。たとえばこのとき、同じように密蔵書写を依頼したある阿闍梨への私信では、「古人は面談を貴ばず、貴ぶところは道を同じくするに在るのみ」と書かれていることが、そのことを如実に物語っている。たとえ面識がなくても、志す道を同じくするということで、空海は東国地方の多くの僧たちとも昵懇なる交わりをつづけることになる。さきの下野の廣智禅師へは天長四年（八二七）三月に「十喩詩」を詠じて贈呈して「修行者の明鏡」たらしめている[22]。今一通、挙げてみよう。

摩騰《まとう》遊ばずんば振旦《しんたん》は久しく聾《ろう》し、康会《こうえ》至らずんば呉人は長く瞽《めしい》ならん。聞道《きくならく》、徳一《とくいつ》菩薩は戒珠氷玉のごとく、智海泓澄《こうちょう》たり。斗藪《とそう》して京《みやこ》を離れ、錫《しゃく》を振って東《あずま》に往き、始めて法幢を建てて衆生の耳目を開示し、大いに法螺《ほうら》を吹いて万類の仏種を発揮す。咨《ああ》、伽梵《がぼん》の慈月、水あれば影現《ようげん》す。薩埵《さった》の同事、何《いず》れの趣《ところ》にか到らざらん。珍重、珍重。空海、大唐に入って学習する所の秘蔵の法門、其の本、未だ多からずして広く流布すること能わず。衆縁の力に乗じて書写し、弘揚せんと思欲《おも》う。所以《ゆえ》に弟子の康守を差しつかわして彼《か》の境に馳《は》せ向かわしむ。伏して乞う、彼《か》の弘道を顧《かえり》みて、助けて小願を遂げしめなば、幸甚、幸甚。委曲は別に載《しる》す。嗟《ああ》、雲樹長遠なり、誰か企望に堪えん。時に風雲に因って金玉《きんぎょく》を恵み及ぼされよ。謹みて奉状す。不宣。

四月五日

陸州徳一菩薩 法前　謹空

名香一裹《いっか》、物軽けれど誠重し。捧至せば幸とす。重空[23]。

文中で「其の本、未だ多からずして」というのは、請来した密蔵の経論を未だ多くの部数を複写することがかなわずにいることを指している。当時は一々手筆で転写するほかはなかったのだが、紙はきわめて貴重なものであったのだ。この書状の宛人の徳一《とくいつ》は一説には恵美押勝《えみのおしかつ》（藤原仲麻呂）の九男ともいわれるが定かでない。空海が「風信帖」で最澄らとともに新仏教の宣揚をはかろうとした「室山」すなわち法相宗の修円に師事して法相を学び、後に東大寺にも止住したというも詳かでない。徳一は都の虚飾を厭《いと》って、若年にして東国に移り、会津の恵日寺を中心に民衆の教化につとめた。弘仁八年（八一七）二月以降、東国を巡錫した最澄との間で、激烈な「三一権実論争」を数年にわたって繰り広げたことは有名である。

天台の一乗思想を批判して、法相の三乗教学の至当性を主張したもので、『仏性抄』一巻や『中辺義鏡』三巻などは、すべて最澄との論争書といわれるが、残念ながらまったく残っていない。ただ最澄がこれら徳一の論著に反論した『照権実鏡』、『法華去惑』四巻、『守護国界章』九巻などのなかに、徳一の著作の一部が引かれて残っているに過ぎない。その僅かに残る断片的文章からみても、徳一の鋭い論法と、その緻密さは、推量するに余りあるものがある[24]。

ちなみに、この徳一が「勧縁疏」にかかわって、十一か条の質問を空海へ寄せたと伝えられている。いわゆる『真言宗未決文』（「徳一述」）というのがそれである[25]。これら十一か条にわたる質疑の多くは『大日経』や『大日経疏』の記述にかんするものであって、「勧縁疏」とともに託された他の密教経論は未詳とはいえ、徳一が言及するのは『菩提心論』のみである。すなわち『真言宗未決文』の第三の「即身成仏の疑」の項では、もっぱら『菩提心論』の内容にかんする質疑で占められていて、「勧縁疏」の内容にかかわる発言はまったく、認められない。『真言宗未決文』では、即身成仏すなわち十地の菩薩の境位を超えて仏位に入るのは、ほかならぬ行願、勝義、三摩地によるとの『菩提心論』の所説に対して、「此れに二失有り」とする。すなわち「一は行を具せざることの失、二は慈悲を闕くの失」とする。つまり菩薩行の基本である六波羅蜜のうち、真言の行はただ静慮波羅蜜つまりは観想のみがあって、余の「布施」などの五波羅蜜を欠くことになる。つまり行を欠き、なによりも布施、愛語、利行、同事の四《し》摂法《しょうぼう》を欠くことからしてだけでも、慈悲を欠く仏教などはあり得ないというのだ。

論述としては成り立ち得ないことかもしれないが、「勧縁疏」における密蔵法文の三十五ないし三十六巻のなかには、『請来目録』において「教の優劣は金剛薩埵五秘密儀軌の中に広く説くが如し」と敢えて提示されている儀軌が、おそらく三十五ないし三十六巻のなかに含まれていたことは十分に考えられる。しかも不空訳のこの『儀軌』の冒頭では「夫れ菩薩道を修行し、無上菩提を証成せんとならば、一切有情を利益《りやく》し安楽ならしむるも以て妙道と為す[26]」とあり、しかも末尾では「是の故に菩薩は大智に由るが故に生死に染まらず、大悲に由るが故に涅槃《ねはん》に住せず」と説かれ、さらには「是の故に菩薩の勝慧なる者は、乃ち生死を尽すに至るまで、恒《つね》に衆生の利を作して涅槃に趣かず[27]」とあるに至っては、さきの徳一に帰せられる批判はまったく当たらないことになる。

また第十一の「鉄塔の疑」などは『広付法伝』巻上の第三祖の項で初めてみえるもので、「勧縁疏」との直接のつながりはない。いずれにもせよ、『真言宗未決文』には、さきに言及した最澄への論難で示される鋭意な論旨と舌鋒はまったく感じられないし、空海による『未決文』への反応を示唆するものはまったく残されていない。この『真言宗未決文』は内容、文章ともに稚拙であり、到底、徳一の真筆とは考えられない。

「勧縁疏」は単に東国地方に限らず、西国地方の人びとに対しても、密蔵法文書写の援助を乞う書状の幾つかが残っている。宛人を詳らかにしないが、「西府《せいふ》に一《ひと》たび別れて、今に七年、悵恋已まず」で始まる書状には、「又、大唐より将来する所の経疏、文書等、数本を写し取りて、普ねく流伝を事とせんと思欲《おも》う。紙筆等をも亦た得がたし。また恵みを垂《た》れんことを望む」とあるところから、その事実がわかる。

空海が筑紫を離れて畿内に入り得たのは、嵯峨天皇の即位直後のことであり、それから数えて七年ということになれば、この書状は弘仁六年のものとなる。この書状は、かつての鎮西府の知人に宛てて、密蔵法文の書写のための紙筆などの援助を求めたものであるが、このほかにも、鎮西府の知人に対して法文書写を依頼した書状が残っている。

仲秋已に涼し。伏して惟《おもん》みれば動止万福ならん。某甲《それがし》、大唐より将来する所の経論等、其の数は稍《かな》り多し。数本を写し取りて普ねく流伝を事とせんと思欲《おも》う。この故に鎮西府に在りし日、敢えて以て紙筆等を干《もと》め祈《もと》む。便ち恩許を垂《た》れ訖《おわ》んぬ。然りと雖も、未だ顧恵《こけい》を蒙らず。悚歎極めて深し。恐らく大人ならば故《こと》多くして小事を忘却せん。所以《このゆえ》に重ねて視聴を煩《わずら》わす。謹み

て状を奉る。不宣。謹みて状《もう》す。(28)

この書状も、さきの鎮西府の人に宛てたものとのかかわりから、弘仁六年八月のものと見做すことができる。だとすれば、すでに指摘したように、空海は弘仁六年三月中旬にはまず南都での「勧縁疏」による密蔵宣布にとりかかり、季春から中夏にかけては東国地方、そして中秋以降は西国の知人を介して、密蔵法文の書写勧進によって、密教宣揚に力を尽したことがわかる。なかでも南都の仏教界にあっては、著名な学僧の幾人かが密蔵の法門に対して大きな関心を寄せたことがわかっている。その一人が大安寺の勤操《ごんぞう》であり、東大寺の奉実《ほうじつ》であった。

最澄の股肱の弟子といわれた光定《こうじょう》は弘仁三年（八一二）四月十一日に、東大寺戒壇院で具足戒《ぐそくかい》を受けているが、そのときの戒和尚が東大寺の奉実であった。(29) この奉実について『元亨釈書《げんこうしゃくしょ》』巻二では「年八十に及び、始めて密宗を学ぶ。耽味して寝飡《しんさん》を忘る。之を得るの晩《おそ》きを恨む。年八十四にして亡ず。弘仁十一年なり」(30) とある。奉実の八十は、右の記述からすれば弘仁七年となるが、「勧縁疏」とのかかわりがあってのことであったと思われる。

さらに留意すべきは、空海が「故《もと》の贈僧正勤操大徳の影讃幷びに序」において、「貧道と公とは蘭膠《らんこう》なること春秋已に久し」とし、続けて「弘仁七年孟秋、諸の名僧を率《ひき》いて高雄の金剛道場において三昧耶戒《さんまやかい》を授け、両部の潅頂に沐せり」(31) と記している事実である。この「諸の名僧」のなかには、さきの東大寺の奉実も含まれていたであろうが、残念ながら、このときの「潅頂《かんじょう》暦名《れきみょう》」は散佚して伝わっていない。「勧縁疏」による密蔵法文の宣揚は南都の多くの高僧らをして密教の戒である三昧耶戒を受けしめ、かつ両部の持明潅頂を沐せしめることで、かれらはまさしく真言の僧徒たり得たのであり、南都の諸寺に密蔵が定着し始めたのである。なかでも東大寺の奉実は高齢ながらも密教の真髄の尋求に寧日なきありさまであった。奉実が空海に直接質問した事項への解答が、『実相般若経《じっそうはんにゃきょう》 答釈《たっしゃく》』として残っている。

この『答釈』の冒頭には、「円蔵小師、至りて枉問《おうもん》す、喜慰《きい》何ぞ言わん。兼ねて実相般若中の四処の疑滞《ぎたい》を垂問《すいもん》せらる。遍照《へんじょう》〔空海〕無才にして何ぞ不譲《ふじょう》に当らん。略して秘趣を敷《の》ぶ。惟《おも》うに垂覧せられよ」とある。円蔵とは「小師」とあるから、当然使者である。この『答釈』の末尾には、概略については御返事をしたためたものの、実際に密蔵の法門を受けるお気持ちがおありなら、

面にあらずんば得ず。惟《おも》うに悉《しつ》を垂れよ。還使途《みち》に立つ。縷《くわ》しく説くこと能《あた》わず。略して一隅を挙ぐ。疎簡《そかん》を嫌うこと莫《なか》れ。沙門空海、釈して上《たてま》つる。弘仁八年八月二日

東大寺臨壇華厳和尚道前(32)

さきの光定の具足戒の戒和尚についての記述からみても、この「東大寺臨壇華厳和尚」とは東大寺の奉実その人を指す。「還使途に立つ」をあるところから見て、この四処の質問に対する解答の

概略は、使者の円蔵を待たせての執筆であったことを示唆している。

『実相般若経』とは、空海が請来した不空三蔵訳『金剛頂瑜伽般若理趣経』一巻の旧訳であって、菩提流支《ぼだいるし》訳『実相般若波羅蜜経』一巻を指す。この経自体は修行者が本尊の種子《しゅじ》を観想することで、その種子が本尊となり、その本尊が般若の理趣の清浄なる義を説くというもの。つまりは「ありとしあらゆる存在は、本来的には自性清浄である」ことが説かれるのだ。この経は全七巻十五段から構成されるが、このなかの四か所に関する疑問を空海に質《ただ》し、それに対する表層的解説が、この『答釈』なのである。その四問すべてについて詳述することは控えざるを得ないが、第一の質疑は「人ありて日々に受持し、読誦し、思惟し、修習すれば、即ち現身に一切法平等性の金剛三昧を得《え》、余の十六生に当《まさ》に一切の法門において自在《じざい》遊戯《ゆうけ》快楽《けらく》を得、乃至、当に諸仏如来の金剛の身を獲《う》べし(33)」という部分に関するもの。

この部分はまさしく「勧縁疏」の末尾で「此の法門に結縁して書写し、読誦し、説の如く修行し、理の如く思惟せば、則ち三僧祇《さんそうぎ》を経ずして、父母所生の身に、〔菩薩の〕十地の位を超越し、速かに心仏に証入せん」とあった部分にも相応しているし、「十六生」については夙に『請来目録』において言及していた概念であった。この部分の『答釈』で、空海は「十六生」を『菩提心論』に説かれる金剛薩埵から、ないし金剛拳に至る十六大菩薩の境位、つまりは十六尊の三昧の境地が修行者自身に現出し、遂には法身大日如来の自証の三昧へと証入すると言う。

第二の疑問は、この経で「三界の一切衆生を殺害すとも、終《つい》に斯れに因りて悪道に堕せず。何を以ての故とならば、已に調伏心律儀《じょうぶくしんりつぎ》を受くるが故に[34]」と説くことについてであった。十戒の冒頭に「不殺生戒」がおかれる仏教の基本的な戒律観からみて、当然困惑を生ずる質疑と言わざるを得ない。この『実相般若経』に相応する不空三蔵訳『大楽金剛不空真実三摩耶経』「般若波羅蜜多理趣品」の当該箇所でも、「金剛手よ、若し此の理趣を聞きて受持し読誦すること有らば、設《たと》い三界の一切の有情を害すとも悪趣に堕せず。調伏《じょうぶく》を為《もっ》ての故に、疾《と》く無上正等菩提を証すべし[35]」とある。

この「如来の説法」にこそ、人びとは「顕密の二意を具す」ことを、如実に知らねばなるまい。この如来の説示を文字どおりに解釈して受容することなどは、常識的に考えて有り得ないことぐらいは判断できるだろう。不空三蔵自身、このいわゆる『般若理趣経』に対する注釈『理趣釈』巻下で、この「一切有情」とは貪瞋癡《とんじんち》の根本煩悩によって、常に迷いの世界を生々流転しつづけ、苦悩しつづけているものを指すという。もしも「般若の理趣」つまり真実の仏の世界へと至る道理によって、迷界への輪廻が断ち切られるならば、もはや一切の有情は悪趣に堕することもなく、貪瞋癡の三毒も調伏されて、速かに、こよなき悟りを、自らに体現できると注釈している[36]。

かくて空海もまた、同様に「三界」とは「三毒」とし、すべての人びとは、この「三毒」すなわち貪（むさぼり）、瞋（いかり）、癡（おろかさ）の根本煩悩によって、あらゆる迷いの苦しみを受けるのだ。修行者は本来あるがままの真実在、つまりは法身に内在する身と語と意の深秘なる働き、換言すれば真実在の存在エネルギーの顕われである金剛律儀、すなわち永遠不滅の「自然《じねん》のおきて」から見れば、これら三つの根本煩悩とても迷妄の仮象なのであって、本来何ものも生ずることはないという実相が見えてくる。「三界の一切の有情を害す」とあるのも、迷妄の世界へ堕する原因を断つということであるのだが、この一見、無謀とも思える説示の奥底には、如来の密意が秘められていることを忘れてはならぬ。空海がこの質疑への答釈で、「若し文の如く義を取らば、謂わゆる仏の賊なり。知らざるべからず」と付言しているのは、蓋《けだ》し当然である。

ここでわれわれは、特に第三問に対する空海の答釈に留意しておかねばなるまい。それは、密蔵の真髄は単なる論談による教理の構築にあるのではなくて、「説の如く修行し、理の如く思惟」する両面を必須とする点にあるということである。これが後には事相と教相とは両輪のごとしと言われるようになるのだ。当然ながら、密蔵の経論の単なる「筆授」のみを以て良しとせず、師資相承の「面授」によってこそ、密蔵の法門は正しく伝承されるというのが、この『実相般若』に対する第三問への釈義で強調される点である。

その第三問は、一切諸法を空《くう》であり無相《むそう》であり無願《むがん》であって、自性清浄であると説くことへの質疑である。一般に「空・無相・無願」は三解脱門《さんげだつもん》とか三空観門《さんくうがんもん》と呼ばれる禅定とか三昧の修法をいう。あらゆる存在はそれ自体、独自的本性をもたないから「空《くう》」であり、それ自体、独特な形象を実際には有していないのだから「無相《むそう》」であり、本来、それ自体が願求《がんぐ》の思いなど在るべきはずもない在りようにおいて在るのだから「無願《むがん》」と言える。『実相般若経』（『理趣経』）では、さらにこの「三解脱門」に加えて「一切諸法は自性清浄なり、般若波羅蜜は清浄なるが故に」とする。この境位を空海は「金剛利菩薩の三摩地」とし、顕教の名称で表現すれば「文殊師利菩薩の三昧」とする。因みに『理趣経』では、この段における文殊菩薩の密教での名称を一切無戯論《いっさいむけろん》如来とするのだが、空海の『答釈』では「此れに二義有り、顕と密とは同じからざるが故に」として、まずは顕教の解釈を示す。さきに述べた、いわゆる三解脱門の常識的な解説であるが、質問者の奉実にとってみれば、この顕教的な説明などは十分に承知のことであったろう。

ここでは第三の「無願」についてのみ注意を払ってみる。「空」「無相」にかかわる三昧の現前によって、すでに「自他の身心なく、身心なければ、当然ながら、自他の境界もなく心境一相」ということになり、望み願うものとては一物たりとも実在しないことに気づく。「三界の果報も菩提涅槃をも願わず」ということは、その果報も菩提涅槃も「本有《ほんぬ》」なるが故であり、法爾として「自有」なのである。しかしその「本有」「自有」なる自覚は、いかにして可能となり得るのか。ここに「次に密の義」を挙げる所以が不可欠のものとなるのであるのだが、「此の四句は四種の文殊三摩地なり。この密観は紙に染むること能わず。対面して伝授するのみ」とあるのは、まさにその密義は筆授ではなくて、面授によってのみ体得できるというわけである。

この「三解脱門」に加えて、「理趣般若」の第四の解脱門、「諸法は光明なり、般若波羅蜜多は清浄なるが故に」という金剛利菩薩の三摩地門、さらに言えば「転字輪の般若理趣」の義を、果たして奉実は空海に就いて面授し得たのかどうか、もとより知り得べくもない。しかし南都の仏教界をはじめ、多くの関心が空海の身上へと注がれ始めた経緯は、「勧縁疏」を転機として紡がれてゆき、やがて『弁顕密二教論』二巻、『即身成仏義』『声字実相義』そして『吽字義』各一巻などの錦繡綾羅の縑緗《けんしょう》へと織りなされ、帰結してゆくことになる。

三　顕密二教の対弁
――諸仏の談話、是れを密蔵と謂う

時機未だ感じざるが故の一紀にわたる空海の韜黙《とうもく》も、「勧縁疏」によって漸く終焉を告げることになる。弘仁六年（八一五）三月中旬のことであった。延暦二十五年（八〇六）正月に最澄の上奏によって天台法華宗の創立が勅許されるや、旧来の南都の六宗もそろって復活し、ここに七宗が併立することになる。しかしこれらの七宗を空海は「勧縁疏」では「随他語の方便門」の顕教とし、自ら請来した密蔵の法門こそ「本有の三密を以て教と為し、具《つぶさ》に自証の理を説く如義語、真実なる説」と主張するのである。かくて、すでに触れたように、「華厳の地論には果分不可説《かぶんふかせつ》と述べ、法華の止観には秘教不能伝と談ず。空論には則ち第一義の中に言説《ごんぜつ》なしと述べ、有宗には則ち真諦《しんたい》の廃詮談旨《はいせんたんし》を顕わす」(37)として、華厳、天台、三論、法相の諸宗は所詮、常識的領域を出るものでないことを批判するのだ。

この空海の主張に対して、いわゆる四家大乗《しけだいじょう》の学僧からの反論もあったろう。自らの主張を確固不動たらしめるためには、さらなる論述を余儀なくされたことも、あるいはあり得たかもしれない。「勧縁疏」の撰述から、それ程の時日を措くことなく著わされたと思える『弁顕密二教論』二

巻が、そのことを類推せしめる。この撰著は、そのタイトルからも明らかなように、『請来目録』以来、主張しつづけてきた顕教と密教との浅深優劣の弁別を説示することで、新来の密蔵の法門の存在を、わが国の仏教界に認知せしめようとするものであった。

空海が旧来の仏教を「顕教」と表現して密蔵と対比するのは、すでに幾度も指摘したように『請来目録』以来のことである。そして「顕教」という名称の典拠は、『請来目録』において「教の優劣」を示すものとして挙げる『金剛薩埵五秘密儀軌』自体である。詳しくは不空三蔵訳『金剛頂瑜伽金剛薩埵五秘密修行念誦儀軌』一巻であるが、ここでは「顕教において修行せる者は、久しく三大無数劫を経て、然る後に無上菩提を証成す。其の中間において十進九退す[38]」とあるのが、それである。この儀軌自体のなかに「顕教」との対比における「密教」という用語は認められないが、後で述べるように、不空三蔵自身がすでに「密教」という術語は使用している。

ちなみに、この『五秘密儀軌』の冒頭では「夫《そ》れ菩薩道を修行し、無上菩提を証成せんには、一切有情を利益《りやく》し安楽ならしむるを以て妙道と為す」と説く。このことは空海自身が唐の朝廷に帰国を申請した啓状のなかで、師主恵果から受け学んだ密教の特質を「氛《ふん》を攘《はら》い祉《さいわい》を招く摩尼《まに》、凡《ぼん》を脱《まぬ》がれ聖に入る嘘徑《きょけい》なり」とするのと完全に軌を一にしていると知るべきである。人びとの現実的な福祉の実現を意のままにはかること自体が、実はそのまま「脱凡入聖」すなわち悟りへのもっとも近道というわけである。この事実を密蔵の特質として、後の「中寿感興の詩幷びに序」では、「二諦の真俗は倶《とも》に是れ常住なり」と表現していた。つまり現世利益と現身速疾成仏とは別異のことがらではないということであり、そこにこそ密蔵法門の一大特質があるというわけである。その根拠として示されるのが、密蔵の一大特質である「法身説法」なのである。

不空三蔵訳の『金剛薩埵五秘密儀軌』では声聞や縁覚の二乗の人は道果を証すとはいえ、無辺の有情を利益《りやく》し安楽ならしめることはできないとして、「顕教」の名を出していた。この『五秘密儀軌』自体のなかには、さきにも触れたように「密教」という用語は認められないが、逆にその不空自身はいわゆる『不空三蔵表制集』のなかで「密教」という術語を稀れに使用することはあっても、その「密教」との対比において「顕教」を用いることは全くない。円照が集成した『不空三蔵表制集』巻一では、「其の教に准じて宜しく頓あり、漸あり。漸とは声聞小乗が学処に登壇するを謂い、頓とは菩薩大士が法門に潅頂するを謂う[39]」として、漸教と頓教の対比の基準として「受戒」と「潅頂」をあげるのは、さきの『五秘密儀軌』と同じである。この『儀軌』では、さきに援引した「顕教」への言及につづけて、「若し毘盧遮那《びるしゃな》仏自《ぶつじ》受用身《じゅゆうしん》が説く所の自覚聖智の法、および大普《だいふ》賢金剛薩埵《げんこんごうさった》他《た》受用身《じゅゆうしん》の智は、則ち現生において曼荼羅阿闍梨に遇逢し、曼荼羅に入ることを得」として、密教の特質が阿闍梨に逢うて曼荼羅に入り、潅頂を受けることで、まさしく「一覩《いっと》に成仏」が可能となることにあると言うのである。その根拠が「法身説法」にあることについては後に言及することがあろう。

顕密の用語については、中国仏教では夙に『大智度論』において「小乗は顕示教なり、大乗は秘密教なり」との記述のあることが指摘されているし、吉蔵（五四九―六二三）はその著『法華玄論』

巻一で、仏法に二種ありとして「一には顕示法、二には秘密法なり」とし、顕示法を方便の三乗の教法、秘密法を甚深の一乗の教法とすると言うから、古くから顕密二教の分類による教の優劣論の主張は存在していたことがわかる。しかしその顕密の優劣概念は必ずしも一様でなく、顕示の法こそ秘密の法に優るとの主張も往々にして存在したことが認められるという(40)。

いずれにもせよ、あらゆる仏法を顕密の二教に分類集約して、仏の三身のうち、「応身と化身」すなわち報身仏と応化仏によって説かれた教法を顕教とし、法身の説法を密蔵として、法身の説法こそ深秘で秀逸なるものと定義したのは空海をもって嚆矢とすることに異論はあるまい。『弁顕密二教論』の冒頭で、「夫れ仏に三種あり、教は則ち二種なり。応化の開説を名づけて顕教と曰う。言《ことば》は顕略にして機に逗《かな》えり。法仏の談話《だんかい》、之を密蔵と謂う。言は秘奥にして実説なり(41)」とあるのが、それである。『二教論』撰述の意図を述べたものと見ることもできよう。

ここで「応化」とあるのは報身仏と応身仏を指す。報身仏とは、過去の善根《ぜんごん》功徳《くどく》の願いと修行の「報《むく》い」として出現した仏を指し、法蔵菩薩の後身としての阿弥陀仏などは報身仏と言われる。それに対して応身仏とは、衆生を救うために、人という限りある存在として現われ、人びとの能力や素質、あるいは環境や時代などに応じて、人の言語で教法を説き示す仏を指す。いわゆる釈迦牟尼仏がそれである。「仏説」として伝わる経典は、この歴史上の仏陀、釈尊が説示したものを、釈尊なき後に、釈尊の正統な弟子と称する人びとによって編纂されたものである。「応身仏」である釈尊の説法をまとめた「経」がすべて「如是我聞」つまり「私はかつて、このように聴きました」という定型句で始まるのは、そのためである。

歴史上の釈尊は自らの説法を文字で書き残すことはしなかった。もっとも釈尊の在世当時に東北インドにすでに文字が使用されていたか否かは定かでないとしても、仏説の経とは釈尊の入滅後に、多くの説法を聴聞した弟子たちが結集《けつじゅう》したもの、すなわち合誦して納得できたものを編集したものと言われている。その限りにおいては経典の言語は人びとが語る現実的なことばであって、そのことばの表面的な意味を読む限りにおいては、確かに顕略であることに異論はない。それゆえに応化身の説法を「顕教」と言うのだが、それを浅略と理解するのは、飽くまでも経典の文字の表層的現実的な意味のみを理解してのことなのである。『二教論』において特に強調されることはないとはいえ、「夫れ如来の説法は必ず顕密の二意を具す」[42]というのは、空海の生涯変わることのなかった見解であったのだ。字相に対する字義の読み解き、すなわち一々の文字の奥底に本来的に内在する深秘なる密義の読み解きは、空海独自のコトバ論として『声字実相義』や『吽字義』において明示されることになる。

「応化の開説」に対して、『二教論』の冒頭では「法仏の談話、是れを密蔵と謂う。言は秘奥にして実説なり」とする。「法身」とは純粋に真理そのものを指し、またその真理そのものの体現をも示している。純粋に「真理そのもの」と見た場合、その法身は常識的にみて色も形もあり得ず、あらゆる言語や思慮分別を超えている。そのことが「言語《ごんご》道断《どうだん》」とか「心行《しんぎょう》所滅《しょめつ》」と表現されるのだ。つまり「法身」とは「コトバの彼方、コトバを越えた世界、人間の通常のコトバをもってしては叙述することも、表現することもできない形而上的体験の世界」[43]ということになる。その法身が説法するとは、どのような事態を指しているのか。われわれはその解答をすでに「中寿感興の詩幷びに序」における「禽獣卉木は皆な是れ法音」のなかに見出しているのだ。「法音」とは「法身の発する音声」であり、その音声が禽獣卉木の自然界そのものであるとすれば、法身とは音声すなわちコトバそのものということになる。しかし常識的な認識論からすれば自然界の音声あるいは自然界そのものが絶対真理そのものとの理解は得がたいということになる。『二教論』の冒頭で、「この故に天親《てんじん》の『十地《じゅうじ》』には因分可説の談を馳せ、龍猛《りゅうみょう》の『釈論《しゃくろん》』には円海不談の説を挟む」として、世親の『十地経論』では経験世界における修行の段階での境位を説き示すことはできるとしても、龍樹が『釈摩訶衍論』のなかで論示しているように、仏の悟りの内実、絶対真理の世界そのものは通常の言語表現をはるかに超えた境地であって、人間のことばをもってしては表現することも説示することもできない領域とみるのが、顕教一般の考え方だと空海は言う。しかしここで注目したいことは、顕教を伝えてきた法将たちとても、「深義《じんぎ》を会《え》して浅に従い、秘旨《ひし》を遺《のこ》して未だ思わず」と述べている点である。つまり龍猛にしろ世親にしろ、かれら顕教の法将とても果分の深秘なる実義は会通《えつう》しながらも、あらゆる人びとに対して、果分への道程である因分のみでも理解せしめようとして、敢えて浅略的解釈を示しているのだと見做していることに注目したい。つまり、かれら顕教の法将とても、如来の説法には必ず顕密の二意あるを知りつつも、多くの人びとを教導するために、敢えて深密なる秘釈は胸中に伏せて、口説《くぜつ》の浅略趣のみを、悟りへの「因分」として説示するというのである。

その深密なる秘釈である「果分可説」、言い換えれば「法身説法」こそ、空海が『弁顕密二教論』において、密教を旧来の顕教から弁別する根幹なのである。法身の説法こそが秘奥にして実説とするのだが、一時的には「法身」とは「色もなく像もなく、言語道断し、心行所滅して、説もなく示もなし」と述べられている。言語表現も思慮分別の領域をはるかに超えているはずの「法身」、つまり絶対真理の世界そのものが「説法」するとは、いかなる事態を指してのことか。井筒俊彦氏の表現を借りて言えば、コトバの領域を超えた絶対超越の次元がコトバを語るということになる。そのコトバとは、声とか文字によるのだ。その声とか文字、つまりはコトバは本来的に「六塵」すなわち、色、声、香、味、触、法の全存在領域を基体とするものと『声字実相義』では説く。だとすれば、絶対超越の次元としての「存在」そのものは、またコトバそのものということになろうが、空海自身の記述に戻ろう。

「如今《いま》、何儞《なんじ》が法身の説法を談ずること、其の証は安《いずく》にか在るや。答う、諸経論の中に往々に斯の義あり。然りと雖も、文は執見に随って隠《かく》れ、義は機根を逐《お》って現わるのみ」と自問自答する。そして顕密の差別を示す典拠として、七言四句の偈頌の型式で次のように述べる。

五秘金峯聖位経　　遮那楞伽教王等
菩提智度摩訶衍　　如是経論簡択説

不空訳『金剛薩埵五秘密儀軌』一巻、金剛智訳『金剛峯楼閣瑜加瑜祇経』二巻、不空訳『分別聖位経』一巻、善無畏訳『大毘盧遮那経』七巻、菩提流支訳『入楞伽経』十巻、不空訳『金剛頂大教王経』三巻、不空訳『菩提心論』一巻、羅什訳『大智度論』百巻、筏提摩多訳『釈摩訶衍論』十巻の六経三論を指す。これらの経論のなかで、いわゆる『大日経』七巻、『入楞伽経』十巻、あるいは『大智度論』などを除いた経論は、弘仁六年三月の「勧縁疏」に見られる密蔵法文三十五ないしは三十六巻のなかに含まれていたかもしれない。ただ最後に挙げられる『釈摩訶衍論』十巻は、馬鳴《めみょう》の『大乗起信論』に対する龍樹の注釈とされ、わが国へは宝亀九年（七七八）の末か翌年の初春に帰期した留学僧戒明《かいみょう》によって、はじめて将来された。しかし当時、大学頭であった淡海三船《おうみのみふね》や僧綱の賢璟《けんけい》らによって偽撰とされて、「早く蔵匿して流転すべからず」と忠告されて、いわば禁書扱いとされた曰《いわ》く付《つ》きの論書であった(44)。しかし空海がこの論書の一部を『聾瞽指帰』に援引している事実は、すでに早くから空海はこの論書を重視していたことを示唆している。いずれにもせよ、『二教論』巻上では、これらの典拠によって顕密の対弁を論じているが、その対弁の基軸は現実の南都の仏教、なかんずく三論と法相との両宗の間での空有論争における「言断心滅」「心言倶絶」をともに顕教の分際と断定することで、密教の存在意義を明白ならしめる意図が、この『二教論』には深く込められていたと見る学者もいる(45)。

『二教論』巻上の末尾に近く、空海は『釈摩訶衍論』に説かれる五種言説と十種心量に言及するが、その言及が果分についての「言語道断」「心行所滅」との顕教の所談を念頭においてのことであるのは明白である。ここで言及される「五種言説」とは「相言説、夢言説、妄執言説、無始言説および如義言説」をいう。そして「十種心量」とは「眼識心、耳識心、鼻識心、舌識心、身識心、意識心、末那識《まなしき》心、阿羅耶識《あらやしき》心、多一識心、そして一一識心」をいう。

五種の言説のなかにあって、前四種の言説はいずれも妄念（戯論《けろん》）による多様化（妄分別）によるものであって、人間の意識が妄想的に分別した言説ということになり、当然ながら、これら四種の言説は真理そのものとかかわりを有し得ない。かくて第五の如義言説のみが真理そのものとかかわりを有すると説く。つまり常識的には「言語道断」と表現される「果分」すなわち絶対超越の領域である真理そのものが、「如義言説」つまりは真言であるというのである。

このことは「十種心量」についても同様であって、前九種の識心は真理そのものに対しては「心行所滅」の領域にあり、第十の「一一識心」すなわち真理そのものと一如平等の唯一心こそ、唯一、真理とかかわりを有する心量ということになる。「中寿感興の詩幷びに序」において、「三昧の法仏は本より具《つぶさ》に我が心なり」とあったことを想起すべきである。それ故にこそ、空海はここで『菩提心論』を援引して、「三摩地《さんまじ》の法」すなわち「自性法身所説の秘密真言の三摩地門」こそ、密蔵の法門の肝心とするのである。それは、法身が説く真実なる如義語、つまり真言《マントラ》を、空海はしばしば「梵〔語〕には曼荼羅《マンダラ》と云う」と説明する。そのことは法身そのものが実はそのままに真実なるコトバそのものであることを意味するし、さらには法身の語る真実のコトバはそれ自体、真実なる存在そのものであることをも示唆している。それは『声字実相義』などで、「此の真言は何物をか詮するや。能《よ》く諸法の実相を呼んで不謬不妄なり。故に真言と名づく」とあるのに相応すると言えよう。通常、真言の梵語はマントラ（mantra）であるが、これを空海は敢えてマンダラ（maṇḍala）と見做すのだ。それは真実の存在は真実のコトバを当体とするということになり、さらに言えば、真理の世界、仏の世界は真実のコトバそのものということにもなる。これがまさしく「法身説法」ということなのである。

そのことはまた『分別聖位経』の序で、不空三蔵が「夫れ真言陀羅尼の宗は、是れ一切如来の秘奥の教、自覚聖智の頓証の法門」と記すのと軌を一にするものとも言える。それ故にこそ『二教論』巻下では、法宝としての「陀羅尼門」への言及に力点を置いているのである。

『二教論』巻下の冒頭では、自らが唐都長安で最初に師事したインド僧般若三蔵が入唐の後、最初に翻訳し、空海の帰国にあたって直接に託した『大乗理趣六波羅蜜経』第一を援引して、「法宝」への言及から論述を始めている。そしてこの『六波羅蜜経』が説く「五味五蔵」の教判をもって、顕密二教の弁別の根拠たらしめているのである。その仏法における五蔵とは、一に素呾纜《そたらん》（sūtra 経）、二に毘奈耶（vinaya 律）、三に阿毘達磨（abhidharma 論）、四に般若波羅蜜多（prajñāpāramitā 慧度）、五に陀羅尼（dhāraṇī）の法門をいう。これらの五蔵があたかも牛乳などの五味に比せられて、牛乳が順次に、乳《にゅう》、酪《らく》、生蘇《せいそ》、熟蘇《じゅくそ》および醍醐《だいご》へと精製されて、段々と味の深みを増してゆくように、五蔵の法門にもまた浅深の次第があって、五味のなかで醍醐味が最上味であるように、五蔵にあっては陀羅尼蔵をもって最上の妙法とするのである。そのことを空海は「契経は乳の如く、調伏〔律〕

は酪の如く、対法教〔論〕は彼《か》の生蘇の如く、大乗般若は猶《なお》し熟蘇の如く、総持《そうじ》門《もん》は譬えば醍醐の如し」[46]とし、続けて「醍醐の味は乳、酪、蘇の中に微妙第一にして、能く諸病を除き、諸の有情をして身心安楽ならしむ」とし、また「総持門は契経等の中に最も第一なり。能く重罪を除き、諸の衆生をして生死を解脱し、速かに涅槃安楽の法身を証せしむ」と結論づける。つまり陀羅尼蔵である密教こそが、衆生をして本来在るがままの境位へと導き、法身すなわち絶対真理そのものとの即一を頓に自覚せしめるというのである。

「勧縁疏」や『二教論』と相前後して撰述されたと思われる『梵字悉曇字母并びに釈義』において、空海は「謂わゆる陀羅尼とは梵語なり。唐に翻じて総持と云う。総とは総摂、持とは任持なり。言うこころは一字の中において無量の教文を総摂し、一法の中において一切の法を任持し、一義の中において一切の義を摂持し、一声の中において無量の功徳《くどく》を摂蔵す。故に無尽蔵とも名づく」[47]と言う。つまり陀羅尼の文字には如来所説の一切の法の実義が包摂されていて、それ自体まさしく無尽蔵なのだ。その限りにおいて陀羅尼蔵である密教の法門には一切の法門が総摂任持されていることになる。『二教論』巻下で、五蔵はすべて「一味和合」とする所以もまた、そこにある。つまり「契経」ないし「大乗般若」の法門も、すべて本来的には「総持」の陀羅尼蔵へと統括されるのだ。五蔵各々の所説の一々の教相、すなわちそれぞれの教法を説く文字の一々を世間的な日常の意味でのみ解釈し理解するのは浅略趣の顕教であり、一々の文字の奥底に秘められる深義を解《さと》れば、それが「出世間の陀羅尼の文字」ということになり、仏智そのものの具現たる密蔵の法門なのである。

この五蔵五味の理論を特定の一経典に該当せしめて意味の深みへと沈潜し、その経典自体における諸種の所説が、陀羅尼蔵の法門すなわち「秘蔵真言分」へと総括包摂されることを説くのが、空海の最晩年の著作である『般若心経秘鍵』なのである。ここで余談ながら、後世、鎌倉期の法然上人《ほうねんしょうにん》は自著の『選択本願念仏集《せんじゃくほんがんねんぶつしゅう》』の「念仏を讃歎するの文」において、「弘法大師の二教論に、六波羅蜜経を引いて云く」として、前述の五蔵五味について関説する文を実に長々と援引して、念仏もまた醍醐と同じく、念仏三昧は陀羅尼つまりは総持の如しとするのは注目しておいてよかろう。

なかでも『二教論』において、「また有情あって諸々の悪業を造り、四重、八重、五無間罪《ごむけんざい》、謗方等経、一闡提《いっせんだい》等の種々の重罪をして銷滅《しょうめつ》することを得しめ、速かに解脱し、頓《と》く涅槃《ねはん》を悟る。しかも彼のために諸々の陀羅尼を説く」との説示をあげ、さらに「総持門は」「よく重罪を除き、もろもろの衆生をして、生死を解脱して速かに涅槃安楽の法身を証せしむ」とあるのを引いて、法然上人は次のように述べる。

「この中、五無間罪はこれ五逆罪なり。即ち醍醐の妙薬にあらずば、五無間の病、甚だ療し難しとす。念仏もまた然《しか》なり。往生の教の中には、念仏三昧はこれ総持の如く、また醍醐の如し。もし念仏三昧の醍醐の薬にあらずば五逆深重の病は甚だ治し難しとす。まさに知るべし(48)」として、念仏を空海が主張した陀羅尼と同等と見做している事実は、日本仏教史の上からも留意しておいてよかろう。

註

（1）『類聚国史』巻一九九、仏道部六「諸宗」（新訂増補國史大系、二三七頁）。
（2）右同、二三八頁。
（3）『叡山大師伝』（『伝教大師全集』巻五、附録一〇頁）。
（4）右同、一一頁。
（5）右同、二一頁。
（6）光定撰『伝述一心戒文』巻上（『伝教大師全集』巻一、五三〇頁）。
（7）空海の「高野建立の初の結界の文」に、自らの入唐留学と密蔵の受法に触れて、「平かに本朝に帰るも、地に相応の地なく、時、正是の時に非ず。日月荏苒として忽ちに一紀を経たり。爰に則ち輪王（嵯峨帝）、運を啓いて此の法を弘めんと擬す」と記されているのが、そのことを示唆している（『定弘全』八、一七八頁）。
（8）『弁顕密二教論』巻上（『定弘全』三、七五頁）。
（9）「勧縁疏」（『性霊集』巻九、『定弘全』八、一七四頁）。
（10）「金剛頂経開題」（『定弘全』四、八四頁）。
（11）「勧縁疏」（『性霊集』巻九、『定弘全』八、一七四頁）。
（12）井筒俊彦『意味の深みへ』岩波書店、一九八五年、二四七頁。
（13）「勧縁疏」（『性霊集』巻九、『定弘全』八、一七五頁）。
（14）『定弘全』一、一八頁。
（15）大、一八、一下。
（16）大、一〇、一〇二上。
（17）『定弘全』四、二四六頁。

(18)『不空三蔵表制集』巻三、大、五二、八四四上。
(19)大、一九、七〇九中。
(20)『高野雑筆集』巻上(『定弘全』七、九二頁)、拙著『空海と最澄の手紙』法蔵館、一九九九年、三九頁。
(21)光定『伝述一心戒文』巻下(『伝教大師全集』巻一、六三六頁)。
(22)『性霊集』巻十(『定弘全』八、二〇六頁以下)。
(23)『高野雑筆集』巻上(『定弘全』七、九一頁以下)。拙著『空海と最澄の手紙』三五頁以下。
(24)田村晃祐編『徳一論叢』国書刊行会、一九八六年。
(25)大、七七、八六二頁以下。
(26)大、二〇、五三五中。
(27)右同、五三八下—五三九上参照。
(28)『高野雑筆集』巻上(『定弘全』七、一一〇頁)、拙著『空海と最澄の手紙』七二頁。
(29)光定『伝述一心戒文』巻上(『伝教大師全集』一、五三一頁)。
(30)『元亨釈書』巻二(『大日本仏教全書』第六二巻、史伝部一、七九頁)。
(31)『性霊集』巻十(『定弘全』八、一九四頁)参照。
(32)『実相般若経答釈』(『定弘全』四、一三九~一四二頁)。
(33)『定弘全』四、一三九頁。
(34)大、六、七七六下。
(35)大、八、七八四下。
(36)『大楽金剛不空真実三昧耶経般若波羅蜜多理趣釈』巻下(大、一九、六一一下)。
(37)『性霊集』巻九(『定弘全』八、一七四頁)。

(38) 大、二〇、五三五中参照。
(39)『代宗朝贈司空大弁正広智三蔵和上表制集』巻一（大、五二、八三〇上）。
(40) 藤井淳『空海の思想的展開の研究』トランスビュー、二〇〇八年。
(41)『弁顕密二教論』第五（『定弘全』三、七五頁）。
(42)『金勝王経秘密伽陀』（『定弘全』四、二四一頁）、「宮中真言院正月御修法奏状」（『性霊集』巻九、『定弘全』八、一六二頁）。
(43) 井筒俊彦「意味分節理論と空海」（『意味の深みへ』岩波書店、一九八五年、二四六頁）。
(44) 拙著『空海――生涯とその周辺』吉川弘文館、二〇〇九年、三二頁以下。
(45) 藤井淳、前掲書、一九一頁以下。
(46)『弁顕密二教論』巻下（『定弘全』三、九六頁以下）。
(47)『梵字悉曇字母幷びに釈義』（『定弘全』五、一〇二頁）。
(48)『選択本願念仏集』（岩波文庫）、一三三頁以下。

結の章　存在とコトバの深秘学
――一字一文は法界に遍ず

一　「即身」の意味の深みへ
――存在の深秘学

密教を中国に定着せしめた不空三蔵は、自らが翻訳した「金剛頂瑜伽の法」こそ「成仏速疾の路」なのであり、その修行者は「凡境から頓超して悟りの彼岸に達す」ることができるという(1)。その不空三蔵の弟子で空海の師主であった恵果は、いわば瞑想の人であって著述はまったく残されていないのだが、すでに見たごとく、「我心と仏心と衆生心との三心平等の自覚」こそ、両部の大経に説示される「大覚の理趣」であると説示していた。

しかしながら、恵果はもとよりのこと、不空三蔵にも、翻訳のほかに「成仏速疾」にかかわる論書の撰述はまったく残されていない。このことは、たとえば華厳の法蔵や澄観、天台の智顗、法相唯識の窺基、三論の吉蔵といった諸論師にはそれぞれ顕著な論書の著述も多くあって、それぞれの宗派の教理の確立に大きな役割を果たしていることに比して、きわめて異常といわねばならないことだろう。このことについて考えられる唯一の見解は、空海自身が『請来目録』のなかで明示しているように、顕教が成仏論を「談」ずるものであるのに対して、密蔵はその成仏を「期」するものであるとすることと、あるいはかかわりがあってのことかもしれない。

換言すれば顕教の論師たちや法将たちは「衆生の迷衢《めいく》を開示し」、「迷方の示南」として多くの論書を著わしたのであって、かれら顕教の伝法者とても「秘を知らずして顕を伝えた」のではなく、人びとの機根に応じて顕略に悟りへの道を示したのだと、空海は見るのだ。つまり「成仏を期する」の法文には敢えてかかわりをもたなかったというわけである。[2]

しかしながら「密蔵は深玄にして翰墨に載せ難し」(『請来目録』)とはいえ、文字、コトバの意味の深みを体感し得た空海は、敢えて深秘のコトバによって仏の悟りの世界、真理の世界を現出してみせるのである。文字の人、空海は『声字実相義』では「真語、実語、如語、不誑語、不異語の五種の言は、梵語では曼荼羅《まんだら》と云う」[3]と述べ、同じことを『秘密曼荼羅十住心論』(以下『十住心論』)巻十でも「真言《しんごん》は且《しば》らく語密《ごみつ》に就いて名を得。若し具《つぶさ》に梵語に拠《よ》らば曼荼羅と名づくべし」[4]とも説いている。つまり真実のコトバ(真言 mantra)はまさしく真実の存在(曼荼羅 maṇḍala)であるというのだ。すなわち空海の座標としての「存在はコトバなり」という根本テーゼが、この時点で確信あるものとなっていたことがわかる。

弘仁六年(八一五)三月の「勧縁疏」で「此の法門に結縁して書写し、読誦し、説の如く修行し、理の如く思惟せば、則ち三僧祇《さんそうぎ》を経ずして父母所生の身に〔菩薩の〕十地の位を超越し、速かに心仏に証入せん」[5]と述べるのだが、その「理の如く思惟」する一助として、『即身成仏義』が撰述されることになる。その撰述の正確な時期は詳かではないけれども、「勧縁疏」とのかかわりで、現身成仏への質疑に応答した『実相般若経答釈』などと脈絡的に関係を有していることは明白である。この『答釈』は空海が弘仁八年（八一七）八月に「東大寺臨壇華厳和尚」に与えたものであることは、すでに述べたとおりである。この「華厳和尚」が東大寺の奉実であることも、すでに言及した。このときの四箇の質問の中、第一と第二のそれは、ともに「現身成仏」にかかわるものであったことに留意すべきだろう。しかもこれらの質疑が「勧縁疏」に示された「父母所生の身に」「速かに心仏に証入」することにも関連してのことであったことは十分に予想される。

単なる推測の域を出るものでないとはいえ、弘仁六年三月の「勧縁疏」に接することで密蔵の法門に強く惹かれた奉実は、翌七年七月には大安寺の勤操《ごんぞう》らとともに、高雄山寺に登り空海から密教の戒である三昧耶戒《さんまやかい》を受け、かつ両部の灌頂《かんじょう》に沐したものと思われる[6]。かくて「密宗を耽味して寝《しん》飡《さん》も忘れ」たといわれる奉実が、弘仁八年秋に空海に対して『実相般若経』の所説についての見解を糾《ただ》したのである。この『実相般若経』自体が「金剛頂経」の一会であり、秘教の肝心ともいうべきもので、当然ながら、一字一句に悉く無辺の深秘な義理が含まれている。それ故に、たとえ顕家の学僧による注釈があるとしても、その実義は密蔵の法門の伝授を受けた人でなければ解《さと》ることは不可能であると、空海は付言している。つまり「その深密な真実義を具《つぶさ》に受けたいと望むなら、単なる論述、論談によるのではなくて、直接に対面して密教の阿闍梨から伝授をうける〔面授〕以外に、方途はない(7)」とも書き送っている。

しかしながら「此の密観は紙に染むること能わず、面するを待ちて伝授せんのみ」とか「密伝の人に非らざるよりんば、何ぞ能く解《よさと》ることを得ん(8)」と言われてみても、一体その根拠は何であり、「現身成仏」の典拠を問われつづけて応答せざるを得なかったのが、『即身成仏義』一巻であったと思われる。そのことはこの著述の冒頭におかれる問答形式の文章から類推できる。

問うて曰く、諸の経論の中に皆な三劫成仏を説く。今、即身成仏の義を建立するは、何の憑《ひょう》拠《こ》かある。

答う、秘密蔵の中に如来は是の如く説きたまう。

問う、彼の経に云何《いかん》が説く。

答う、金剛頂経に説かく、此の三昧を修する者は現に仏菩薩を証す。

留意すべきは、この『即身成仏義』において、はじめて「三劫成仏」に対応するものとして「即身成仏」という用語を使っている事実である。「即身成仏」という術語は、これまで空海が幾度か援引していた『菩提心論』にただ一度だけ現われるに過ぎず、それについての特別な説明は見られない。それればかりか、その『菩提心論』の末尾では「父母所生の身に速かに大覚位を証す」とあるのだ。それとしても、空海がこの著述ではじめて「即身成仏」という術語を使うのは、従来、華厳教学において示されていた『華厳経』の善財童子らの即身成仏、あるいは『法華経』に見られる龍女の即身成仏などとは、まったく次元を異にすることを明白ならしめることが意図されてのことであったともいわれている(9)。

つまりここで空海が意識する「即身成仏」は単なる成仏論の枠を超えた、人間存在の基体そのものにもかかわっての論述であることを示唆しているといえよう。まず最初に「即身成仏の義を建立する憑拠」として、いわゆる二経一論からの八箇の証文が用意される。その八箇の証文について、まず簡潔に紹介しておこう。

第一は不空三蔵訳『金剛頂経一字頂輪王瑜伽一切時処念誦成仏儀軌』一巻、略して『金輪時処軌』に説かれる「此の三昧を修する者は現世に仏菩提を証す(10)」(傍点は筆者。以下同)というもの。ただこの『金輪時処軌』は空海自身の『請来目録』には記載がなく、疑問視されるが、今はこの問題には立ち入ることを控えたい。

第二の証文は金剛智三蔵訳『金剛頂経瑜伽修習毘盧遮那三摩地法』一巻からの引用で、「若し衆生ありて此の教に遇い、昼夜四時に精進して修すれば、現世に歓喜地を証得し、後の十六生に正覚を得(11)」の文。ここで「十六生」を十六大菩薩とし、具《つぶさ》には「地位品」に説くが如しとするも、その「地位品」が具体的にいかなる論書を指すのか未詳であるし、この箇所の注釈自体が空海自身によるものか否かも問題である。いずれにもせよ、十六大菩薩の境位を観照体験した後に仏位の境界へと至るというもの。

第三の証文は不空三蔵訳とされる『成就妙法蓮華経王瑜伽観智儀軌』一巻からの引用であり、「若し能く此の勝義に依って修すれば、現世に無上覚を成ずることを得」というもの。この儀軌によって、空海は弘仁四年（八一三）二月から高雄山寺で、前年暮に胎蔵潅頂を沐した最澄らに「一尊の瑜伽法」を修せしめようとしたが、最澄自身は叡山での「小々の仏事」を理由に受法を辞退した。

第四は、同じく金剛智三蔵訳の『三摩地法』から、「応当《まさ》に知るべし、自身即ち金剛身と為る。自身が金剛と為りぬれば、堅実にして傾壊《きょうえ》なし。我れ金剛身と為る(12)」。この証文は「入我我入」が現身成仏思想と密接にかかわっていることを示している。因みに、この証文は不空三蔵訳の『大教王経』巻上にもみられるけれども、空海自身は「又云く」とするだけで経名をあげない。

第五の証文は『大日経』巻三「悉地出現品」からのもので、「此の身を捨てずして神通境を逮得し、大空位に遊歩《ゆぶ》して身秘密を成ず」というもの。これを文字どおりの表層的な浅略趣からみたとき、たとえば字輪観などの瞑想を修する行者は「現身に神通力がそなわって、意のままに空中を遊歩し、身体を隠す秘術をも完成するに至る」といった意味にでもなろうか。もしもそうだとすれば、その境位はさきに言及した善財童子や龍女の即身成仏と何ら異なることはないことになろう。しかし『実相般若経答釈』の末尾にも明記されているように、「一々の句、一々の字は悉く無辺の義理を含む」ゆえに、さきの『大日経』からの引文の深秘なる実義を読み解く空海は、「大空位」を存在世界の根本原理である「法身《ほっしん》」（大日如来）の普遍的存在様相を示すものとし、その深秘なるはたらきを身・語・意にわたる存在エネルギーとして、「身秘密」というのだ。かくて「此の身を捨てずして身秘密を成ず」というのは、自己の当体において普遍的真実の世界が秘《ひそ》かに、しかし確実に存在していることが如実に体得できることをいうのである。

第六の証文も同じ『大日経』巻七「真言行学処品」からで、「此の生において悉地に入らんと欲《おも》わば、其の所応に随って之を思念せよ。親《まのあた》り尊の所《みもと》において明法を受け、観察相応すれば成就を作す」というもの。この「明法」というのは「持明悉地」と「法仏悉地」を指すと空海は言っているかに思える。明呪を誦じて得られる悉地には現世的な利益とともに「脱凡入聖」の悉地もあろう。しかし「法仏悉地」とは明らかに「法身仏」の境位への悟入を指すものであり、まさしく即身成仏を指すとみてよい。それ故にこそ、空海はつづけて「大空位とは、法身は大虚に同《どう》じて無碍なり」と解説する。つまり存在世界の絶対的根源たる法身は大虚空と同じく普遍的在りようにおいてあり、たとえ仏と同じ境位にある菩薩とても決して見ることができない在りようなのだ。だからこそ「身秘密」の境位といわれるのである。

第七と第八は、以上の証文を総括するものであり、『菩提心論』からの援用であって、まず「真言法の中にのみ即身成仏するが故に、是の三摩地の法を説く。諸教の中においては闕《けつ》して書せず」という一文。ここにはじめて「即身成仏」という術語がみえる。そして第八の証文は、同じく『菩提心論』の末尾から「若し仏慧を求めて菩提心に通達すれば、父母所生の身に速かに大覚の位を証す」の文なのである。

これらの典拠は、すべて「法仏の自内証三摩地を示したもの」と注釈されている。この注釈自体、空海自身の筆になるものか否かは定かでないとしても、明白に言えることは、この八証文はすべて「父母所生の身に速かに大覚の位を証す」ることを「期」することを説示せるもので、「即身成仏」について「論談」したものではないということである。『実相般若経答釈』で空海が答えたことは、「紙筆を超える」現身に法仏の自内証の三昧を「期」することについては、「面せずんば得ず」という態のものであった筈である。

ここに、「三大の遠劫を談ずる顕教」に対して、「十六の大生を期する」密蔵の根本命題としての「法身説法」と「即身成仏」のうち、まず「即身成仏」が単なる成仏論の枠を超えて、密教自体が存立し得る世界観の中核をなすものとして示されたのが、この『即身成仏義』一巻であったと見ることができるだろう。それは自然道理《じねんどうり》の存在の当体としての法身、つまり真実の世界、仏の世界の在りようを、存在の本質（六大）、存在の様相（四曼）、存在のはたらき（三密）の有機的三元構造として把握し、その本質と機能を示したのであると指摘するのは宗教学者の岡村圭真氏である(13)。その核心を示すのが、かのあまりにも有名な二頌八句である。

六大無礙常瑜伽 体　四種曼荼各不離 相
三密加持速疾顕 用　重重帝網名即身 無礙
法然具足薩般若 法仏　心數心王過刹塵 無数
諸仏

各具五智無際智 輪円　　円鏡力故実覚智 成仏

二頌の中、前半の四句が「即身」について明かし、後半の四句で「成仏」の実態が明かされる。『即身成仏義』は、この二頌八句の一々の文字に秘めた深密なる実義を、空海自身が解き明かしたものである。まずはこの二頌八句を訓み下しておこう。

六大《ろくだい》は無礙《むげ》にして常に瑜伽なり（体〔主体〕）　四種曼荼《ししゅまんだ》各々離れず（相〔現象〕）
三密加持《さんみつかじ》して速疾に顕《あら》わる（用〔作用〕）　重重帝網《じゅうじゅうたいもう》なるを即身《そくしん》と名づく（無礙）。
法然《ほうねん》に薩般若《さはんにゃ》を具足して（法仏〔真実在〕）　心数心王刹塵《しんずしんのうせつじん》に過ぎたり（無数）
各々五智無際智《おのおのごちむさいち》を具す（輪円〔マンダラ〕）　円鏡力《えんきょうりき》の故に実覚智なり（成仏）。

「じつに深い洞察と、限りない英知の結晶のような詩であり、形而上的な思想詩として、無類の傑作」と岡村圭真氏は評価する(14)。たしかに文字の人、空海にして、はじめて示しうる深秘なる洞察であろう。文字の字義について領解《りょうげ》の深い人ほど、この詩の深秘なる実義へと迫ることができる態のものである。空海自身、「此の二頌八句は即身成仏の四字を歎ず。即ち是の四字に無辺の義を含《がん》せり。一切の仏法は此の一句を出でず。故に略して両頌を樹《た》てて無辺の徳を顕わす(15)」と述べている。

「一切の仏法は此の一句を出でず」とあるのは、仏教のあらゆる宗派の教法はもとより、やがて生起するであろう様々に異なる宗教や思想さえも、すべては本質的本来的には有機的に相互に関連せる存りようにおいてあるという、いわば間主観的統一態の在りようを示しているといえるだろう。『十住心論』十巻の理念は、すでにこの時期から鮮明に意識されていたことを暗示せしめるものであり、あらゆる宗乗の教法も、すべて真言陀羅尼へと収斂されるというのが、最晩年の作、『般若心経秘鍵』であったのだ。

「六大無礙」云々の四句は存在世界の本質（体）と現象（相）と作用、はたらき（用）の三元構造を述べたもの。そして後半の四句では、その「存在」自体には自然法爾《じねんほうに》に一切智がそなわっていて、それぞれの心の主体とはたらきは無尽に拡がりながらも、それら心の主体には仏の限りなき絶対智が本来的にそなわっていて、恰も高台の明鏡にあらゆる事物事象が映ずるように、存在自体が本来的に真理の智を当体としているのだ。その在りようを「成仏」というのである。つまり「成仏」は自己の当体である「即身」において、本来的に具有されているというのである。ではその「即身」とはいかなる状態を指しているのか。

空海は、その「即身」の本質として六大をあげて、これら六大が無礙の在りようにおいてある状態と見る。六大とは地・水・火・風の物質的四元素に、これら四元素が実在し得るための「空」間要素つまり「場」を加えて五大とするのは一般的に認められる説であるが、その上にさらに精神的元素の識大を重ねて六大とする。最初の四大元素を存在の根本原理と見るのは、古代インドに限らず古代ギリシャにおいても、等しく認められていた。さきにも触れたように、これら四元素が実在であるためには、当然ながらこれら四元素が実在し得る「場」の空間もまた実在でなければならない。これら五大を認知し得る精神的知的原理としての識大を加えれば六大となるのだが、この六大説は必ずしも空海独自の見解ではないとはいえ、『即身成仏義』における「六大」についての解釈は、きわめて独創的である。その解釈の一端を原漢文のまま引用してみる。

謂六大者五大及識、大日経所謂、我覚本不生、出過語言道、諸過得解脱、遠離於因縁、知空等虚空、是其義也。彼種子真言曰、(buddha-bodhi, a-vi-ra-hūṃ-khaṃ hūṃ)[16]

悉曇文字は本来、左から右へと書かれるのだが、中国では時として漢字体に従って縦書きにするようになり、空海もここではそれに従っているのである。

六大を解釈するのに『大日経』巻二「具縁真言品」からの五偈を援引して典拠とするのだが、この偈は『大日経』では大毘盧遮那如来がそれぞれ一切の声聞、縁覚、菩薩の三昧道を宣説し、「一切如来一体速疾力三昧」すなわち法身大日如来が一切の如来と同体であり、ともに一法界体つまり全宇宙の主体であることを証悟し、速疾に衆生に体得せしめて救済する三昧に入って、金剛薩埵《こんごうさった》に告げる偈頌の中から抽出されたものである。この偈頌につづいて、諸の真言相を説示する偈が出ているのだが、これらの偈の冒頭の六偈が「六大」の典拠とされるのである。

さらに『金剛頂経瑜伽修習毘盧遮那三摩地法』からも、次の四偈を援引して「六大」説を秘釈する根拠としている。その偈とは「又金剛頂経云、諸法本不生、自性離言説、清浄無垢染、因業等虚空。此亦同大日経(17)」とあるのが、それである。

『大日経』から引用の五偈も、『金剛頂経瑜伽修習毘盧遮那三摩地法』から援用の四偈も、ともに文字どおりには五大・五字の概念によって、「仏菩提」つまりは「仏の悟りの境地」を表現したものであって、ここに六大の内実を読み取るのは空海独自の深秘釈といえるだろう。ここで典拠の引文を敢えて原漢文のままに挙げたのは、旧来の慣例的な訓読が必ずしも正鵠を射たものとは思えないからである。とりわけ『金剛頂経瑜伽修習毘盧遮那三摩地法』所引の四偈を、旧来は「諸法は本より不生なり、自性は言説を離れたり、清浄にして垢染なし、因業なり、虚空に等し」と訓み下しているが、正しくない。「〔諸法は〕因業なり」ということであれば、前出の『大日経』の「〔諸法は〕因縁を遠離せり」とは正反対の意味となってしまうからである。だとすればこの『三摩地法』からの引用文は「諸法は本より不生にして、〔その諸法の〕自性は言説を離れ、清浄にして垢染も、因業も無くして、虚空に等し」と訓み下すことで、五字・五大の内実を的確に表示しうることになる。しかし字相から見る限り、それは五大の説明であって、六大のそれではない。

これを『大日経』所引の五偈と同じように六大を表示するものと見做すのは、さきに掲げた「我覚本不生」以下の五偈を、空海は次のごとく読み込むからである。すなわち「我れ覚れり、〔すなわち、諸法は〕本より不生にして、語言にて道《い》う〔領域を〕出過し、〔その自性は〕諸過にも解脱することを得て、〔自性が〕空なること虚空に等しと知らるること、を」。このような訓みによって、五大・五字に象徴される「諸法本不生」以下の真実在の在りようを「我覚」するのが、第六の識大なのである。「識とは因位に名づけ、果位では智を謂う」と空海は補足する。「智」とは「覚」であり、梵語で言えば「」(buddha-bodhi 没《ぼ》駄《だ》冒地《ぼうじ》)つまり「仏智」であるとも釈するのだが、この六大の秘釈は結局「我即大日」に帰結すべきことを表わしている。それ故にこそ、空海は「六大者五大及識」と表現するのだ。この一句は一般的には「六大とは五大と及び識となり」と訓み下される。きわめて常識的且つ初歩的な足し算的な訓みである。しかしここでの「及」は単なる兼詞としての接続語にとどまらず、「波及」の字義をも含むものと見做すならば、「六大とは五大が識に及ぶ」ことと解することができるだろう。つまり六大とは五大がすべて識大へと及引され収斂されることであり、識大は五大をすべて包摂するということになる。

　このように解釈し得たとき、五大を本質として構成されている存在世界は、「識」すなわち「覚」つまりは「仏菩提」の世界に包摂されていることになり、存在の世界は即そのまま真実の世界なのであり、しかもそれが即そのまま自己の当体でもあることを示しているのが、「六大無礙にして常に瑜伽」ということなのである。その在りようを、空海は梵字の種子真言として(a-vi-ra-hūṃ-khaṃ hūṃ)と表示する。梵字は「自然道理の所作」であり、それゆえにこそ「一字に無量の義を含む」[18]のだ。この梵字の種子真言の前五字は法身大日如来の真言であり、最後の「ウーム」(吽)字は『吽字義』によれば存在の実相を表示する。だから六大は単に存在の構成要素を示すにとどまらず、真実在たる法身の徳をも表わしていることになる。その真実在の在りようと法身の徳とが「諸法本不生」の偈によって明示されているのである。その真実相の在りよう、すなわち様相が象徴的に𑖀𑖪𑖨𑖮𑖏(a-va-ra-ha-kha)の五字真言、つまりは真実の文字、まことのコトバによって表示されるのを明かすのが、第二句の「四種曼荼おのおの離れず」ということである。

すでに幾度も言及したように、空海は真言つまり真実の語を「梵語にては曼荼羅という」と主張する。「六大無礙」の在りようにおいて実在する真実世界の当体が、自然道理の文字として自己顕現するのだが、その顕現の様相を曼荼羅というのだ。その曼荼羅には一般に「大・三・法・羯」の四種ありといわれるが、真実の世界つまり法身が自らを顕わにする在りように四種の相ありというのである。まず第一が真実の世界すなわち仏の世界を、一々の仏、菩薩、明王や諸天などの集合せる相好として彩画されるのが「大曼荼羅《だいまんだら》」である。それら一々の尊が所持せる標幟たるべき刀剣、輪宝、金剛杵、蓮華などの類で画かれるのが「三昧耶《さんまや》曼荼羅」である。またそれぞれの尊の種子真言を配置することで真実の世界、仏の世界の様相を知らしめるのが「法《ほう》曼荼羅」であるが、法身の三摩地《さんまじ》すなわち大禅定の境位において在る真実世界の在りようもまた、法曼荼羅といわれるし、さらにはあらゆる経典の文字の深秘なる奥義なども、すべて法曼荼羅の類に入る。そして法身の自己顕現のうち、それぞれの諸仏菩薩などの色々な威儀、あるいは諸尊の深秘なる妙用、はたらき、さらに言えば真実在の創造的エネルギーの形象化が、第四の「羯磨《かつま》曼荼羅」なのである。これら絶対存在の顕われとしての様相は縦横無尽に即一に融合しあって離れることはない。

「存在」の当体と様相を示した後に、そのはたらきについて「三密加持《さんみつかじ》して速疾に顕わる」と説く。存在の根源である法身のすべてのはたらき、換言すれば万有創造のエネルギーとしてのはたらきは、「身・語・意」の深妙な作用に収斂される性質のもの。真実在が自然本有に発揮するはたらきを「身・語・意」の三密という。このはたらきはすべての存在に本来的にそなわっている。その本来的なはたらきがわれわれのそれと感応道交したとき、われわれは真実在の世界、つまり仏の世界へと立ち至り得るという。

「三密加持」について、空海は巧みな譬喩で説き明かしてくれる。「加持《かじ》とは、如来の大悲と衆生の信心とを表わす。仏日の影が衆生の心水に現ずるを加と曰《い》う。行者の心水が能《よ》く仏日を感ずるを持と名づく。行者、若し能く此の理趣を観念せば、三密相応するが故に、現身に速疾に本有の三身を顕現し証得す。故に速疾に顕わると名づく」というのが、それである。ここには中国古来の天人感応道交の考えが色濃く反映しているが、それはまた「勧縁疏」において、三心平等の理趣を自覚することで、「父母所生の身に速疾に心仏に証入」するとした理念とも一脈相通ずるものがある。「心」と「身」とが不二相即であることはいうまでもない。

「速疾に顕わる」を釈して、この「三密加持」の実義を観察し、「手に印契を作し、口に真言を誦じ、心が三摩地に住すれば、三密相応して加持するが故に、早く大悉地を得(19)」と説く。『即身成仏義』が単なる「論談」の域を超えて、まさしく「現身に速疾に本有の三身の顕現」を「期」するものともなっていることに、われわれは注意を払うべきであろう。すなわち『金輪時処軌』『法華儀軌』『五秘密儀軌』などの儀軌類に依拠しながら、修行者の観照体験が直ちに仏の三摩地に相応し、行者のコトバが直ちに仏の無量の陀羅尼門となることを説くのは、「三密加持」の行法《ぎょうぼう》によって仏と衆生の即一性が現実のものとして「期すべきもの」ということが、最後の一句「重々帝網なるを即身と名づく」において如実に体感されるのである。

「帝網」とは帝釈天《たいしゃくてん》すなわちインドラ天の珠玉の網の目を指す。この珠玉にはそれぞれの珠玉が映し出されて無限の相即の拡がりを示している。そのような在りようを「即身」というのである。「彼の身は即ち此の身であり、此の身は即ち是れ彼の身なり。仏身は即ち是れ衆生の身、衆生の身は是れ仏身なり。不同にして同なり、不異にして異なり」というのが、「即身」の在りようであり、その在りようを期する真言として「阿三迷、底哩三迷、三昧曳、莎訶[20]」(asame trisame samaye svāhā)を提示する。いわゆる「三等無碍《さんとうむげ》の真言《しんごん》」であって、心、仏、衆生の三平等一味を示すものであり、実現せしめるものである。

「六大無礙」の偈によって、すべての存在は本来的に生滅を超えており、日常的言語による表現をも超え、いろいろな迷妄は断たれて解脱せるものとして在り、相対相関の在りようをも超出して、まさしく「空」の理《ことわり》よろしく大虚空にも等しいという事実を、私は今まさに覚知し得たのである。つまり、わたしの当体において全存在があることを、空海は法身大日如来の真言（a-vi-ra-hūṃ-khaṃ）と、「我覚」の象徴種子（hūṃ 吽）の六字の真言で象徴したのである。六字の真言を一字ずつ読み込んだ字義と「我覚本不生」の偈頌が完全に軌を一にする不思議な符合は、まさしく法身大日如来が自らの悟りの世界（自内証の境界）を在るがままに、真実のコトバ（真言）によって説示したことになるのである。かくて「六大」は現象世界の構成要素という表層的意味から転じて、その奥底に深く秘められている真実在の在りようを示す「深秘のコトバ」となったのである。「中寿感興の詩幷びに序」において、「禽獣卉木は皆な是れ法音」と詠じられたことの帰結ともいえるだろう。自然の声は法身の説法ということでもあり、さらに敷衍していえば、「存在は根源的にはコトバである」ということにもなる。そのコトバ（声字）の実相、すなわち深秘なる真実義を示して、まことのコトバ（真言）と悟りの仏の世界、真実の世界（曼荼羅）との即一性を説こうとしたのが『声字実相義』一巻である。

二　声字の実相
――コトバの深秘学

『声字実相義』は、その冒頭で「夫れ如来の説法は必ず文字に藉《よ》る」とするが、同じような表現は三世紀末に西晋の無羅叉《むらしゃ》が訳出した『放光般若経』に、「如来の説法は文字を離れず、諸法も亦た文字を離れず」(21)という注目すべき記述が認められる。羅什訳の『維摩詰所説経《ゆいまきつしょせつきょう》』でもまた、「言説、文字は皆な解脱の相なり」とし、「一切諸法は是れ解脱の相なり」(22)との留意すべき説示もある。そして『大日経疏』巻七では、この維摩詰の所説に対応して字輪観《じりんかん》を説き、「維摩詰は文字を離れずして解脱の相を説くが故に、不思議解脱と名づくるが如く、今、此の字輪も亦た爾《しか》り。即ち無相の法身を以て種々の声字と作し、種々の声字を以て無相法身と作すが故に、不可思議真言と名づく」[23]と注釈する。つまりは「法身はコトバ」であることの観想である。法身を存在の絶対的根源とすれば、存在はコトバであるということになる。そのコトバとは何か。空海は独自の創造的文字観を示すのだ。

「夫れ如来の説法は必ず文字に藉る。文字の所在は六塵が其の体なり、六塵の本は法仏の三密、即ち是れなり。平等の三密は法界に遍じて常恒《じょうごう》なり。五智四身は具《つぶさ》には十界にして、欠くることなし」と提示し、「声字実相とは即ち是れ法仏平等の三密、衆生本有の曼荼なり」[24]という。この冒頭の数行で、声字の実相が言い尽くされていると言ってもよいだろう。この場合の「文字」が社会的通念としての記号文字を指していないことは言うまでもない。むしろ広く本源的な「コトバ」を指すと見るべきである。そのコトバは音声の高下屈曲の文《あや》としてのものもあれば、眼に見える色彩や形象としてのものもあり、香《かお》りの文《あや》、味の文《あや》など[25]、実にさまざまであって、文字というコトバのあるところは、見るもの（色）、聞くもの（声）、香《かお》るもの（香）、味わうもの（味）、触れるもの（触）、分別思考するもの（法）の六種の対境においてであって、文字はこの六種の対境をその主体としているというのである。その六種の対象の本質は、存在の本源であり本体である法身仏の深秘な身・語・意にわたるはたらきそのものである。「法仏の三密」すなわち一切の存在の絶対的根源にそなわっている三種の存在喚起の深秘なるエネルギーの自己顕現が、存在世界であるからして、この存在世界の実在性と永遠性とが確実に保証されていることになるのである。

『維摩詰所説経』で「言説、文字は皆な解脱の相」と説かれるのも、その文字の意味の深みを読み解くときに観想されることを指しての説示なのである。こうしたいわゆる深秘釈《じんぴしゃく》について、空海はすでに早く『金勝王経秘密伽陀』の冒頭で、「夫れ如来の説法は必ず顕密の二意を具す」と明言しているのである。

「言説、文字は本来的本質的には解脱の相」にあるとは、コトバと真理とは相応し、即一であることを指している。しかしながら「衆生は癡暗にして自ら覚るに由なき」が故に、「如来、加持して其の帰趣を示したまう。帰趣の本は名教に非ざれば立《りっ》せず、名教の興《おこ》りは声字に非ざれば成立せず。声字分明にして実相顕わる」[26]と『声字実相義』では説かれるのだ。ここに「文字〔コトバ〕による説法」の意味を示して、如来の説法である「名教」の内実を明かすのである。

『文鏡秘府論』序の冒頭では、「夫れ大仙の物を利するや、名教もて基《もとい》と為し、君子の時を済《すく》うや、文章是れ本なり。故に能く空中塵中に本有《ほんぬ》の字を開き、亀上龍上に自然《じねん》の文を演《の》ぶ」と述べて、「文に因りて名を詮《せん》し、名を唱《とな》えて義を得。名義已に顕《あき》らかにして、以て未だ悟らざるを覚《さと》す」[27]として、「名教」とか「文章」の実相が示されている。「文は即ち是れ理」ともあるのは、まさしく文字の人、文章の人たる空海の面目躍如たるものを感じさせる一文である。さきに見た「名教もて基と為す」ということも、「悟りの境地が言語化されている」ことを指すのだが、人間が人為的に言語化するものではなくて、むしろ悟りの世界そのもの、さらに言えば、真実の存在世界そのもののの自己言語化としての「名教」なのであり「文章」でなければならないのだ。

「声字実相の義」というタイトルについて、空海は次のように説明する。「内外の風気、纔《わず》かに発すれば必ず響くを、名づけて「声《しょう》」と曰うなり。響《こう》は必ず声に由る。声は則ち響の本なり。声発《おこ》って虚《むな》しからず、必ず物の名を表するを、号して字と曰う。名は必ず体を招く、之れを実相と名づく。声、字、実相の三種、区《まちまち》に別れたるを義と名づく(28)」と。

「内外の風気」の「内外」とは自分自身とそれを取り囲む環境世界を指す。たとえば天長四年(八二七)三月に旧知の東国の廣智禅師に贈った「詠十喩詩」における「詠響喩」では、「口中、峡谷、空堂の裏《うち》、風気相い撃《う》って声響起こる、若しは愚、若しは智、聴《きき》同じからず(29)」と詠じている。つまり、万物の風気が相触れることで響きが生ずるのだが、その響きは三密の創造的エネルギーによって、単なる音響から声へと変化するのだ。つまり本来的には声が響の根本であり、その根本の声が意味喚起のはたらきによって字となり、物の名を表わすのだ。名称つまりは名前とコトバとは必ず実体を喚《よ》び起こし、コトバと物とは本質的につながっている。これを「実相」というと説くのである。

さらに空海は、この説明につづけて、「四大相触れて、音響必ず応ずるを、名づけて声と曰う」ともいう。つまり地、水、火、風という四つの存在元素が触れ合って、音と響とが必ず呼応して発するのを「声」というのだが、しかし四大元素が相互に触れ合うことがなくとも、これらの元素自体、本来的に響き有るものなのである。勿論、その響きは、実際には我々の耳には聞こえないのだが、響きはいつでも現に起こっているのである(30)。そしてその響きのほかに声はなく、声のほかに字はないのだから、その声字のほかには別に実相と呼ばれるものがあるわけでもない。
空海自身、ここで「声字実相」の四字句を梵語の六合釈《りくがっしゃく》つまり複合語の六通りの解釈法にしたがって解説するけれども、ここでは触れないことにする。ただ解釈によっては「声字は仮《け》にして理に及ばず、実相は幽寂にして名を絶する」ゆえに、声字と実相とは相違せるものとの解釈も可能となるというのだ。声は空しく響き、字とても上下長短あって、はじめて体をなすもの。しかしこうした解釈は単なる浅略な文法的解釈であって、異とするにさえ足らざるものという。
かくて声字実相についての主体的かつ本質的な深秘なる意義について、空海は次のような五字四句を挙げて総説し、以後これを一々解釈してゆく。

五大皆有響、十界具言語、六塵悉文字、法身是実相。

この四句の概要を述べて、「初の一句は声の体を竭《つ》くし、次の頌は真妄の文字を極め、三は内外の文字を尽くし、四には実相を窮《きわ》む」とする。つまり第一句は声の本体、本質を表現し尽くしており、次の句は真実の世界と虚妄の世界の文字の本質をきわめ、第三句では有情（内）と非情（外）の世界、つまりは存在世界は悉く文字そのものにほかならぬことを究明し、最後の頌では声字そのものである法身こそが実相、すなわち真実の世界であることを究め尽くしているということなのだという。

ところで、この有名な四句は伝統的には次のように訓読される。「五大に皆な響有り、十界に言語を具す、六塵悉く文字なり、法身は是れ実相なり」。さきに示した空海自身による梗概的説明と大きく矛盾するところもないとすれば、このような訓みに特に問題があるわけではない。しかしこれら五字四句のそれぞれ中間に措かれる「皆」「具」「悉」「是」の四字はすべて副詞的限定語として用いられていることは明白である。だとすれば、第二句の「具」のみを動詞として訓ずるのは、むしろ異例に属することになろう。勿論、この『声字実相義』において、「具」が所有を意味する動詞として使用される例は多く見受けられる。たとえば「此の五大は顕密の二義を具す」といった文章がそれであるが、しかしそれに続く「此内外五大悉具声響」の文も、さきに述べたように地水火風の四大に空大を加えた五大自体が、本来的に響き有るものであるが故に、この一文も「此の内外の五大に悉く声響を具す」と訓むよりも、「此の内外の五大は悉く具《つぶさ》には声響なり。一切の音声は五大を離れず、五大は即ち是れ声の本体、音響は則ち用《ゆう》なり。故に五大は皆な響き有るものと曰う」と訓読することも許されるであろう。「内外」とは有情と非情を表わすから、あらゆる存在世界の構成を意味しているのだが、その五大には顕密の二意があるというのだ。すなわち密教の深秘なる実義では、五大とは単なる物質的な構成元素ではなくて、五字・五仏(31)および海会《かいえ》の諸尊を意味するから、存在世界は実には五字・五仏の真実なる仏の世界にほかならず、法身の宇宙的身体を形成するものなのである。それ故に宇宙世界は人格《ペルソナ》を有する「聖なる存在」すなわち法身そのものなのである。五大はその法身の徳でもあるのだ。だとすれば「五大皆有響」を「すべての存在は響きあっている」と読むこともできるだろう。単に人の耳に聞こえる音だけでなく、この世界に存在するすべての「もの」、動物も植物も、風も水も、山も川も人も含めて、すべてが独自のシンフォニーを奏しているのであり、すべては響き合っているのである。

「十界は具《つぶさ》には言語」とは、全存在世界はすべて響き合い、具体的には響き、すなわちコトバそのものというわけである。視点を変えて言えば、根源的なコトバ（法身）そのものの自己顕現が全存在世界ということになる。そしてその絶対根源語の顕われかたも種々の差別相を有するがゆえに、存在世界の様相が「十界」として存在するのである。「十界」とは「一には一切の仏界、二には一切の菩薩界、三には一切の縁覚界、四には一切の声聞界、五には一切の天界、六には一切の人界、七には一切の阿修羅《あしゅら》界、八には一切の傍生界、九には一切の餓鬼界、十には一切の捺落迦界なり」とする。捺落迦とは地獄のこと。

これら十界にはすべてそれぞれ異なった言語があると見るのは、きわめて常識的な見解である。すなわち根源語の顕われかたに十種の相違があるというのは、存在の絶対的根源である法身の「書き込み《エクリチュール》」に段階的な差異があるからとする。そしてその差異について「此の十種の文字の真妄は云何《いかん》」という設問に対して「もし竪の浅深の釈に約せば、則ち九界は妄、仏界の文字は真実なり」とする。ここでは十界を竪に浅深の差として見た場合に限っての言及しか見られないが、同様のことは『十住心論』でも認められる。しかし『十住心論』では竪義のみでなく、横の配列構造の深秘的な実義として読み解くとき、すべての領域が「智々平等」で一味であるゆえに、十界の言語とても、すべて法爾自然《ほうにじねん》のコトバの自己顕現としては、真妄の相違は本質的には存在しないこととなるというのである。かくて空海は、その自然法爾のコトバの自己顕現が「曼荼羅」というのだけれど(32)、十界が具《つぶさ》には言語そのものであり、実はその在りようこそが「曼荼羅」としての在りようを示しているというのである。「十界はまさにマンダラそのもの」というのが、第二句の真意とするところなのである。

この法爾自然のコトバについて、『声字実相義』では次のようにも記されている。すなわち、「名の根本は法身を根源と為す。彼より流出して、稍く転じて世流布の言と為るのみ。若し実義を知るをば則ち真言と名づけ、根源を知らざるをば妄語と名づく(33)」と記す。表面的現実的に十界にあって、仏界以外の言語は妄と見做されていた。しかしわれわれが日常的に語るコトバとても、法身の説法《コトバ》とは次元を異にするものではあっても、しかしその根源に遡ってゆけば、法身のコトバへとゆきつくというのだ。つまりわれわれが語るコトバも法身のコトバも、本質的には内面的連関性を有すると、空海は言うのである。なぜなら、あらゆる言語の根本は法身を源泉とするからである。井筒俊彦氏の表現を借りて言えば(34)、われわれが常識的にコトバと呼び、コトバとして日々使っているものも、根源まで遡ってみれば、法身大日如来の真言なのであり、換言すれば、真言の世俗的展開の形態にほかならぬということになる。このことは単に日常使用している言語に限らず、ありとしあらゆる事物事象もまた、絶対的存在の根源たる法身のコトバの自己顕現であってみれば、現実世界の尊厳性もまた担保されていることになる。空海が真言《マントラ》を曼荼羅《マンダラ》と同置する所以もまた、この点にある。かくて「和歌陀羅尼論」も成立しうるし、地上の楽園も当然あってしかるべきである。

空海が言及する「名」すなわちコトバは単に文字のみに限らず、色、声、香、味、触、法の六境、つまりわれわれの認識対象を基体とするすべてにわたって言い得ることであって、和歌などの詩文に限らず、絵画、彫刻といったものから、音楽、舞踊などの分野に至る六塵すべてにわたってのコトバにまで及んでゆくことになる。後世の室町時代の水墨画などに見られる宗教性と藝術性の即一たることを如実に納得せしめるのも、空海のコトバ論から見て当然のことと言えるだろう。自然とは天然の書画、つまりはコトバの自己顕現であることを十分に納得させてくれる。その限りにおいて「如来の説法は必ず文字に藉る」事実からしても、様々な分野の藝術作品はすべて「是れ如来の説法」ということになり、世界の真実を語りかけてくれるものでもあるわけである。

残念ながら、現存の『声字実相義』では六塵の中、色塵の文字にかかわる解釈のみで終わっている。ちなみに『声字実相義』の冒頭には、内容目次ともいうべき「一は叙意、二は釈名体義、三は問答」と記されていながら、「二、釈名体義」においても「色塵」の文字だけの義釈で終わり、「三、問答」の記述はまったく見られない。しかしここでは、それらの文献学的な詮索に立ち入ることは差し控えたい。

色塵の字義については、同様に偈頌の形式でその主題を示し、それを自ら注釈する形で解説を進めてゆく。

顕形表等色、内外依正具、法然随縁有、能迷亦能悟。

顕、形、表等の色あり、内外の依正に具す、法然と随縁と有り、能く迷い亦た能く悟る。

視覚として認識できる文字とは、黄白赤黒青の、五大・五字・五仏を象徴する色彩を表す顕色《けんじき》と、長、短、細、正、不正、高下とか、あるいは方、円、角、半月といった五大・五字・五仏の形状を表わす形色《ぎょうしき》と、取捨、屈伸、行住坐臥といった認識対象としての行為とか動作を表わす表色《ひょうじき》とがある。原初的な混沌のなかにあって、このような色塵《しきじん》の様々に異なった表われようが、「文《あや》」であり、その文字によって、個々の事物が区別されて認識の対象となる。だとすれば、視覚的認識対象は「文《あや》」つまりは文字であり、コトバであることが成立する。『声字実相義』で言われる「法然」「法爾」の文字であり、法身のコトバである。存在の当体としての真理そのもののコトバなるが故に、「法然」すなわち在るがままに在る根源語そのものを指しているのである。在るがままの在りようにおいて在る本来的な在り方に対して、現象的には条件などの異なりによって成り立っている存在もある。そうした在りようを示すのが、「随縁」の文字であり、こうした在りようを、仏界を除いた九界の在りようと見るのである。しかしそれは飽くまでも「竪の浅深の釈」にすぎないのだ。密教の「経宗は横に一切の仏教を統《す》べる[35]」故に、本来的にはまさしく「十界は具《つぶさ》には〔真実なる〕言語」でなければならない。真実なる言語つまり真言を空海は曼荼羅なりと断ずる故に、真言で満ち溢れる十界はまさしく曼荼羅、すなわち真実の世界そのものなのである。仏界以外の九界とてもまた言語なのであるが、これらの言語とても、本源的には「五智四身」すなわち根源の仏のあらゆる智慧、あらゆる在りようの具現化なのであって、実際には十界はすべて融通無礙につらなっていることが述べられるのである。その事実が、構造論的な考察の結論として、「法身は是れ実相」とされて、「声字実相」の核心を示しているのである。

三　文字の読み解き
——意味の深みへ

すでに見たように、空海は長安での留学生活をインド僧の般若三蔵に師事して、インドの言語(梵語)、バラモン儀礼や哲学などを学ぶことから始めている。釈尊によって説かれた仏教がインドに本源を有するが故である。仏教を学ぶためには、従来、通例として翻訳された仏典を介して、仏陀の清風を酌《く》まざるを得なかったとは言いながら、しかし一切如来の秘奥の教えである真言《しんごん》、陀羅《だら》尼《に》は一字一字に幽邃深秘なる意義が含まれているが故に、とりわけ梵語梵字によって書写読誦しなければならなかったからである。顕教の経論を学ぶのに漢訳文献を以てすることに特別の異和感をおぼえた留学僧は余り多くなかったろう。同じインド僧の般若菩提から梵語を習った唐僧の智廣は『悉曇字《しったんじ》記《き》』一巻を著わしているが、前にも述べたように、この般若菩提（Prajñā-bodhi）は空海が師事した般若三蔵と同一人物かと思われる。いずれにもせよ『悉曇字記』のなかで「真言を以て唐書すれば、梵語を召《よ》ぶに髣髴《ほうふつ》たるのみ。豈《あに》、其の本文を観《み》るに若《し》かんや」と記し、また「総持《そうじ》の一文は理、衆徳を含むこと、其れ茲《ここ》に在るか(36)」とするが、まったく同様のことを空海もまた『請来目録』のなかで記していたことには留意すべきであろう。

　前述の内容と重複するけれども、弘仁五年（八一四）閏七月に空海は嵯峨天皇の口勅を受けて「古今文字讃三巻、古今篆隷文体一巻、梁武帝草書評一巻、王右軍蘭亭碑一巻、曇一律師碑銘一巻、大廣智三蔵影讃一巻」とともに自著の『梵字《ぼんじ》悉曇字《しったんじ》母《も》并《なら》びに釈義《しゃくぎ》』一巻をも献上している。このときの「梵字并びに雑文を献ずる表」が『性霊集』巻四に収載されているが、そこでは「窟観《くつかん》の余暇に時々印度の文を学び、茶湯坐し来って乍《たちま》ちに震丹《しんたん》の書を閲《み》る」云々と書いているけれども、この「時々印度の文を学」んだ成果の一部が『梵字悉曇字母并びに釈義』一巻であり、やがては『吽《うん》字義《じぎ》』の撰述へと帰結してゆくことになる。空海には他にもなお『阿字義《あじぎ》』の撰述もあったとする伝承もあるが、現存しないし、実際に著作したか否かもまた定かでない。

　「梵字并びに雑文を献ずる表」では、文章論とは別に、漢字と梵字の「義用《ぎゆう》」について述べて、漢字は天子の皇道《まつりごと》が天に感応して霊妙なる文字として顕われるとし、「故に能く龍卦《りゅうか》、亀文《きぶん》は黄《こう》犠《ぎ》を待って、以て用《ゆう》を標《あら》わし、鳳書《ほうしょ》、虎字《こじ》は伯姫《はくき》を候《ま》って、以て体《たい》を呈《あら》わす」という。つまり伏犠や黄帝の仁徳が天に感応して地に通じ、龍馬の八卦や霊亀の亀書が文字としてのはたらきを発揮し、白氏《はくし》小昊《しょうこう》とか姫氏《きし》周王《しゅうおう》の人徳に感応して、自然を象《かた》どる鳳書とか虎字といった書体が世間に現われたのだという。この文字論は『聾瞽指帰』の冒頭の文とも軌を一にしていて、漢字とても、その起源を看案すれば、決して単なる人為的な社会契約としての意思伝達の記号ではないというのである。

漢字にして、なおもそうであるとすれば、自然道理《じねんどうり》の所作である悉曇文字《しったんもじ》の十八章にわたる書法と発音、そしてその悉曇の梵書の字母などの書体そのものは、仏が世に出現される以前から、形あるものとして定まっていて、その一字一字の内奥に秘められている本具の理法《ことわり》は、仏の全智全能そのものなのである。だから梵字悉曇は永遠なのであり、その文字が本来有する妙用によって、あらゆる迷妄が払拭されるのだ。それ故に、三世にわたる仏とても、この文字をこよなき師として尊び、あらゆる菩薩たちもまた、この文字を身命を超ゆるものとして重んずるのである。宇宙に存在する一切の宝とても、この文字による半偈の功徳にもはるかに及ばないし、永年にわたっての罪障とても、この文字をただ一瞬の間でも念想するだけで融消してしまう。この梵字悉曇の有する意義と妙用とは、いかに偉大であり、また深遠なることよ。

この上表文で、空海はざっとこのような意味のことを述べている。文筆の偉人であり、書跡の達人でもあった嵯峨天皇に対して、空海は近著『梵字悉曇字母幷びに釈義』一巻を献上することで、天皇自身をして自ら梵字悉曇を学ばしめ、弘仁十二年（八二一）秋には、新しく画かしめた真言祖師像のうち、龍猛と龍智の梵号を嵯峨天皇自らが筆を執って書き入れることになるのである。(37)

空海が長安における留学を、まずはインドの言語（梵語）の学習から始めたのは、『請来目録』に明記されているように釈教はインドに本源を有し、言語、文字、風習などを異にする中国の言語への翻訳によって、仏法の清風を酌《く》むのに、限界を感じたからにほかならない。とりわけ「真言は幽邃にして字字、義深く、音に随って義を改む」るに至っては、「一切如来の秘奥の教えである真言、陀羅尼[38]」は、どうしても梵字梵語に依らざるを得ないのである。しかもその梵字は、通常は梵天の所製とされるのだが、空海はこの見解について、この文字の元由を解さない世人の俗説として斥けて、『大日経』を典拠として、「此れ是の文字は自然道理の所作なり。如来の所作にも非ず、亦た梵王、諸天の所作にも非ず」として、ただ「諸仏如来は仏眼を以て此の法然の文字を観察し、即ち如実に之を説き、衆生を利益したまう。梵王等は伝受し、転じて衆生に教え」たにすぎないという[39]。

かくて、民衆にも知らしめられるようになった梵語梵字について、「世人は但《た》だ彼《か》の字相《じそう》のみを知り、日々に用いると雖も、未だ曽て其の字義《じぎ》を解《さと》らず。如来は彼《か》の実義を説きたまえり。若し字相にのみ随って之を用うれば、則ち世間の文字なり。若し実義を解れば則ち出世間の陀羅尼の文字なり」と明記することには留意しておくべきである[40]。

陀羅尼（dhāraṇī）とは梵語であって、これを唐翻すれば「総持《そうじ》」となる。一字の中に無量の教文を総摂し、一法の中に一切法を任持するからだと空海は説明する。

梵字は三世にわたって常恒永遠の存在であり、しかも十方に遍じて変化することも改変することもない。だからこれを学び、これを書写すれば、決定《けつじょう》して常住不変の仏智を体得し、これを唱誦し、これを観想思惟すれば必ずや不壊の法身を証するのだ。諸教の根本であり、諸智の父母なるもの、それが真言であり、陀羅尼であると空海は言う。

その梵字悉曇五十字の深秘なる字義を挙げたのが『梵字悉曇字母并びに釈義』である。この五十字は謂わゆる梵語のアルファベットであって、その最初の字の𑖀（a）、𑖁（ā）の母音から子音の𑖎（ka）𑖏（kha）ないし、𑖮（ha）までの四十九字と、𑖎𑖿𑖬（kṣa）を加えた五十字の発音とそれらの字義を列挙したものである。一箇の子音は、例えば ka kā ki kī ku kū ke kai ko kau kaṃ kaḥ と十二転して十二字となり、それぞれの字を一転せしめれば四百八字となり、さらに二合の文字、三合の文字、四合の文字と転々とすると、すべて一万三千八百七十二字となるという。これらはすべて「本《ほん》有《ぬ》自《じ》然《ねん》、真実不変、常住の文字」であって、三世の諸仏はみなこの字を用いて説法されたのだという。だからこれを聖語というのだ。法然の道理にあらざるものはすべて凡語であり妄語であるという。

ここでは梵語のアルファベットの最初の一字についてのみ援引してみよう。

𑖀音は阿上声呼、訓は無なり、不なり、非なり。阿字とは是れ一切法教の本なり。凡《およ》そ最初に口を開くの音には皆な阿の声あり。若し阿の声を離れぬれば、則ち一切の言説《ごんぜつ》なし。故に衆声の母と為す。また衆字の根本と為す。また一切諸法本不生の義なり。内外の諸教は皆な此の字より出生するなり[41]。

梵語梵字の発音は「親しく正音を口受」したと円仁は日記に書き記しているが、空海とても当然同様であった。しかし、この文字を記録に残そうとすれば、当然その発音は、漢字を用いての音写によって示さざるを得なかったろう。しかし長短の音韻的区別がある梵字を、その区別のない漢字で表現することは容易ではなかったろう。中国語自体は長短の音韻論的区別を有しない言語であったがために、梵語の音韻的長短を表記するのに、漢字の四声（平・上・去・入）が抑揚と長短を異にするのを利用して、梵語の短音は上声字で示し、また長音は去声字で音訳した。やがては音写文字に「上声」あるは「去声」と細字で音写文字の右下に記入することで、短音文字か長音文字かを区別せしめた。

𑖀の「音阿上声呼」の発音記号が空海の時代の書写法であったか否かは定かでないが、「上声」とあるのは、「ア」と短く発音することを示し、「呼」はおそらく出息の音を指しているのであろう。ちなみに次の𑖁は「音阿去声長引呼」とある。「去声」とあるのは長音であることを指し、重ねて「長引」と記入することで、この字の発音が「アー」であることを示している。また𑖎𑖿𑖬（kṣa）の発音が「乞灑二合」とされるのは、この字がk（乞）とṣa（灑）の二音が合成して一字をなしていることを示す。つまり「ク」と「シャ」の二字ではなく「クシャ」の一字であることを指しているのである。このような煩瑣で不正確な音写から、真言、陀羅尼をいかに正確に原語に近く発音するかの方途として、やがて仮名文字が発明され、さらには濁点とか半濁点の記号も考案されることになるのである。

梵語のアルファベットの最初の「ア」音は一切の音の始まりであり、この「ア」音がなければ一切の言説はないという。かくてこの「阿声」を「衆声の母、衆字の根本」とする。𑖎(ka)、𑖓(ca)、𑖝(ta)などなどの子音文字はすべてア音を含んだ形で表記されることが、そのことをよく表わすともいう。[42]「一切諸法本不生」が阿字の字義だともいう。梵語の「ア」(-a)は否定を表わす接頭辞であり、今の場合、anutpāda(本不生)ということで、存在世界は何らかの原因や条件によって発生したものではなくて、本来在るがままにおいて在るものということを、この「ア」字は知らしめているのだという。つまり「ア」字こそ普遍的存在者ということであり、万有へと展開してゆき、また万有はこの「ア」字へと収斂してゆくのである。井筒俊彦氏はこの「ア」字を「絶対無分節のコトバ」つまり最も根源的なコトバであり、一切万有を「深秘の意味」的に内蔵するコトバと論じている。[43]

陀羅尼を定義して空海は「一字の中に一切義を摂持し、一声の中に無量の功徳を摂蔵す」というけれども、こうした考えは夙に玄奘訳の『大般若波羅蜜多経』においても認められるもので、たとえば「一字の中に一切字を摂し、一切字の中に一字を摂す」[44]とあるのが、それである。この「一切字中摂於一字」とあるのは、あるいは「一切の字の中に摂するは一字においてなり」と訓むこともできよう。いずれにしても、この場合の文字とは、人びとの社会生活的レベルでの約定化(saṃketa)された記号としての文字言語を意味してはいない。すでに『声字実相義』において見たように、「名〔ことば〕の根本は法身を源となす。彼より流出して稍く転じて、世流布の言となる」のであってみれば、法身こそが根源語であるということ、その法身から「流出して稍く転ず」るとは、法身そのものの自己顕現あるいは自己表出が、われわれが経験するコトバであり、事象でもあるということになる。その絶対的根源語、それが「ア」字であるのだ。

「阿字の子が、阿字の古里立ち出でて、また立ち返る阿字の古里」という詠歌は、この阿字観をもっとも端的直截に詠じたものといえるだろう。「世流布の言」つまりは一々の文字にはすべて字相の内奥に、字義つまりは「深秘の意味」がそなわっているのだ。その「深秘の意味」を解《さと》れば、それがそのまま出世間の陀羅尼の文字となるのであると、空海は説く[45]。自然本有の文字である梵字にこそ、法身説法の実相が内包されているのである。

存在世界を真実の世界、仏の世界の実相たらしめている六大を、空海は『大日経』を典拠として、𑖀𑖪𑖰𑖨𑖮𑖳𑖽𑖏𑖽𑖮𑖳𑖽 (a-vi-ra-hūṃ-khaṃ hūṃ) の六字の種子真言で表示し、存在世界を構成する五大元素の地水火風空を𑖀𑖪𑖨𑖮𑖏 (a-va-ra-ha-kha) の五字の字義をもって詳説したのが『即身成仏義』であった。そしてそれら五大を等しく包摂する識大の種子を𑖮𑖳𑖽 (hūṃ 吽) 字とするのだが、その「識」とは因位の呼称であり、果位にあっては「覚」であり「菩提」であり、「仏智」である。これが空海のいう「我覚」つまりは「我即大日」ということなのである。いわば自心が即そのまま菩提心ということでもある。その菩提心の実義を、自然道理の所作である梵字の𑖮𑖳𑖽 (吽) の深秘の意味を読み解くことで、一心法界の実相たることを示そうとしたのが『吽字義』一巻であったのだ。

『吽字義』では、その冒頭で「金剛頂に此の一字を釈するに四字の義を具す」という。この「金剛頂」とは不空三蔵の『般若理《はんにゃり》趣釈経《しゅしゃくきょう》』を指しているのだが、そこでは『理趣経』初段の普賢金《ふげんこん》剛薩埵《ごうさった》の悟りの境地である「大楽《たいらく》」（mahā-sukha）を確実ならしめる本誓《ほんぜい》としての菩提心は「吽《うん》字（hūṃ）によって象徴せしめられるという。ここでいう「大楽」とは、苦（duḥkha）に対する相対的な楽ではなくて、絶対的楽であって、金剛薩埵の心的境位を指す。つまり絶対の安楽そのものを指しているのだ。いかなる願望も本来的には清浄な菩提心の顕現なのである。つまり「生死即涅槃」「煩悩即菩提」を内容とする概念としての「大楽」は、般若の智慧によって相対的価値観を超越するものといえる。いわば「我即大日」の自覚こそが、まさしく「大楽」そのものということになろう。

この「大楽金剛の三昧耶」を本誓《ほんぜい》とする「心真言《しんしんごん》」が「吽字」であって、その「吽字」（hūṃ）は賀（h）、阿（a）、汙（u）、麽（m）の四字から合成されているとみる。そして、これら四字のそれぞれの字義をきわめて簡潔に説示しているのが『般若理趣釈経』である。[46] この四字からなる「吽字」の字相と字義、つまり日常的にわれわれが認識しうる表層的な浅略の意味と、それぞれの字の深層に内在する深秘なる真実の意義を、順次に読み解いてゆくことで、これら四字のなかには顕密二教のあらゆる分野の教法が包摂せられていることを示し、四字の読み解きによって諸法の実相の体得を目指しているのである。これら四字の字相と字義のなかに顕密二教の境位を余すところなく読み取ってゆくのは、この『吽字義』自体が『十住心論』十巻の撰述へと連なる位置にあることを示唆している。

ここでは『吽字義』における字相と字義の解説にもとづいて、空海独自のコトバの深秘学の一端を概観するにとどめざるを得ない。

まず「吽字」(hūṃ)の中核をなすのは「賀字」(ha)であり、その賀字(ह ha)自体には「阿字」(अ a)が当初から本来的に含まれている。そこでまず「賀字」は因縁(hetva)という表面的な意味を有する文字であるという。その「因」には種々あるとはいえ、「一切諸法無不従縁生」というのが、この「賀字」の意味するところという。つまり一切の存在物にして、原因と条件とによって生じないものは何一つとして存在しないということ。この思考は仏法の基本的な教理であり、釈尊の悟りの内容も、いわばこの「縁起の理法」であったとさえいわれている。しかしその原因とか条件には様々な関係性が認められるとしても、その関係性は「賀字」の字相、つまりこの字が表示する表層的で浅略な意味づけにほかならないのである。

それならば「賀字」の字義、すなわちこの字の深層に秘められている真実の意義は何か。空海はこの実義を『大日経疏』巻七の「施陀羅尼字輪《せんだらにじりん》」などを典拠に「賀字門」として把捉し、賀字の字義を「一切諸法因不可得」と読み解くのである。つまり、あらゆる事物事象は究極的には、その存在原因を把捉し得ない在り方において在るからである。たとえば、ある事物の存在にはある特定の原因と条件が考えられるとして、しからばその事物の存在を確定たらしめていると考えられている特定の原因や条件には、さらに別の原因や条件を必要とすることになって、結局その因果関係は無限遡及におちいることになる。だから存在のための原因や条件を遡って追及し尋求してゆけば、結局、事物が生じ存在するための原因として、依るべき固定的に把捉しうる原因も条件も何一つ存在しないことになる。空海はこれを「無住を諸法の本と為す」(47)と言う。確実に依拠すべき相対的な原因とか条件は存在しないというのが、存在の根本なのだということである。

それならば存在の根源は何か。「当《まさ》に知るべし、万法は唯心なり」と空海は言う。そしてその心の実相を「一切種智」とする。それは、すべての存在世界は一切種智そのものである法身を基体としている以上、在るがままの真実の世界（法界）であるということになる。だとすれば、その世界の基体には、法身以外のいかなる原因も見出されないし、原因も条件もまた法界なのだということになる。原因（因）も条件（縁）も、またこれら原因と条件によって生ずると考えられているものも、すべて対立を超越し、あらゆる存在はそのままで真実の世界なのである。このことを示すのが「賀字」の字義、つまり深秘学というわけである。

次いで「阿字」（𑖀）は字母、つまりあらゆる文字の母であり、あらゆる音声の基体である。すでに言及した『梵字悉曇字母幷びに釈義』においても、「凡そ最初に口を開くの音に皆な阿の声あり。若し阿の声を離れなば、則ち一切の言説なし。故に衆声の母と為し、また衆字の根本と為す」と記されていた。さらに『声字実相義』でも「阿の声は𑖀の名を呼んで、法身の名字を表わす」とし、また「法身とは諸法本不生の義、即ち是れ実相なり」とも言っていた。このことは「存在の根源が𑖀字であり、その𑖀字は即ち法身のコトバであるとともに、法身そのものである」ことを示唆している。

しかし先述のとおり一般的には「ア」（a-）という字は否定辞でもあって、「諸法は空無」であることを象徴する文字でもあるのだが、しかしそれは飽くまでも、「阿字」の字相すなわち皮相的浅略な意味を示しているに過ぎない。それはまさしく一般顕教の基本的な立場を表示していて、いわゆる「諸法無我」「諸行無帯」といった表層的意味と相応する。

かくて「阿字」の字義には「不生の義、空の義、有の義」の三義ありとする。「阿字」はまた「本初」(ādi)を表示する字でもあってみれば、「阿字門は一切諸法本不生」の字義を有することになる。「不生」(anutpāda)とは「是れ一実の境界、即ち是れ中道」という。つまり「不生」とは有無を超えた絶対的実存の状態を指す。その状態を「中道」というのだ。存在は究極的には本来的に不生のものである。つまり、あらゆる事物事象は原因や条件によって生じたり滅したりするものではなくて、本来的には生滅を超えた在りようにおいて在るもの。かくて「阿字」そのものこそ、あらゆる存在の絶対的根源なのである。このことは『声字実相義』においても、「阿の声は法身の名字を表わし」「法身とは諸法本不生の義　即ち是れ実相なり(48)」と説かれていた。

このことを如実に観照体験できる人は、自らの心を如実に知ることになり、ありのままの自己の心を知るということが、実はとりもなおさず一切智智、すなわち、すべてを完全に知り尽くす仏の智慧そのものを体得することにつながっている。だから法身大日如来は「阿字」の一字を種子真言とするのである。存在の絶対根源である法身大日如来はまさしく根源語の「阿字」そのものにほかならないということなのである。

第三に「汗字」(ū)は「一切諸法損減の義」という。しかしそれもまた浅略な字相の域を出るものではない。ありとしあらゆるものは損滅（ūna）するものであり、不完全かつ欠陥あるものと観ずることで、人びとは、すべては無常つまり永遠の在りようではなく、苦悩を生ぜしめ、空虚にして実体なき在りようと確信するに至る。この一切諸法を「無常、苦、空、無我」として体得するのは、なおも声聞が苦集滅道の四聖諦を観じての境位なのであって、いわば諸法の必滅論的な見解であり、「汗字」の字相すなわち浅略な皮相的意味を了解したに過ぎないのだという。

それならば「汗字」の字義すなわち深秘なる実義とは何か。「謂わゆる汗字門は一切諸法損減不可得」と説く。ここでは空海独特の名文による解説がつづく。一例を挙げれば、「一心法界《いっしんほうかい》は猶《なお》し一虚の常住なるが如く、塵数《じんじゅ》の智慧は譬えば三辰の本有なるが如し。高山、漢《そら》を干《おか》し、曽台《そうだい》、天を切ると云うと雖も、損減せざるは大虚《だいこ》の徳なり。劫水《ごうすい》、地を漂《ただよ》わし、猛火、台を焼くと云うと雖も、増益せざるは大虚の徳なり。一心の虚空も亦た復《ま》た是の如し」といった具合である。

「一心法界」すなわち存在の本体である真如の心、いわば究極的な絶対のさとりの世界は、恰も虚空が永遠《とわ》に実在するかのようであり、無限の悟りの智慧はちょうど太陽や月や星辰が虚空にもともと存在するかのように、この無数無限の悟りの智慧もまた、本来的にそなわっているものなのだ。巨大な高山は天《あま》の河《かわ》すらも遮《さえぎ》り、高層の塔は天空を塞《ふさ》ぐとはいえ、しかし大宇宙は損減することのないものであり、その損減なきことが徳性つまりは本来的にそなわっている本質なのだ。一劫もの永い時間流れつづける奔流（劫水）が地層を抉《えぐ》り去ってしまおうとも、猛火が高く聳える塔台を焼き尽くすことがあったとしても、この大宇宙は拡大することもなければ、減少することもない。ちょうどそのように、「一心」すなわち絶対のさとりの世界もまた、損減することも増大することもない。すべては本来在るがままに在るのだ。それが「汗字」の実義なのである。

それ以降、空海は仏教興起時代の六師外道の因果論、仏教の声聞、縁覚の小乗の無我論、さらには大乗の法相、三論、天台、華厳のそれぞれの所説に対応せしめて、「汗字」の実義を示しながら、これら顕教の大乗とても、すべて自己の方便説に執《とら》われ泥《なず》んで、密教の深秘釈を解《さと》ろうとせず、浅薄で劣小な教説に自己満足しているという。いわば一種の教判論を述べるのだが、留意すべきは、だからといって、これらの諸説を否定し去るのではなくて、一多法界の密教の実義へと収斂帰結せしめている事実である。

宇宙を宇宙たらしめている唯一の実体（一法界）と宇宙の様々な多様な現象とか様相は、本来同一であって、まさしく真如そのものなのである。そのことを喩えて「雨足多しと雖も、并《なら》びに是れ一水なり。灯光一に非ざれども、冥然として同躰なり」と言う。

このような包摂の論理は、たとえ異説異教とても否定し去るのではなくて、一多法界の構造論、すなわち、すべてを自らの深秘なる密意へと収斂し昇華せしめてゆくことになり、空海にとっては、二十四歳のときの『聾瞽指帰』から、晩年の『十住心論』に至るまで、一貫して認められる有機的連関の論理である。

最後に「麽字」（ma）の実義を「謂わゆる麽字門、一切諸法吾我不可得」とする。『吽字義』の冒頭では「麽字」の義を「怛麽」（ātman）つまり「我」とし、その我に「人我」と「法我」の二つの意味があると言う。すなわち人としての主体性と法《もの》としての主体性とである。つまり「麽字」の字相、文字どおりの表面的な意味は、ありとしあらゆる存在には、それぞれをそれぞれたらしめている主体性があるとして、実体視する思いへと落ちこむことになるという。

この皮相的な意味から人びとが誘導されるのは、我への執着であり、法《もの》への妄執であって、執われの煩悩は益々増大してゆくことになる。さきの「汙字」が「損減」の意味を有していたのに対して、この「麽字」が「増益と名づく」といわれるのは、そのためである。「増益」とは万物を実体視することによる妄執の増大を意味しているのだ(49)。

それでは「麽字」の実義とはどのような意味なのか。このことについてもまた、様々な典拠により種々に説かれるのだが、冒頭ではさきに記したように「一切諸法吾我不可得の故に、是れを実義と名づく」という。つまりあらゆる存在には、それぞれ固有の実体があるかのように見えるけれども、実際にはその固有なる実体（吾我）は把握できないから、その「把握できない〔不可得〕」という在りようを示しているのが、麽字の実義だという。しかしその理解は、万物は実際には区別も差異もないという否定的な意味（遮情）あいから見た麽字の解釈であって、深秘な義釈ではない。またその実義は言語表現を超えていると見るのも、なおも浅略な見解なのである。

ここで空海は不空三蔵訳の『仁王陀羅尼釈』(50)とか『大日経疏』を典拠として、麽字を法身大日如来の種子とする。かくて「一切世間は我我を計すと雖も、未だ実義を証せず。唯し大日如来のみ有《いま》して、無我の中に大我を得たまえり(51)」と説く。つまり一般的には、人びとは人我と法我の固定的実体の存在を憶測しているけれども、しかし未だ「我」の実義が本当にはわかっていない。すべての存在には実体はない（無我）のだが、ただ根源的存在（法身）たる大日如来のみが実有なのであり、「大我」すなわち絶対的主体なのだ。[52] ありとしあらゆる存在は、いずれもみな「大我」（大日如来の絶対的主体性）を本来的にそなえているのだということ。これが麼字の積極的肯定的な真実の意義であると言う。

そうだとすれば、「法身の三密は纖芥《せんがい》に入れども迮《せば》からず、大虚に亙《わた》れども寛《ひろ》からず。瓦石、草木を簡《えら》ばず、人天鬼畜を択《えら》ばず。何《いず》れの処にか遍せざる、何物をか摂せざらん」ということになるというのも当然のことである。つまり、根源の存在である毘盧遮那（遍照）の存在エネルギーともいうべき深秘なる身・語・意にわたる三種のはたらきは、余分の隙間などまったくない極小の微塵のなかにも入り得て、決して窮し屈することもない。あるいは大虚空に拡散しても、隅々の限界にまで行き亙り得ないということもない。瓦礫や草木などの自然のさまざまな存在に対しても、分け隔《へだ》てなく、人や天神や鬼類や畜生などの生物のすべてにも区別なく、ありとしあらゆる存在に遍在して、いかなるものをも包摂し得ないものはない。つまり非情も有情も、ありとしあらゆるものは、この法身のなかに包摂せられているのである。この解釈こそ、「麼字」の実義なのだという。

このような「麼字の吾我門」つまり「麼字」への観照的体験が得られたならば、「我れ則ち法界、我れ則ち法身、我れ則ち大日如来」との境位が体現できるという。ただ「我即大日」と言うばかりではなくて、「我」と「ありとしあらゆるもの」とは、まさしく円融の状態において在ることが体得できるのである。

註

(1)『代宗朝贈司空大弁正広智三蔵和上表制集』巻三（大、五二、八四〇中）。
(2)「勧縁疏」（『定仏全』八、一七四頁）。
(3)『定弘全』三、四〇頁。
(4)『定弘全』二、三〇八頁。
(5)『定弘全』八、一七六頁。
(6)『性霊集』巻十「故贈僧正勤操大徳影讃幷序」（『定仏全』八、九四頁）。
(7)『実相般若経答釈』（『定弘全』四、一四二頁）。
(8)右同、一四二頁。
(9)藤井淳『空海の思想的展開の研究』、三一一―三一三頁。
(10)大、一九、三二〇下。
(11)大、一八、三三一中。
(12)大、一八、三二九上。
(13)岡村圭真『即身成仏義を読む』高野山大学、二〇〇五年。
(14)右同、八二頁。
一説に、この二頌八句を恵果の作と見做すものもある（『異本即身成仏義』［(『定弘全』三、一九三頁・二一二頁・二五〇頁など」。『異本即身義』（四）では、「又、唐の大阿闍梨、頌を作って此の義を成立す」とするが、「此の義」とは、理具・加持・顕得の三種の即身義を指すという。しかし、いずれも、当を得た説ではない。もしも言われるごとく、仮りに師主恵果の作であったとすれば、「勧縁疏」において「三心平等の理趣」を恵果の告示として説いたように、『即身成仏義』においても、この二頌を、こよなき聖言量、つまり絶対に信頼すべき聖者のことばとして、「恵果阿闍梨の頌に曰く」として出したはずである。

(15) 『定弘全』三、一九頁。

(16) 『即身成仏義』(『定弘全』三、一九頁)。この悉曇文字は私自身による訂正文字であることを断っておく。

(17) 右同、二〇頁参照。

(18) 『梵字悉曇字母幷びに釈義』(『定弘全』五、一〇一以下)。

(19) 『即身成仏義』(『定弘全』三、二五頁)。

(20) 右同、二八頁。現存のテクストでは、この真言が悉曇文字ではなくて、漢字で音写されているが、空海自身が著わした原本がそうなっていたか否かは不明である。空海自身の真言陀羅尼観から見て、真言や陀羅尼は、おそらく悉曇文字で書かれていたと思われる。

(21) 大、八、一二七中。

(22) 大、一四、五四八上。

(23) 大、三九、六五八上。

(24) 『声字実相義』(『定弘全』三、三五頁)。

(25) 『文鏡秘府論』序では、「文」とは宮、商、角、徴、羽の基本的な五音階と、青、黄、赤、白、黒の五色とが、それぞれに調和し、所を得ているということであって、音声と色彩が織りなす綾が「文」であるという。「章」とは、事象(ことがら)と論理とが、ともに明らかで「文義味〔くら〕からざるに因りて、号〔な〕を樹つ」とある。事がらと理(ことわり)とが矛盾することなく、表現とその内容に曖昧さもなく、またコトバによって意味が鮮明となり得て、人びとを本有のまことの文字の世界、すなわち真実の世界、悟りの世界へと誘い得るというのである。「文章は経国の基」というのも、こうした文脈の上から到りつき得た思考といえるだろう（興膳宏訳注『文鏡秘府論』〔『弘法大師空海全集』第五巻、筑摩書房〕）。

(26)『声字実相義』（『定弘全』三、三五頁）。

(27)『文鏡秘府論』（弁序、天）（『定弘全』六、三頁以下）。

(28)『声字実相義』（『定弘全』三、三六頁）。

(29)『性霊集』巻十（『定弘全』八、二〇九頁）。

(30)この空海の声字論ときわめて類似した思考を示すイスラムの神秘主義者ファズル・ッ・ラーについて、井筒俊彦博士は言及している。ファズル・ッ・ラーはイスラム暦の八世紀の人で、いわば文字神秘主義を主張した人。すなわち、万物の世界は地、水、火、風の四つの物質的元素からなりたち、これら力動的に働いて止まぬ四元素が触れあい、ぶつかりあうとき、その衝撃で「響」を発する。「響」は四元素（四大）の「声」であり、四元素が衝突しなくても、「声」はいつも現に起こっている。この万物の「響」き、万物の「声」こそ、ほかならぬ「神のコトバなのだ」と主張するという。時と所とを異にしながら空海の声字論と驚くべき一致を示している（井筒俊彦『意味の深みへ』岩波書店、一九八五年、二六七頁）。

(31)五大の地・水・火・風・空を象徴する種子が五字であって順に𑖀(a)、𑖪(va)、𑖨(ra)、𑖮(ha)、𑖏(kha)であり、さらに五仏をも表示する。

(32)『声字実相義』（『定弘全』三、四〇頁）。

(33)右同、四〇頁。

(34)井筒俊彦『意味の深みへ』二四九頁。

(35)『大日経疏』巻三、「入漫荼羅具縁真言品」第二（大、三九、六一二中）。

(36)『悉曇字記』(大、五四、一一八六上)。

(37) 阿部龍一「平安初期天皇の政権交替と灌頂儀礼」(サムエル・C・モース、根本誠二編『奈良・南都仏教の伝統と革新』勉誠出版、二〇一〇年)、三一頁以下、三五頁。

(38)『分別聖位経』序(大、一八、二八七下)。

(39)『梵字悉曇字母并びに釈義』(『定弘全』五、一〇一頁)。

(40) 右同、一〇一頁。『秘密曼荼羅十住心論』巻十においても、悉曇文字は仏陀によって教示されたという。すなわち、「問う、悉曇の字母は世間の童子、皆な悉く誦習す。此の真言教と何の別かある。答う、今、世間に誦習する所の悉曇章は、本は是れ如来の所説なり。梵王等が転々伝受して、世間に流布す。同じく用うると雖も、然も未だ曽て字相字義、真実の句を識らず」とある(『定弘全』二、三二三頁)。

(41) 右同(『定弘全』五、一〇六頁)。

(42)『吽字義』(『定弘全』三、五三頁以下)。

(43) 井筒俊彦『意識と本質』岩波書店、一九八五年、三三九頁以下。

(44) 大、六、九六九中。空海自身も『梵字悉曇字母并びに釈義』の末尾で「大般若経五十三に言く、仏、善現に告げて言わく、善現よ、譬えば虚空は是の一切の物の帰趣せらるる処なるが如く、此の諸字門も亦た復た是の如し」とあるのが、それである。

(45)『梵字悉曇字母并びに釈義』(『定弘全』五、一〇一頁)。

(46)『大楽金剛不空真実三昧耶般若波羅蜜多理趣釈』巻上(大、一九、六〇九下)。この『理趣釈』の本経である『理趣経』は十七段に分かれて説示されるのだが、初段は吽字の字義を総論とし、その吽字の字義を開いて、十五段に分章し、教説を進めてゆくのである。そして最後の第十七段では、すべての説示の内容が再び吽字へと集約帰結せしめられている。つまり『理趣経』の総体を象徴するのは、「吽」の一字であるということができる(小田

慈舟『十巻章講義』上巻、二九〇頁以下）。

(47)『吽字義』（『定弘全』三、五四頁）。

(48)『声字実相義』（『定弘全』三、三八頁）。

(49) 麼字の字相を「増益」とするのは、『般若理趣釈』巻上（大、三九、六〇九下）の解釈によるものである。

(50)「摩訶三満多跋捺囉、歩弥、涅哩野諦」(mahā-samanta-bhadra-bhūmi-niryate) を出して「顕句は釈して大普賢の地の義を釈す。密句は麼字の一字を種子と為すと釈す。麼字とは一切法無我の義なり。無我に二種あり。人無我と法無我なり。瑜伽者は若し二無我を証すれば、則ち大普賢地を出でて、毘盧遮那百福荘嚴円満清浄法身を証す」（大、一九、五二三下）とある。

(51)『吽字義』（『定弘全』三、六五頁）。

(52)『大日経疏』第五では、「大我」について、「大我とは謂わく、諸の如来の成就せる八自在義なり」（大、三九、六二七中）とする。つまり、「一切如来によって完成される八種の方法で、制限されない自在の我」ということ。「答叡山澄法師求理趣釈書」のなかで、「二種の我あり、一には五蘊の仮我、二には無我の大我なり。若し五蘊の仮我の理趣を求めなば、則ち仮我というは実体なし。実体なきは何に由りてか得んことを覓むべき。若し無我の大我を求めなば、則ち遮那の三密、即ち是れなり」（『定弘全』八、二〇三頁）。

終章　存在深層の構造

一　十住心の教判思想
――病源巨多なれば方薬非一なり

空海の数多くある著作のなかから、その代表作を一点のみ挙げよと言われれば、多くの学者たちは『秘密曼荼羅十住心論』十巻（以下『十住心論』）を提唱する。その理由はおそらく、この論著が空海の立宗教判の大綱を示したものとして、空海の思想的特色をもっとも明白に理解し得る著作と考えてのことであったろう。そこでこの拙著の最終章では、存在深層の構造を示すものとして、『十住心論』から読み取れる思想的特色を概観してみることも、意味なしとはしないだろう。

ただしここでは『十住心論』の文献学的考察は差し控えたいのだが、近代学者によっては、それ程に重視される撰著でありながら、なぜか最終章の巻十の最後の部分が、僅かばかり散佚して欠損している。この『十住心論』ときわめて緊密なかかわりを有する空海の「三昧耶戒序」および「平城太上天皇灌頂文」との対比から見て、『十住心論』巻末の散佚部分はそれ程多くの分量ではなかったことが推定できる。いわゆる宗学者によっては、その内容を殆ど等しくする『秘蔵宝鑰《ひぞうほうやく》』三巻を以て事足れりと考えられていたことが、『十住心論』十巻の伝承を等閑視したことにつながったとも考えられる。

その『十住心論』十巻はいつ頃、撰述されたものなのか。その冒頭にある帰敬頌には「天の恩詔を奉《う》けて秘義を述べ、群眠《ぐんみん》の自心に迷えるを驚覚《きょうがく》して、平等なる本《もとい》と四曼《しまん》と、入我我入の荘厳の徳とを、顕証せしめん」とある。

ここで「天の恩詔を奉けて」とは、この撰著が天長七年（八三〇）の淳和天皇の勅徴によるいわゆる「天長六本宗書」の一であったことを暗示している。たしかに天長七年には六宗を各々代表する学僧によって、それぞれの宗書が撰述されている。列挙してみれば、東大寺普機の『華厳一乗開心論』六巻、延暦寺義真の『天台法華宗義集』一巻、西大寺玄叡の『大乗三論大義鈔』四巻、元興寺護命の『大乗法相研神章』五巻、唐招提寺の豊安の『戒律伝来記』三巻である。

これらの中、護命の『大乗法相研神章』巻一では、この著書の撰述と献上の年次を記して「時に天長七年歳次庚戌建巳の月なり」とあるから、これら六本宗書の呈上は天長七年四月頃であったことになる。このとき淳和帝が六本宗書の撰述を命じた理由を詳かにしないが、空海が実際に呈上したのは『十住心論』十巻ではなくて、新撰述の『秘蔵宝鑰』三巻であった。その理由を窺知できるヒントが、護命の『大乗法相研神章』の巻三「略顕諸宗各異門」の末尾に「老僧生年七十三」と記述されていることに見出し得ると思えるのだ。護命は天長六年（八二九）には八十歳であったことは、空海が天長六年九月二十三日に撰書して護命に呈した「暮秋に元興の僧正大徳の八十を賀する詩幷びに序」[1]から明白である。護命自身が『研神章』の序文で自らの年齢を「八十」とするのは概数を示したものであって、実際には八十一歳であったことになる。『僧綱補任』第一の天長四年丁未（八二七）条では「僧正護命」の年齢を「七十八」とするから[2]、護命が『研神章』の初稿を草したのは、タイトルが同じであったか否かは別としても、弘仁十三年（八二二）頃であったことになる。その撰述の意図の一つに、弘仁八年（八一七）以来、法相の徳一と天台の最澄との間で熾烈な三一権実論争がくりひろげられていたことと、その最澄による弘仁九年（八一八）五月以来の大乗戒壇独立の運動とかかわりを有しての著作であったかもしれない。

　実は空海が『十住心論』十巻を著わしたのも、同じような情況のなかでのことであったと考えられるのだ。弘仁十三年という年は、日本の仏教界にとってのみならず、空海にとってもまた、きわめて注目すべき年歳であったのである。この年の二月十一日には太政官符（応東大寺真言院置廿一僧令修行事）によって、国家の為に東大寺に潅頂道場が建立され、国家はそこで空海をして息災増《そくさいぞう》益《やく》の法を修せしめている[3]。この年六月四日には最澄が比叡山寺中道院で入寂しているが、その前日に、いわば嵯峨天皇の独断の形で大乗戒壇独立の勅許が与えられていた[4]。正式に認可する太政官符が出されたのは最澄の滅後七日目であったのだが、比叡山の天台仏教が、同じ天台僧であった鑑真によって確立された我が国の戒律制度の枠外に出ることになったことは、大きな変革であった。こうした時期に、当時の仏教界の統領ともいうべき位置にあった護命が世に問うたのが『大乗法相研神章』の初稿本であったのだ。

この同じ弘仁十三年に空海は嵯峨天皇の強い意向をうけて、政権交替を平穏裡に進めるために、かつて確執の争いを見た平城太上天皇とその皇子の高丘《たかおか》親王に三昧耶戒《さんまやかい》を授け、かつ潅頂に沐せしめている。前年四月からの、両部の大曼荼羅の複写や龍猛《りゅうみょう》、龍智《りゅうち》など真言の祖師像などの多くの仏像類の製作は、一にかかって、この潅頂のためであったのである。潅頂が古代インドの王の即位式に由来することを想起すべきであろう。さすればかつて皇太子であった高丘親王をたとえ宗教的にもせよ、即位せしめることなども意図されてのことであったかもしれない(5)。

このとき空海は「三昧耶戒序」と「平城太上天皇潅頂文」を撰述しているが、実はこれらと『十住心論』はきわめて密接なかかわりを有しているのである。とりわけ「三昧耶戒序」は『十住心論』の原型か、ないしは『十住心論』の縮刷ともいうべき内容を有している。この点について論及する前に、「潅頂文」における一節に留意しておきたい。そこでは「衆生は即ち仏なり。衆生の体性と諸仏の法界とは本来一味にして、都《すべ》て差別なし(6)」として、真言の法門は「衆生をして頓《すみや》かに心仏を覚り、速かに本源に帰らしめん」がための教法であることを説示するのだが、平城太上天皇と空海自身とのかかわりについては、次のように記している。

空海は、まず自らの入唐留学と青龍寺東塔院での三昧耶戒の受持と五部の潅頂について述べて、「国の恩に酬《むく》い奉らんが為に、還って本朝に帰す」と記した後で、平城天皇が即位した「大同元年を以て曼荼羅幷びに経等を献じ奉る。爾《そ》れより已還《このかた》、愚忠に感なくして忽ちに一十七年を経たり。天は人の欲《おもい》に従い、聖は人心を鑑《かんが》みたまう。因縁感応の故に、今日、龍顔に対し奉り、愚誠を遂げることを得たり。一たびは喜び、一たびは懼《おそ》れて、心神厝《お》くところなし」と記し、また「幸いなる哉、此の夕の大小、聖父〔平城〕と聖子〔高丘〕に値《あ》い奉る」(7)云々とある。

空海は帰国後、入京の勅許が出ないまま、大同元年（八〇六）十月二十二日に、遣唐判官高階遠成に托して、国家すなわち平城天皇に提出した「新請来の経等の目録を上《たてまつ》る表」では、「伏して惟《おもん》みれば皇帝陛下、至徳は天の如く、仏日高く転ず。人の父、仏の化なり」と書き、新しい密蔵法文の賫持については「陛下の新《あら》たに旋璣《せんき》を御するを以て、新訳の経、遠くより新たに戻《いた》る」のは、「恰も符契《ふけい》に似たり、聖に非ざれば誰か測《はか》らんや(8)」と自らの熱き思いと新帝の聖なる計《はか》らいの感応を期待しながらも、当時の平城天皇は空海には一顧すら与えなかったばかりか、自らの統治期間の三年間というものは、空海を筑紫に滞留せしめていたのである。すでに述べたように、その間、かつての学朋であり、空海自身の入唐についてももっとも配慮をめぐらした伊豫親王が、平城帝側近の陰謀によって、無実の罪で命を絶つという痛恨な事件もあったのだ。あれから十七年を経た今、その平城太上天皇への授戒と潅頂に当たって、空海の胸中には万感こもごもの思いがあったろう。その思いの一端が、さきの「潅頂文」の一文に端的に表われているし、帰国後の空海は、このときに至るまで、平城太上天皇に謁することは一度もなかったのである。もっとも例の「薬子《くすこ》の変」以来、平城先帝がなかば幽閉状態におかれていたとすれば、それは当然のことであったかもしれない。

ところで、この「潅頂文」では、「無限の広がりをもつ大虚空界よりも、さらに広大なるものは我が心、そして絶対真理の仏の世界をも超えて、なおも独《ひと》り尊きものは、自身がそのままに仏であること(9)」と記されているが、「大覚の慈父」は人の「病に随って薬を与え、種々の法門を説くことによって、その迷津を示し、その帰源への道を示した」のだとも言う。それ故に、法薬の効《き》き目《め》には浅深遅速さまざまあっても、小乗と大乗の教え、あるいは声聞や縁覚や菩薩の三つの法門とても、すべて人びとの機器、つまりは文化的宗教的な環境や素質などの違いに応じて与えられた乗り物であり筏《いかだ》でもあるのだ。たとえそれぞれの乗り物が辿《たど》る行程《こうてい》や速度に相違があったとしても、到達すべき目的地は真理そのものの仏の世界であることは言うまでもない。

このことは、人びとが遵守すべき戒についてもまた言えることであって、それぞれの生存様式の在りようによって、人、天、声聞、縁覚そして菩薩としての戒の区別があることになる。今、まさに授けんとするのは第五の「三昧耶戒《さんまやかい》」であり、心仏不二、万法の絶対平等を体得しうることを基底とする戒なのだと、空海は記す。その意味では、一般的常識の範疇での戒という概念をはるかに超えている。「三昧耶」(samaya)とは絶対平等を意味し、「衆生即ち仏なり、衆生の体性と諸仏の法界は本来一味にして、都《すべ》て差別なし」との「存在深層」の自覚への道程が、当時の八宗に比定されて、律、倶舎《くしゃ》と成実《じょうじつ》との小乗の二乗、法相、三論、天台、華厳の四家大乗へと深まり、最終的にもっとも深層に位置する真言の法門へと深まるのだが、しかし法相以下の法門とても、それぞれ弥勒、文殊、観音そして普賢の各菩薩の三摩地《さんまじ》を境位とするもので、それらの三摩地つまりは静慮の位相が、転妙転深して法身大日如来所説の秘密曼荼羅の世界、つまりは存在深層の究極的境位へと収斂されることになる(10)。

この存在深層の構造はこのときの撰述「三昧耶戒序」においてさらに一層明確に示されていて、この「序」自体、それ以前にまでに撰述されていた『十住心論』十巻のレジュメの感さえおぼえる程である。まさしく在りとしあらゆる人びとの心の「存在深層」の構造が十段階で明示されながら、それらの深層構造が有機的相即的な在りようを基底とするところに、最大の特徴と価値がある。

まず序文の大意も、「三昧耶戒序」と『十住心論』とでは軌を一にしている。「三昧耶戒序」では「若し夫れ一千二百の草薬、七十二種の金丹《きんたん》は身病を悲しんで〔処〕方を作り、一十二部の妙法、八万四千の経教は心病を哀れんで〔教〕訓を垂《た》る。身病百種なれば即ち方薬は一途なること能わず。心疾万品なれば則ち経教も一種なることを得ず。是の故に我が大師薄伽梵《ばがぼん》は種々の薬を施して、種々の病を療したまう(11)」として、人びとの心の境位として「十住心」とそれぞれの心の境位に相応する教説を挙げるのは『十住心論』の構成と完全に軌を一にしている。

その『十住心論』巻一の序では「夫れ宅《いえ》に帰るには必ず乗道に資《よ》り、病を愈《いや》すには会《かな》らず薬方に処《よ》る。病源巨多なれば方薬は一に非ず。己宅《こたく》に遠近あれば道乗も千差なり(12)」として、さらに「灌頂文」と同じく、如来は心病を治す術として五蔵の法を説かれたことに言及する。その五蔵とは、以前にもすでに言及したように、経、律、論の三蔵に般若と総持すなわち陀羅尼蔵を加えたものを指していう。そしてこれら五蔵を牛の五味に対応せしめる。すなわち五蔵は順次に、牛乳、酪、生蘇、熟蘇そして第五の醍醐に相応するという。前の四蔵の薬はただ軽い病を治すのみで重病重罪を治し消すことはできないが、「醍醐は通じて一切の病を治するがごとく、総持の妙薬も能く一切の重罪を消す」として、醍醐に比すべき真言陀羅尼の法門によって、速かに存在深層の構造をきわめ、根源的無知迷妄の根を引き抜くことができるというのだ。そして存在深層の構造として十処を挙げ、地獄、餓鬼、傍生（畜生）、人宮、天宮、声聞宮、縁覚宮、菩薩宮、一道無為宮そして第十は秘密曼荼羅金剛界宮だと言う。衆生は狂迷して本宅を認知できぬままに、地獄ないし畜生の三趣の世界に沈淪しているのだが、聖父たる如来が無知蒙昧の衆生を愍《あわ》れんで、本宅への帰路を示された。その道は真《ま》っ直《す》ぐな路も、遠廻りの道もあり、またその道を行く乗り物とても、色々と用意されたのである。究極の本源へと還り着くためには、「実の如く自心を知ること」こそが最も肝心となり、存在深層の在りようを人びとの心の在りようとして示し、道徳以前の本能のままに生きる心の在りよう（住心）から、順次に、より高く道徳、宗教へと目覚めてゆく心の深まりを十種の住心として挙げて、それぞれの住心に本来的にそなわっている最高度の精神性が次第にその様相を顕《あら》わにしてゆく次第を示したのが『十住心論』十巻であり、「三昧耶戒序」なのである。両書に見られる十住心の名称とその心的境位を簡潔に示せば、次のごとくである。

一、異生羝羊心《いしょうていようしん》　もっぱら欲望のままに快楽に耽《ふけ》り、殺生《せっしょう》などの十不善業にあけくれ、三途《さんず》の極苦の世界へと堕することすら知らぬ人びとの心の状態。世界の成り立ちにも、人や物の相互のかかわりについても、まったく無知であり、知ろうとさえしない。

二、愚童持斎心《ぐどうじさいしん》　人としての在りように漸く目覚め、因果の理法を知って少欲知足の心が発《おこ》り、世間的倫理としての五常（仁義礼智信）や在家の五戒などを遵守して社会規範には順うとはいえ、なおも人としての再生可能を限定する心的境位にとどまっている。

三、嬰童無畏心《ようどうむいしん》　異生の心も愚童の心も、ともに決して固定的なものではない。下劣を悪《にく》み上勝を欣《よろこ》ぶ願望が起こって、嬰童のごとき、何ものをも畏《おそ》れない心の境位へと深まってゆく。この住心は仏教以外のものたち、たとえばバラモン教とかインドの哲学思想に心を寄せて、生天のおもいに心を寄せる三昧耶の段階であるといえる。天の世界にもまた、さまざまあるとはいえ、所詮はなおも生死を超脱することのできない心の境位なのである。

四、唯蘊無我心《ゆいうんむがしん》　善知識の誘導によって、実体的自我は存在しないことに気づき、すべての存在も物質的精神的な五要素が仮りに和合せるものにすぎないと分別し得たとき、欲望の世界から出離する声聞の羊車の教えに目覚める。しかしその羊車に乗り得たとしても、未だ漸く仏道の入口にたどりついたに過ぎない心の境位をいう。

五、抜業因種心《ばつごういんしゅしん》　十二因縁を観想し、世界や人間を構成する諸要素の非永続性を覚知して、生死の世を厭《いと》わしく思う独覚（縁覚）の心の状態。根本煩悩である無明《むみょう》つまり宗教的な絶対無知から次第に生起してくる生死について知悉している独覚の心の境位であって、欲望、物質、精神の三種の世界をも超脱しているとはいえ、なおも完全無垢な心的状況にはない。

六、他縁大乗心《たえんだいじょうしん》　自我への執《とら》われの塵をすべて洗い落とし、他者への思いやりを強くする根本的認識によって、世界の実相に思いを潜《ひそ》め、存在するものに固定的な実体なきことを如実に体得する。かくて生きとし生けるもの、すべてを救済しようという大いなる誓いを立てる心の境位であって、大乗仏教の法相宗の立場に集約できる。

七、覚心不生心《かくしんふしょうしん》　心の本性本体は本来的に生起しないことを自覚し、認識の対象と認識の主体とは別異なものでないことを、如実に知る境位をいう。この心の境位は大乗の三論宗の教旨に該当せしめられる。生滅を離れた絶対の在りようは、心の本来的不生の在りようを示しているとともに、不生不滅、不断不常、不一不異、不去不来の、いわゆる「八不中道」の真理を明らかにするものでもあるのだが、しかしこの境位では、なおも十進九退を繰り返すばかりというのである。

八、如実一道心《にょじついちどうしん》（一道無為心《いちどうむいしん》とも）　先に挙げた名称は「三昧耶戒序」に記載の住心名であり、括弧内のそれは『十住心論』巻八の住心名である。『十住心論』ではこの住心名の下に割注の型式で「亦は如実知自心と名づけ、亦は空性無境心と名づく」とある。「三昧耶戒序」では「一道如実心」とも記されるけれども、明らかに天長七年撰述の『秘蔵宝鑰』の序では、「三昧耶戒序」と同じく「第八、如実一道心」と記しながら、本文の巻下では『十住心論』と同じく「第八、一道無為心」としている。この事実は『秘蔵宝鑰』の撰述時には、『十住心論』とともに「三昧耶戒序」をも参照されての住心名の記述であったことを示唆しているとともに、「三昧耶戒序」以前に『十住心論』が撰述されていたことをも暗示しているといえるだろう。つまり「三昧耶戒序」は『十住心論』のレジュメであったのだ。「如実一道心」とは「心垢を払って清浄に入り、境智を泯《みん》じて如如を証す」る境位だという。『秘蔵宝鑰』序では、「一如本浄にして境智倶に融ぜり。此の心性を知るを、号して遮那《しゃな》と曰う[13]」とある。「三昧耶戒序」でも「如実一道の心は心垢を払って清浄に入り、境智を泯じて如如を証すと云うと雖も、猶し是れ一道清浄の楽にして、未だ金剛の宝蔵に入らず[14]」として、「これを遮那と曰う」段階までには至っていない。

心を含めた万象は一如であり、本来清浄であって、認識の対象も主観も、ともに隔てなく無礙に融消合一している如如の実態を知る心の境位、それを「如実一道心」というのだが、この心の境位とても未だ「金剛の宝蔵」にも喩えられる密蔵の境位には入り得ていないというのだ。

九、極無自性心《ごくむじしょうしん》　あらゆる存在には固定的な実体とてなく、自然界も生きとし生ける有情の世界も、また真理の仏の世界とても、すべては融通無礙にかかわりあっている関係性においてあることを認知し、一切に遍在する法身、すなわち存在の根源を知的には承知しながらも、なおも自心に迷う境位をいう。

十、秘密荘厳心《ひみつしょうごんしん》　これまでの様々な心の境位に留まることなく、さらにこれらの住心を超えて、あるいはさらに深層へと深まって、信心、大悲心、勝義心に加えて、さらに菩提心を発《おこ》すことで、「神通《じんづう》の車を駈《か》って速かに本覚荘厳の床に帰」ることができるという。深遠なる般若の智慧によって前九種の住心を観るとき、それぞれに自性《じしょう》つまり固定的な境位はないことが知られる。それぞれの心の段階には、すべて自性すなわち固定的特性などはないのだから、「展転勝進し」、究極にして最勝の金剛のごとき堅固不壊の秘密荘厳心の境位へと立ち還ることができるのだ。つまりは自心の本源への帰還であり、存在深層の自覚である。

空海は『十住心論』巻十の冒頭では、「秘密荘厳住心とは、即ち是れ究竟して、自心の源底を覚知し、実の如く自身の数量を証悟する[15]」ことという。同様なことは『秘蔵宝鑰』巻下の第十秘密荘厳心の段でも言及される。ここでは偈頌で「九種の住心に自性なし、転深転妙なれども皆な是れ因なり、真言密教は法身の説、秘密金剛は最勝の真なり」と詠ずる。「九種の住心に自性なし」とするのは、それぞれの住心に対比対応するとされる様々な教説、教法とても、決して固定的なものではなくて「転深転妙」してゆくべきものとするのは、旧来のさまざまな教法、宗派、宗教もすべて深層構造の要素たりながらも、すべてがさらに深層へと転深転妙して、遂にはその深層構造を構成しながらも、その源底の秘密荘厳心へと融合するという。このような深層構造を「曼荼羅」の世界と空海はいうのである。自己の根源の世界が、あらゆる他者の在りようとのかかわりのなかで、すべて深層において無礙に融通し共存する在りようにおいて在ることを指していると言ってよい。それが深層構造の実態なのである。

このような深層構造の無礙融通の在りようを端的に示すのが、『十住心論』の第三住心以下に見られる「深秘《じんぴ》釈《しゃく》」である。たとえば第三「嬰童無畏住心」の末尾では、「此れ是の天乗に二種の義あり。一には浅略、二には深秘なり。初の浅略は前に説きしが如し。深秘とは、後の真言門、是れなり。謂わゆる嬰童無畏住心とは是れ謂わゆる天乗なり。若し只《た》だ浅略の義をのみ解くときは、則ち生死に沈淪して解脱を得じ。若し真言の実義を解《さと》らば、則ち若しは天、若しは人、若しは鬼畜等の法門も皆な是れ秘密仏乗なり」(16)として、この天乗の教えを「五字真言」、あるいは「諸世天等普明心真言」に収約して、「我則天龍鬼等」は究極的には「我則大日」へと融消し、こよなき真実世界へと導かれるという。

かくて前九種住心にはそれぞれ深秘なる真実心が内蔵せられていて、とりわけ第三住心以下での解釈では、それぞれの住心に相応する真言をあげて、あらゆる住心の奥底に秘められる深層構造を詳細に説いてゆく。今、ここで、その一々について紹介する余裕を有しないが、一々の「文化的枠組み」が解体されるというよりも、本来的には枠組みそのものは無自性で存在しないのだというわけである。「枠組み」とはまさしく「構造」であり、それ自体が我執の仮の現象化にすぎないのであり、単なる幻影にすぎないのである。幻影の彼方、ないしは奥底に実相を観ずるのが、三昧耶の観想や潅頂による密蔵の体得である。

『十住心論』の主旨は結局のところ「文化的枠組みの解体」ということであった。『十住心論』では、当時の仏教各宗の教説はもとよりのこと、広く東アジアの宗教思想をも包摂して深層構造の体系化がはかられている。しかも留意したいことは、これらの住心に関する記述が空海自身の言葉よりも、むしろ『凡聖界地章』をはじめとする多くの経論をして語らしめる体裁がとられている点である。そのことは『十住心論』そのものの中立性、公平性、客観性を何よりも強く印象づけることになっている。つまり十住心の深層構造の体系化は空海自身の独断によるものではないことへの証左たらしめているのである。経論をして語らしめた『十住心論』十巻は、密蔵の法門自体が「文化的枠組みの解体」とともに、すべての文化を包摂統括して、しかも源底を竭すものであることを表明するものであった。

天長七年の淳和天皇による勅徴で、各宗の特質を示す論書の提示を求められたとき、一端は、空海はすでに撰述していた『十住心論』十巻をそれに当てて上呈しようとした。そのために、改めて冒頭に帰敬の偈頌を附加したのである。しかしこのとき淳和天皇が要求したのは、むしろ「文化的枠組み」の相違とも言うべき各宗の教法の独自性の強調にあった。かくて、深秘的にはその「文化的枠組みの融消」を内蔵しながら、皮相的には「秘密荘厳心」を最高の境位とする『秘蔵宝鑰』三巻を改めて撰述して上呈したのである。だから『秘蔵宝鑰』三巻には表面的にはいわゆる深秘釈は姿を消している。皮相的に見れば、この作品は十種の住心にそれぞれの文化、宗教、宗派を相応せしめて、その浅深を縦に列ねた一種の教判論的な性格がなきにしもあらずである。それはさきに触れたように、この著作が勅徴によって各宗の教法の特色を表明することを目的としていたからでもある。とりわけ第四住心、すなわち仏教の住心に言及し始めるにあたって、まず憂国公子と玄関法師との問答体で、仏教と国家とのかかわりについて論及するのは[17]、この『秘蔵宝鑰』の撰述意図が『十住心論』のそれとはまったく異なっていたことを強く示唆することにもなっている。

しかしここで一点注目しておきたいことがある。たしかに『秘蔵宝鑰』自体には『十住心論』のごとき深秘釈つまりは深層構造の解釈は、少なくとも本文のなかには認められない。しかし十住心、さらに言えば仏法の各々の教法がすべて通底しているという基本的な姿勢は『十住心論』と異なるものではない。そのことは『秘蔵宝鑰』の序において、十住心の概要を述べて、第八住心について「一道を本浄に観ずれば、観音熈怡《きい》し」とすることと、第九住心の「法界を初心に念《おも》えば、普賢微笑したまう」として、「心外の礦垢、此に於て悉く尽き、曼荼の荘厳、是の時に漸く開く」[18]というのは、『十住心論』に見られる深秘釈と軌を一にするものであって、『秘蔵宝鑰』にあっても、この深秘釈が「宝鑰」として「秘蔵」されていることに思いを致すべきであろう。

二　空海の教育思想
——教育の中立性と総合性

空海の交友が実に広範多岐にわたっていたことは、その遺文を撰集した『性霊集』十巻とか、書状を集成した『高野雑筆集』二巻などから窺い知られるところである。その著作も単なる仏教関係に限られず、比較思想論とか文章論、あるいは辞（字）典類にまでも及んでいて、これらの資料から得られる空海像は、まさに曼荼羅の人そのものという表現が実によく似合う。そして一般の民衆とのかかわりを示すものに、讃岐の万農池《まんのうがいけ》の修築とか、民衆のために設立した私立の教育機関、綜藝種智《しゅげいしゅち》院《いん》が挙げられよう。

万農池の修築については『日本紀略』の弘仁十二年（八二一）五月二十七日条には、次のように記録されている。

讃岐国言《もう》す。去年より始めて万農池を隄《つ》くも、工《わざ》大にして民《たみ》少なし。成功未だ期せず。僧空海は此の土《くに》の人なり。山中に坐禅せば獣馴《な》れ鳥狎《な》れり。海外に道を求め、虚《むな》しく往《ゆ》きて実《み》ちて帰れり。茲《こ》れに因りて道俗は風を欽《ねが》い、民庶は影を望む。居すれば則ち生徒《しょうと》は市《いち》をなし、出ずれば則ち追従するもの雲の如し。今、旧土を離れて常に京師に住す。百姓《ひゃくせい》は恋慕すること父母の如し。若し師が来ると聞かば、必ず履《くつ》を倒《さかさま》にして相迎せん。伏して請う、別当《べっとう》に宛てて其の事を済《す》ましめんことを。之を許す[19]。

空海の故郷の万農池の修築は、その工事の規模の大きさに比して人夫の数の不足から、完成に程遠い状況にあった。そのために「百姓は恋慕すること父母の如」き空海を修築の別当(総責任者)として懇請したいというのが、この解文《げぶみ》の趣旨である。人びとが空海を父母のように慕うという表現は、奈良時代の有名な行基《ぎょうき》菩薩を連想せしめるけれども、しかし讃岐の人びとに限らず、空海への大方の思いが、単に勝れた学僧とか、文人墨客の類《たぐい》としてはもとよりのこと、それ以上に民衆と深いつながりをもつ菩薩として、より一層敬愛されていたことを窺い知らせるものである。

万農池の堤の修築で、技術的にどの程度のかかわりを空海が持ち得たかは定かでないとしても、このときの修築の面影を未だに保持しつづけるアーチ式の築堤とか堤自体の構築方法などは現代の土木工学の技術からみても、そのまま通用するものと言われているのは驚きである[20]。

民衆とのかかわりについて、今一つ忘れてならないのは、世界で最初に私立大学を創立したことである。弘仁十四年（八二三）に新帝淳和から東寺を永く給預された空海は、その伽藍の完成に意をそそぐとともに、その東寺の近くに、理想的な民衆の教育機関として綜藝種智院をつくる。その創立の趣意書ともいうべきものが、天長五年（八二八）十二月十五日の日付のある「綜藝種智院の式幷びに序」である。「綜藝」とは、『大日経』具縁品に、阿闍梨《あじゃり》つまり良き教師の資格として「応に菩提心を発《おこ》し、妙慧と慈悲とがあり、兼ねて衆藝《しゅげい》を綜《す》べる」べきことが示されていることに由来する。また「種智」とは『大品般若経』六喩品で「一切種智を用いて一切法を知り已る」とあるのに依っての名称であるという。つまり「綜藝種智」とは、いわば一切の学問の総合的な学習であって、その教育理念の根底には、さきに見た十住心の思想が横たわっての発想である。さらには十住心思想の教育的展開と言っても過言ではあるまい。

　空海が十八歳で大学の明経道へ進んだことはすでに述べた。わが国の大学は都にただ一校のみあって、その創建当時から式部省大学寮に所属して、儒教一辺倒による経学の教育を中核とする官吏養成の機関であった。明経道のほかに算道、文章道（後に紀伝道と改称）、明法道が加わり、時に書道もあったのだが、大学が算、明経、文章、明法の四学科制となるのは奈良時代に入ってからのことである。

　地方にはそれぞれの国の規模に応じた内容の国学が置かれていたのだが、すべての国に設置されていたわけではなかったようである。中央の大学へ進み得るのは、戸主が五位以上の子弟か、東《やまと》と西《かわち》の史部《ふみひとべ》の子に限られていた。そして国学には郡司《ぐんじ》つまり地方官吏の子弟に限って入学が許されたのである。「学令」には、戸主が六位以下であっても、「若し八位以上の子、情《こころ》に願わば聴《ゆる》せ」とある。しかしいずれにもせよ、わが国の教育機関は身分による制限が設けられていて、一般庶民とはまったく無縁の存在であった。

とりわけ大学の文章道は良家の子弟のみを入学せしめ、凡流の子が選ばれることはなかったのである。十五歳で舅の阿刀大足に師事して文章を学んだ空海が、いかに文才に長《た》けていたとはいえ、大学の文章道に進み、さらにその道を究めようとしても、それはまったく不可能であったのである。このような大学の貴族化に異を唱える人士がいなかったわけではない。空海とほぼ同年代の都《みやこの》腹赤《はらか》（七八九―八二五）がその一人である。当時、彼の位階は正五位下で大学の文章道の主任教授ともいうべき文章《もんじょう》博士《はかせ》であったのだが、大学は天下の俊才がすべて集まり来たり、海外の英俊がならび集《つど》う処でなければならぬと主張した。「高才未だ必ずしも貴種ならず、貴種未だ必ずしも高才ならず」とも主張している。俊英は必ずしも貴族の子弟に限らないし、むしろ寒素な下層から輩出されるものと主張して、学生の採用には家柄ではなくて、才能をこそ重視して決めるべきだと言うのである。腹赤がこのような学制改革の必要性を主張したのはその晩年のことであって、(21)空海による綜藝種智院の創設とほぼ時期を同じくしていることに留意すべきであろう。

当時、すでに藤原《ふじわらの》冬嗣《ふゆつぐ》によって創設された勧学院《かんがくいん》、和気氏の弘文院、菅原氏の文章院、橘氏の学館院などが存在したが、これらはすべて、当初は、それぞれの氏族の子弟のみの学生寮ともいうべきもので、個人的な指導はなされたであろうが、いずれも大学の学生であったのである。むしろ注目すべきは、空海が綜藝種智院創設の先例として挙げている「備僕射《びぼくや》の二教《にきょう》、石納言《せきなごん》の芸亭《うんてい》」の二院である。奈良時代に吉備真備《きびのまきび》が設立した「二教院」は儒仏の二教を平等なるものとして学ばしめる私塾のごときものであったろうか。真備は自著の『私教類聚《しきょうるいじゅう》』の目録で、仏教の五戒と儒教の五常との一致を示唆せしめているが、おそらく『顔氏家訓《がんしかくん》』「帰心篇」十六に「内外の両教は本《もと》は一体たり、漸く極りて異と為る」とあるのに影響をうけての儒仏一致思想による「二教院」の設立であったろう。前にも述べたように、当時の知識人にとって、仏教経論の学習は一般教養として広く行なわれていたことであった。空海が学生時代に、この「二教院」がなお存続していたか否かは定かでないが、学生時代の空海が仏教に関心を抱いたことは決して意外なことでも、異例のことでもなかったのである。

他方、石上宅嗣《いそのかみのやかつぐ》の「芸亭院」は仏教を広い視野から学ぶために、仏教以外の書籍をも含めて備えつけて公開した施設であって、いわばわが国における最初の公開図書館であり、研究所をも兼ねていたと思われる。宅嗣は自らの旧宅を阿閦寺《あしゅくじ》として、その一隅に芸亭院を置いたのである。ここでもやはり、儒仏二教を広い視野から学ぶことができたのである。宅嗣の「芸亭院条式」には「内外の両門は本《もと》、一体なり。漸く極まり異なるに似たり」とあるのは、さきにみたように、真備が依拠したと思われる『顔氏家訓』のそれの引用であったろう。[22] これらの「二教院」や「芸亭院」が消滅した後、かなりの時間を経て、さらにこれらの二教に密教を加えた「三教院」が、空海の「綜藝種智院」であったのである。そして、空海が「三教院」設立を目指した最大の目的は、一にかかって大学とは無縁の境遇におかれた一般庶民の好事者へ教育の機会を均等に与えることにあったのである。

そのことは「綜藝種智院の式幷びに序」において、次のように明瞭に記されている。

「今、是の華城には但だ一つの大学のみ有りて、閭塾あることなし。是の故に貧賤の子弟は津《しん》を問う所なく、遠方の好事《こうじ》は往還するに疲れ多し。今、此の一院を建てて普ねく瞳矇《どうもう》を済《すく》わん、亦た善からざらんや」とあるし、さらに綜藝種智院での仏教担当の教員としては、学生の「貴賤を看《み》ることなくして、宜しきに随って指授せよ」とあり、また俗博士すなわち一般学科の教員についても「心を慈悲に住《とど》め、思いを忠孝に存して、貴賤を論ぜず、貧富を看《み》ず、宜しきに随って提撕《ていぜい》し、人を誨《おし》えて倦《う》まざれ。三界は吾が子なりというは大覚の獅吼《しく》、四海は兄弟《けいてい》なりというは将聖の美談なり。仰がずんばあるべからず[23]」とあるのは、この教育機関があらゆる人びとに門戸を開いていたことを如実に示している。

この教育機関は、親交のあった前中納言の藤原三守《ふじわらのみもり》の旧宅と土地の提供を受けて創立されたもので、都の左九条にあって、施薬院の西、東寺の東に位置した、教育には最適の環境にあったという。「貧道、物を済《すく》うに意《こころ》有りて、窃《ひそ》かに三教の院を置かんことを庶幾《こいねが》う。一言《いちげん》響を吐けば千金即ち応ず」とあるのは、空海には早くから庶民のための教育機関を設立する熱き思いがあったことを暗示しているとともに、その思いに藤原三守をはじめ、多くの人びとからの援助があったことをも示唆している。

ここで言及される「三教」が、当時の東洋の三大宗教思想である儒教、道教、仏教を指しているのか、それとも、さきにみた吉備真備の二教院で見られた儒仏二教に密教を加えた三教を意味していたのか定かでないけれども、この「綜藝種智院の式幷びに序」のなかで、空海自身が「道人伝受の事」の段で、「右、顕密二教は僧の意楽《いぎょう》なり。兼ねて外書に通ぜんとならば、住俗の士に任《まか》すべし[24]」とあるから、空海の言う「三教」とは顕密二教と外教ということになり、その外教のなかには儒教とともに老荘の学も含まれていたものと思われる。そのことは、この「外教」について「俗の博士教授の事」を述べる箇所で、「右、九経九流、三玄三史、七略七代、若しは文、若しは筆等の書」として示される学習すべき典籍からみて[25]、この「外教」専攻では儒教、老荘、文学、歴史といった幅広い分野にわたっていたことがわかる。「文」とは詩賦などの韻文をいい、「筆」とは散文をいう。

空海自身は、顕密二教はもとよりのこと、これら外教や文学についても広範にわたって通暁していた数少ない文化人の一人であったのだが、果たして「綜藝種智院」において、実際にこうした広範にわたる外教の教授も行なわれたかどうかは定かでない。しかし空海自身も、おそらく全分野にわたって大綱の指導には当たったであろうことは、想像にかたくない。時としては、この三教院で教鞭をとったこともあったかもしれない。『性霊集』序において、弟子の真済《しんぜい》は師主空海について「青襟《せいきん》にして槐林の春秋を摘《つ》み、絳帳《こうちょう》にして山河の英萃に富む」と記しているのが、そのことを暗示しているかのように思われる。「綜藝種智院の式幷びに序」における「俗の博士教授の事」で、俗博士の心得を述べて、「若し青衿《せいきん》黄口にして、文書を志し学ぶもの有らば、絳帳先生、心《こころ》慈悲に住し、思《おもい》忠孝を存して、貴賤を論ぜず貧富を看《み》ず、宜しきに随って提撕《ていぜい》し、人を誨《おし》えて倦《う》まざれ」とも書いている。真済の文章と空海のそれとを対比するとき、空海自身もまた「絳帳先生」の一端を分担したことがあったことを類推せしめる。

いずれにもせよ、綜藝種智院では幅広い総合教育が目標とされていたことは、この「序」において、さらに「三世の如来は兼学して大覚を成じ、十方の賢聖は綜通して遍知を証す。未だ有らじ、一味美膳を作《な》し、片音《へんいん》妙曲を調《しら》ぶる者は」ということからも、よく理解できる。ただ一つの調味料と食材だけでは美味なる御馳走を料理することはできないし、ただ一つの音階だけで妙曲を奏《かな》でることも不可能であるのと、同じことと言うわけだ。

しかしながら「毘訶《びか》の方袍《ほうぼう》は偏《ひとえ》に仏経を翫《もてあ》そび、槐序《かいじょ》の茂廉《ぼれん》は空《むな》しく外書《げしょ》に耽ける。三教の策、五明《ごみょう》の簡《ふんだ》の若《ごと》きに至っては、壅《ふさ》がり泥《なず》んで通ぜず」という現状であったのだ。つまり仏教寺院で学ぶ僧侶たちは、ただ仏教経論の文字面《もじづら》だけを追いかけて事足れりと思いこみ、大学の俊秀たちもまた、仏教以外の典籍のみを読み耽けることに汲々としている。かれらにとって、三教にわたる書物とか、あらゆる学問にかかわる典籍に至っては、完全に八方ふさがりの状態におかれて、眼に触れることとすらないという有りさまなのだ、という程の意味になろうか。

かくて空海は、自らが主唱する理想的教育のための四条件を提示する。「処・法・師・資(26)」がそれである。まず第一の「処」とは教育の環境をいう。そこでは「智を得ることは仁者の処に有り」とするから、理想的な教育環境とは、地理的条件や風俗的な環境条件のほかに、なお加うるに、あるいはそれ以上に「仁者」のいます処ということになる。それはいわば人的な環境ということになろうか。孟母三遷の例を俟つまでもなく、教育にとって環境が重要であることはいうまでもない。「綜藝種智院の式幷びに序」の「招師章」で、まず挙げられるのが学問にとって環境の与える影響についての言及である。すなわち「〔論〕語に曰く、里は仁を美とす。択《えら》んで仁に処《お》らずんば、焉《いずく》んぞ智を得ん」というのが、それである。「人は仁の美風のある処をこそ選ぶべきであって、仁の気風のない処に止住して、一体どうして智者になり得ようか」というわけだ。加うるに綜藝種智院の学舎は都の左九条に在り、土地は二町余り、建物は五棟もある。学舎の南北の表裏には、それぞれ清らかな湧水が流れ、東に施薬院、西に東寺が位置して静寂そのもの。風が吹けば松竹が琴箏のような妙なる音を奏《かな》でるようだし、春には鶯が鳴き、秋には雁が声を出しながら飛来してゆく。西側には、それ程遠くないところを白虎《びゃっこ》の大道が通り、南は朱雀《すざく》通りに面して小さな沢もあり、僧俗が逍遙するには最適な場所だという。人と処とを得た学舎というわけである。

第二の「法」とは教育のカリキュラムを指す。そのカリキュラムの主柱として、「覚を成ずることは五明《ごみょう》の法に資《よ》る」をあげる。五明とは古代インドのあらゆる分野の学問を意味していて、具体的に言えば「声明《しょうみょう》」（文法、音韻学、言語学）、「工巧明《くぎょうみょう》」（工藝、技術学）、「医方明《いおうみょう》」（医学、薬学）、「因明《いんみょう》」（論理学）、「内学《ないがく》」（自らの専門とする宗教学）であるが、さらには『論語』によって、智者は六藝（礼、楽、射、御、書、数）のあらゆる分野の学問や技藝に通ずることが必須であり、また『大日経』には「衆藝《しゅげい》を兼《か》ね綜《す》べる」ことが「伝教の阿闍梨《あじゃり》」であるための必須条件と説かれるとする。さらには『十地論』においても、菩薩が菩提《さとり》を成就するためには、まずは五明のあらゆる分野にわたる学問を修めることが必要と説かれていることなどに言及する。要するに総合的な学習が「三教院」での基本的なカリキュラムなのである。ただそのカリキュラムの具体的内容を知る資料は残されていないものの、その原則なり基本方針は、まさしく三教にわたっての綜合的な選択制による教育であり、学習であったことがわかる。

第三の「師」は教育に携わる教師の資格を指す。当時の大学では各道（学科）ごとに、教員としては、主任教授に当たる博士が一人、その下に助教が二人、そしてさらに直講三人が配置されていたのだが、「綜藝種智院の式幷びに序」では「道人伝受」の教師と外書を教える「俗博士」の二種の教師を挙げるにすぎない。その人数などはわからないが、「師を招く章」では、「法を求むることは必ず衆師の中に於てす」とあり、「師に二種あり、一には道、二には俗。道は仏経を伝うる所以《ゆえん》、俗は外書を弘むる所以なり。真俗離れずというは我が師の雅言なり(27)」とあるのが参考となろう。つまり真俗ともに離れざる総合教育が、綜藝種智院の目指すところであったのである。

教育にとって何よりも大切な要件は、人格、教養ともに優れた教師の存在にあることは言うまでもない。「一、道人伝受の事」では、先に引いたように「右、顕密二教は僧の意楽《いぎょう》なり。兼ねて外書に通ぜんとならば、住俗の士に任《まか》すべし」云々とあるから、仏教専攻生にあっては一般仏教を選ぶか密教を択《えら》ぶかは任意の選択にまかされていたことがわかる。同時にまた、この綜藝種智院では密教に限定することなく、広く一般の顕教についての学習ないしは学修も可能であったことを示している。しかも仏教専攻生で外書をも学習するものは、俗博士に就いて学ぶべきことと規定されているが、当然ながら外書を学ぶ者にも、仏教や密教を学ぶ門戸は開かれていたのである。

ただこの三教院で「顕密二教」の具体的な教育カリキュラムを知ることができないのは残念である。空海自身の『弁顕密二教論』など、当然ながらテクストとして依用されたであろうことは、十分に予想されるところである。他方、「俗の博士教授の事」では、「右、九経九流、三玄三史、七略七代、若しは文、若しは筆等の書」とあるところからみて、俗の課程では儒教、道家、荘子などにかんするテクストの他にも、中国古代史や詩賦などの文学や文章論にかかわる分野での学習も意図されていたことがわかる。文章論にかんしては空海自身の『文鏡秘府論』六巻とか『文筆眼心抄』一巻などがテクストとして依用されたことは十分に考え得られることである。空海が編んだ『篆隷《てんれい》万象名義《ばんしょうみょうぎ》』の字典も、「三教院」の学習では多く利用されたであろう。

「真俗離れず」というのが、空海の教育理念であって、仏典に説かれる教法も外書が明《あか》す理《ことわり》も、ともに真理として別異ではなく、二にして二に非ずの思想的立場に総合教育のカリキュラムの原理も見出していたのである。

第四に「資」とは、学生とともに、また学資をも指す。環境が整《ととの》い（処）、カリキュラムが万全であり（法）、すぐれた教師がいたとしても（師）、「資」すなわち学資への配慮が十分であってこそ、はじめて教育の効果は万全となり得る。「師資糧食の事」では、まず「夫《そ》れ人は懸瓠《けんこ》に非ずというは孔丘《こうきゅう》の格言なり。皆な食に依って住すというは釈尊の所談なり」という。人が生きてゆく上で衣食住が不可欠であることは言うまでもない。「然れば則ち其の道を弘めんと欲《おも》わば、必ず須《すべか》らく其の人に飯《はん》すべし。若しは道、若しは俗、或いは師、或いは資、学道に心あらん者には、並《なら》びに皆な須らく給すべし」とも述べる。

つまり教師はもとよりのこと、学生に対しても、すべて完全給付制を採用したのである。このように見てきたとき、空海の創設した教育機関の「綜藝種智院」は、画期的な最新の理想的組織と形態と、そして何よりもすぐれた内容を備えたものであったことが納得できるだろう。わが国はもとより、世界の教育史にあっても特筆すべきことに属するし、世界で最初の理想的な私立大学の創建であったともいえるだろう。

当時の大学はいわゆる「勧学田」を運営の経済的な基盤としていた。空海の場合もまた、多くの有志の人びとからの援助によって設けることのできた勧学田の収益を以て、学園の運営に充当したことが知られているが、一説には、わが国における公益の信託事業は、綜藝種智院の運営とのかかわりにおいて、空海によってはじめて考案され実施されたのではないかと予想されてもいることは、(28) 注目すべきことであろう。

三　深秘学の帰結

――『般若心経秘鍵』の読み解き

およそ『般若心経』(以下『心経』)ほど、漢字文化圏にあって幅広く読誦された経典は、他に比類をみないだろう。この経の漢訳も存欠を含めて十一訳あったことが知られることも、そのことを傍証するといってよいだろう。『大唐内典録』巻二に見える支《し》謙《けん》訳の『般若波羅蜜呪経』は西紀二二三年ころの翻訳であって、もっとも古いものであるが、残念ながら現存しない。五世紀初頭に羅《ら》什《じゅう》が訳した『摩訶般若波羅蜜大明呪経』や七世紀中葉に玄奘《げんじょう》が訳出した『般若波羅蜜多心経』などが、もっともよく知られたものだろう。空海が長安で師事して梵語などを学んだインド僧の般若三蔵が七九〇年に利言《りごん》とともに訳した『般若波羅蜜多心経』は、序分《じょぶん》、正宗《しょうしゅう》分《ぶん》および流通分《るずうぶん》からなる「大本」と呼ばれるもので、羅什や玄奘が訳した経はただ本文に当たる正宗分のみの「小本」と呼ばれる経である。

一般にこの経典は「色即是空、空即是色」に象徴される大乗仏教の核心である「般若の空観《くうがん》」の哲理をコンパクトに説く経典と見做されている。この見方に誤りはないとはいえ、こうした見解は、この経の原題“Prajñāpāramitā-hṛdayam”の‘hṛdaya’を玄奘が「心」と意訳したことと無縁ではないと言われる。羅什などは、この‘hṛdaya’を「明呪」と訳しているように、‘hṛdaya’は‘dhāraṇī’（陀羅尼、呪）と同義の語でもあるのである。つまり、あらゆる災厄を除き、福《さいわい》を招く神呪を意味する語でもあるのだ。玄奘はこの‘hṛdaya’の原意の「心臓」「心」を採用することで、やがてはこの経が般若・空の心髄を説く経と解されるようになるのである。この傾向は玄奘の瑜伽行派（唯識）の系統を引くグループの学僧たちによって主張し始められたと思われる。唐の円照の『貞元釈教目録』巻十七では、般若三蔵が訳出した『般若心経』を皇帝に献上したときの貞元六年（七九

○）八月十一日の皇帝の批に「般若心経は大乗の秘旨、頃者《このごろ》、玄奘訳翻して字義已に周《あま》ねし。その首〔序分〕と従〔流通分〕において、或は未だ詳かに備えざるに、近く罽賓《ケイヒン》国僧般若が中華に来り至るに因り、此の遺文を伝う」(29)とある。

ところで羅什や義浄の訳出した経の末尾には「略讃」とか「功能文《くのうもん》」があって、たとえば義浄の訳本では「此の経を誦ずれば十悪五逆、九十五種の邪道を破す。若し十方の諸仏に供養し、十方の諸仏の恩に報《むく》いんと欲《おも》わば、当《まさ》に観世音(30)、般若を誦ずること百遍、千遍なるべし。昼夜を問うことなく常に此の経を誦ずれば、願として果さざるはなし」とあることに留意すべきだろう。この「功能文」や「略讃」は『心経』自体の信仰形態を実によく表わしているからである。

また『心経』は観音が玄奘に親授したとする伝承もあって、玄奘の弟子窺基が記したという「梵本般若心経序」では、玄奘が入竺のとき一人の羅病僧から、あらゆる災難を免がれる密呪を授かったという。このとき口授されたのが「三世諸仏心要法門」である『心経』であったというのである(31)。

『心経』を密呪と見做す例は、わが国の奈良仏教においても、同様に認められる。たとえば天平年間（七二九—四九）の「智識優婆塞貢進文」を見ても、「多心経」とか「心経」はその殆どが出家を希望する優婆塞の学び修すべき経論としては、「読経」の項ではなくて、諸種の陀羅尼類と同じ「誦経」の部類に記入されていることによっても傍証されるだろう(32)。

よく知られているように、『心経』の冒頭の箇所に見られる「一切の苦厄を度す」という部分は梵文原本には見られないけれども、この経の梵本の末尾の部分では「般若波羅蜜多という真言は一切の苦を除く真実にして空虚《むな》しからざるもの」とあって、漢訳の「能除一切苦、真実不虚」と一致していることにも留意しておきたい。インド哲学者の佐保田鶴治氏は「『心経』の核心が般若波羅蜜多という女性の菩薩の心臓である明呪を授かることにある以上、その真言の前に説かれる経文は薬の効能書きに当たる」とさえ述べている。(33) 空海の「御修法奏状」に徴して、蓋し炯眼の至りというべきであろう。

空海が承和元年（八三四）十一月に上奏した「宮中真言院正月御修法奏状」では、「空海聞くならく、如来の説法に二種の趣あり。一には浅略趣、二には秘密趣なり。浅略趣とは諸経の中の長行偈頌、是れなり。秘密趣とは諸経の中の陀羅尼、是れなり」とする。長行とは散文のことを指すが、その浅略趣の部分は恰も『太素経』や『神農本草経』が単に病源を論談し、薬性を分別するがごときであるというのである。まさしく効能書きということになる。それに対して秘密趣では真言や陀羅尼こそが、病人に対して薬を処方し、これを服用せしめることで病患を消除し、性命を保持することを期するものだというのである。(34)

『心経』の散文の部分と最後の明呪を出す真言分とが、まさに如来の説法の浅略趣と秘密趣に当たるのだが、その浅略趣のなかにも深秘なる菩薩の境位を読み取ることで、すべての法門の宗旨が最終の真言持明分へと帰入することとなり、深層構造の世界、つまり一大法曼荼羅の世界が形成されてゆくのである。その深層構造を説いたのが、空海の晩年の著作『般若心経秘鍵《はんにゃしんぎょうひけん》』（以下『秘鍵』）である。

この『秘鍵』が、その冒頭に帰敬と発起の二頌八句を措くのは、『秘蔵宝鑰』三巻と同様の形態といえる。撰者名の記入の仕方も両書で共通しており、「遍照金剛撰」とする。帰敬と発起の二頌につづく序文は次のように始まる。

夫《そ》れ仏法遙《はる》かに非ず、心中にして即ち近し。真如外《ほか》に非ず、身を棄てて何《いづく》にか求めん。迷悟我れに在れば、則ち発心《ほっしん》すれば即ち到る。明暗他に非ざれば、則ち信修すれば忽ちに証す。哀れなる哉、哀れなる哉、長眠の子。苦しい哉、痛ましい哉、狂酔の人。痛狂は酔わざるを笑い、酷睡《こくすい》は覚者を嘲《あざ》ける。曽て医王の薬を訪《とぶら》わずんば、何れの時にか大日《だいにち》の光を見ん。

敢えて現代語で言いかえることもなかろう。空海は四十歳の初算賀に際して撰述した「中寿感興の詩并びに序」において、「三昧の法仏は本より具《つぶさ》には我が心なり」と言い、「安楽なる覩史《とし》は本《もと》より来《このか》た胸中なり」と詠じていたことを想起すべきである。そして仏の世界、真実の存在世界は自己の当体そのものであることを論じたのが『即身成仏義』であった(35)。

ちなみに、この「夫れ仏法遙かに非ず」の序文が、唐の天台僧明曠述と言われる『般若心経疏』に見られるけれども、湛然《たんねん》の弟子である明曠が玄奘訳の『般若波羅蜜多心経』の注釈を著わすこと自体、考えられないことと言われ、この『般若心経疏』は日本で作られた天台義に則《のっと》る偽作とされるから(36)、この偽作の撰者が空海の『秘鍵』の序文を援用したものと見るべきである。

空海はさきの序文につづけて、「翳障の軽重、覚悟の遅速のごときに至っては、機根不同にして性欲《しょうよく》即ち異なり」という。すなわち視力障害にもさまざま軽重があり、素質能力にも色々な違いがあるのだから、それぞれに適応する教薬にも、顕教とか密教の違いがあり、またその密教にあっても、『大日経』系と『金剛頂経』系の異なりもあることになる。さらに言えば「五乗鑣《くつばみ》を並べて蹄《ひづめ》を幻影の埒《らち》に踠《つまず》かす。其の解毒に随って薬を得ること即ち別なり」として、この『心経』自体のなかにも「五乗」が鑣を並べて、それぞれの機根に応じた教柵が設けられているという。

空海は夙に『請来目録』において、「機に随って浅深あり、五乗、鑣を分つ」としながらも、しかもなお「法海は一味」としていた(37)。五乗とは一般には声聞、縁覚、菩薩の三乗に人と天の二乗を加えたものをいうのだが、この『秘鍵』では、顕教の華厳、三論、法相、縁覚・声聞の小乗、そして天台を合しての五乗を指すとみて、『心経』の長行すなわち散文の部分では、これら五乗が浅略趣として順次に説かれているとみるのである。つまり、これら五乗とはそれぞれ別異の柵によって取り囲まれた「枠組み」を指している。その柵あるいは枠組みがそれぞれ異なった教法の言説による意味体系を指すことはいうまでもない。しかしその柵は決して固定的な枠組みではなくて、それぞれの柵の境界の深層に秘められている深秘なる実義が発現されるとき、すべての枠組みは消え果てて取り払われて、ダイナミックな深層構造へと統合されてゆくというのが、空海の『秘鍵』の要諦である。

相互の浸入を許さないかに見える異文化の枠組みが、自己中心的視点の地平を超えて、空と海とがつながる地平融合の世界、深層構造のマンダラ世界の実現を読み解く秘密の鍵、つまりはキイ・ポイントを空海は如実に示現してくれるのである。その秘密の鍵によって「大日の光」を見るためには、医王の薬を訪《ただ》すことこそ肝心であり、その薬の処方を示すのが「大般若菩薩の大心真言《だいしんしんごん》の三摩地の法文」である『心経』なのだという。

「般若《はんにゃ》」(prajñā)とは仏の叡智の光そのものであり、その光からすべてのものが生ずるとすれば、まさしく般若とは仏母《ぶつも》と呼ばれるべきものである。それと同じように、「心」と訳されるフリダヤ(hṛdaya)はダラニ(dhāraṇī)と同義であって、ダラニのコトバから仏法を示すあらゆるコトバが産出されることになる。そしてこのダラニのコトバを修習し読誦するものは、このコトバの深秘なる功力《くりき》によって、「能《よ》く一切の苦を除き」、「真実にして虚《むな》しからざる悟り」へと導かれることになる。

このように空海が『心経』を、あらゆる仏の母であり、かつ智慧の光そのものである般若波羅蜜多(Prajñāpāramitā)が人格化された「大般若菩薩」の大心真言三摩地の法門、すなわち「偉大なる智慧の光である般若菩薩の心髄である真言のコトバの深秘学の教え」と解するのは、決して空海の単なる思いつきによる独断的な見解ではないのだ。それは阿地瞿多《あじぐった》が七世紀中葉に訳出した『陀羅《だら》尼集経《にじっきょう》』巻三の「般若波羅蜜多大心経」や、不空三蔵訳『大楽金剛不空真実三摩耶経般若波羅蜜多理趣品』、通称『般若理趣経』との相互関連性を考察して得られた結論だったのである。

『陀羅尼集経』巻三の「般若波羅蜜多大心経」では、舎衛国《しゃえいこく》の祇樹給孤独園《ぎじゅぎっこどくえん》で梵天が教主の釈尊に対して「般若波羅蜜多の不可思議なる功徳」について尋ねたのに対して、釈尊は「我れ他化自在《たけじざい》天《てん》において略《ほぼ》〔般若の〕呪と印とを説けり」と答え、重ねて梵天に対して「我れ今、汝の為に此の功徳を説かん」と述べて「般若菩薩の像画法」をはじめ、般若菩薩の十三種の印と九種の呪を出し、「般若壇法」などの瞑想法が説かれるのだが、その第十六の「般若大心陀羅尼」の呪が『心経』末尾の心呪「掲帝《ぎゃてい》掲帝《ぎゃてい》、波囉《はら》掲帝《ぎゃてい》、波囉《はら》僧掲帝《そうぎゃてい》、菩提《ぼうじ》、莎訶《そわか》」（gate gate pāragate pārasaṃgate bodhi svāhā）と同一である[38]。しかも留意すべきは、この「般若波羅蜜多大心経」においては、「般若、空」にかかわる哲理に関する文言は一言半句も認められないことであり、ここでは観自在菩薩も登場しないという事実である。そしてこの「大心経」の冒頭に認められる「我れ他化自在天において略《ほぼ》、呪と印とを説けり」と釈尊が述べる所説とは、教主大毘盧遮那如来が他化自在天において、金剛手菩薩などを対告衆《たいごうしゅ》として説かれた『般若理趣経』そのものに対応せしめることが可能である。ここに空海が『心経』を『般若理趣経』と相応せしめて深秘釈を試みる根拠があるのである。

『秘鍵』の序文で、この経には一切の顕密の仏法が凝縮して包含され、一々の声字が有する神秘的なはたらきは、無限の時間を費して説きつづけても、決して説き尽くし得ない程に、秘奥なる深層の密義がこめられているとして、「この故に誦持《じゅじ》し講供《こうく》すれば、則ち苦を抜き楽を与え、修習思《し》惟《ゆい》すれば、則ち道《どう》を得、通《つう》を起す[39]」とあるのは、『心経』そのものの原初的な特質を示唆するとともに、この経のそれぞれの分段に読み取れる様々の法門も、究極的には最後の「大心真言」へと帰結することを明白に示しているといえよう。

かくて空海は、『心経』の長行つまり散文で説かれた本文の部分を五段階（五乗）に分けて、その内容を『理趣経』と対応観照して、順次に「建・絶・相・二・一」に区分し、それぞれの分段に順次、華厳、三論、法相、縁覚と声聞との二乗、そして天台一乗の教法を読み込んでいる。このような独自の解釈については、空海自身「釈家《しゃくけ》多しと雖も、未だ此の幽を釣《つ》らず」として、空海独自の秘釈であると断言し、この深秘学こそ『心経』の真意を読み解く秘鍵というわけである。

空海の秘釈の特異性は、この経のタイトルの解釈にもよく表われている。空海にとって経典の題目は単に内容を表示するための空虚な記号ではなくて、題目自体が実践（人）と真理（法）と修辞（喩）の三つの観点を有し、しかもこれら三点からの読み解きは、単に経題の解説のみにとどまらず、その経典の全内容の解明へと開かれたものとなっている点でも、余他の釈家には比類を見ないものである。空海の撰述に多くの「開題」類のあることが、そのことを端的に物語っている。[40] つまり空海の場合には単なる記号的な経題の「解題」ではなくて、経の題目を人・法・喩の三種の観点から解き開くことで、その経典自体の深層に秘められる深秘な構造を闡明ならしめるのである。

ここにおいても『心経』の漢訳の題目と梵語の原題目とを並列して解説を加えてゆく。梵語の原題は悉曇文字で記されていて、しかもその記載には誤りが認められるが、おそらくは転写の間に生じた誤記であろう。密教学者の松長有慶氏にはすぐれた『秘鍵』の読み解きがあって、これらの誤写についての幾通りかの伝承があることに言及している。[41] この誤写は、『心経』の呪の悉曇文字による表記にも認められるけれども、これとても同じ理由からの誤記であろう。余談ながらも、こうした誤写が明白である以上、未だに訂正されないのは不可解である。真言の法がいかに面授を重視するとはいえ、いつの頃からか誤写のままに伝授されたのが後生大事と誤ったままを受け習って、その真意が体得できるとは思えないのだ。空海の著作にあっても、明白に誤写と認められたものについては大勇を以て訂正して次代に引き継ぐべきであろう。

今、『心経秘鍵』に出される梵語タイトルをローマ字で示すと、次のごときである。“Buddha-bhāṣā-mahā-prajñāpāramitā-hṛdaya-sūtram.” この梵文タイトルがいかなる典拠によるものか詳かでないが、敦煌文書に伝わるものでは、末尾に “iti prajñāpāramitā-hṛdayaṃ samāptam” とあるのみで「以上、般若波羅蜜多のフリダヤ終る」ということ(42)。ただ考えられることは、長安で師事した般若三蔵が『般若心経』の大本を漢訳しており、空海自身、帰国に際して、般若三蔵自身から「梵夾三口」を贈られているから、あるいはその中に『心経』大本の梵本があったと考えられないこともない。しかしそれは飽くまでも単なる推測の域を出るものではない。

いずれにもせよ、空海はこの梵文タイトルを解釈して、「仏（buddha 円満覚者）―説（bhāṣā 密蔵開悟、甘露を施す意味）―摩訶（mahā 大・多・勝の義）―般若（prajñā 定慧）―波羅蜜多（pāramitā 所作已弁）―心（hṛdaya 処中）―経（sūtram 貫線摂持）」とする。この経題の文字の配列において、「般若」を中核として、「摩訶」と「般若波羅蜜多」とが中央の「般若」を囲み、その外延に「説」と「心」とが並び、もっとも外側に「仏」と「経」とが配置される三重の法曼荼羅を読みとることができるという。きわめて卓見というべきである。かくて、この法曼荼羅は「偉大にして勝れて多様な禅定と智慧の至極の心髄、つまり「心真言」について、円満なる覚者が開示された経典」とハーバード大学教授の阿部龍一氏は読み解いている(43)。つまり、この経題自体が般若菩薩がコトバとして現成したものであり、その般若菩薩の法曼荼羅として『心経』全体が構成されているのである。

その構成を空海は五段階に分割して読み進めてゆく。

㈠、「人法総通分」(観達自在の行人による実践と真理の自覚についての総体的な叙説であって、『心経』の「観自在」から「度一切苦厄」までの部分)

この部分の末尾で「観人、智慧を修して深く五衆を照らす。歴劫修念の者、煩を離れて一心に通ず」という五字四句で総括している。つまり能《よ》く行ずる人としての観自在が、根本的存在原理としての菩提の心を「因」とし、真理を観るものであり、真理自体でもある般若の観照体験を「行」ずることで、五蘊(五つの構成要素)が仮りに和合したかに見えるものにすぎない一切の事物事象は、実はすべて「空《くう》」つまり実存ではないことを「証《あか》」し、深き安らぎの境地へと「入」り得る。その結果、あらゆる苦悩や災厄から自由となり、万有の根源ともいうべき絶対真理たる仏の心(一心)へと通達するのだ。しかし人により、また行ずる教法、修法の違いによって、その安らぎへと到る「時」にも差異があることになるという。

㈡、「分別諸乗分」(『心経』の本文の中ではもっとも長く、「色不異空」から「無所得故」までであって、空性の哲理を教理的に説明する部分に当たる。

空海はこの部分を「建・絶・相・二・一」に五分して、当時の日本仏教の七宗の教理と相応せしめる読み解きを行なっている。「建」などの名称は、一見、奇異の感を与えるかに思えるが、これらの中、「二」は縁覚と声聞の小乗の二乗を指している。そして他の四つは『般若理趣経』との対応によるもので、その『理趣経』に出てくる如来と菩薩の名前に由来している。その一々について概観しておこう。

(1)「建」(「色不異空」から「亦復如是」までの部分)

この部分を空海は『理趣経』における「一切法は平等なりと説く建立《こんりゅう》如来の三摩地門」として読み込むのである。この部分を総括して「色と空とは本より不二なり、事《じ》と理《り》は元《もと》より来《このかた》同なり。無礙《むげ》に三種を融す、金水《こんすい》の喩、その宗なり」と詠ずる。

「色《しき》」すなわち、現象界の事物事象は「空」である。つまりそれ自体としての独自性を有しない。そしてその独自性をもたないということ自体が、そのまま存在の在りようにほかならないのだ。だから「色」と「空」の間に隔絶はなく、円融無礙の関係にあるということになる。事物事象の存在様相(事)と事物事象をそれたらしめている存在の根本原理(理)もまた、本来的には円融していて別異ではない。存在原理とその顕現たる事物事象が未分で円融せる情況が理事無礙であり、事物事象は本来的に相互に融合しあって礙げあうことのない在りようを事事無礙といい、存在の理法そのものに別異性のないことを理理無礙という。このような事物事象の在りようは、恰も黄金で作った獅子の像に、黄金と獅子とが分かれ難く円融しているが如きであり、波のうねりと水との間には、それを分け融てる境界線など、なきが如くである[44]。この解釈は空海の『十住心論』巻九「極無自性住心」と深くかかわっているが、その典拠は『大日経』「住心品」やその注釈の『大日経疏』にあることを言い添えておく[45]。

(2)「絶」(「是諸法空相」から「不増不減」までの部分)

この部分を『理趣経』の「文殊師利理趣品」に相応すると見ての読み解きである。この部分を「絶」の段と名づけるのは、文殊の利剣の切れ味の鋭利さを示すもので、般若波羅蜜多があらゆる戯論《けろん》つまり日常の言語的妄念の作用や妄執、妄分別を、ものの見事に断ち切って、空性の真実をあらわすはたらきを有することを示している。

『理趣経』では、この「一切無戯論如来とは是れ文殊師利菩薩の異名なり[46]」とするが、いわゆる「三解脱門《さんげだつもん》」あるいは「三空観門《さんくうがんもん》」と呼ばれるものであり、煩悩のけがれなき解脱へと入り得る門戸となる三種の瑜伽禅定、つまりは観照体験である。すなわち人も万物(法)も、ともに実体なき「空」を観ずる「空解脱門」、あらゆる事物事象にそれぞれの別異性を見て、それぞれに境界線ありと見る境位を離れる「無相解脱門」、そして執著のもといともなる願求のおもいを捨てる「無願解脱門」の観照体験をいう。『理趣経』では、この解脱門につづけて、さらに「諸法は光明なり、般若波羅蜜多は清浄なるが故に」とつづける。「般若」(prajñā)と同義語の「明」(vidyā 呪)、さらにその内容の心髄(hṛdaya)である陀羅尼(dhāraṇī)が放つ仏の光、その光明のなかに説かれる明《みょう》呪《じゅ》こそ、まさしく本来的に清浄で光り輝く般若波羅蜜多そのものということなのである[47]。

「文殊の利剣」に比せられる八不中道は、まさしく『中論』などに説かれる三論宗の教旨であるが、『心経』では「不生、不滅、不垢、不浄、不増、不減」の六不が挙げられるけれども、それは「開合の相違」と見做されている。

この段を総括して、「八不に諸戯《しょけ》を絶つ、文殊は是れ彼《か》の人なり、独空は畢竟《ひっきょう》の理、義用《ぎゆう》最も幽真なり」と詠ずる。「万有は八不の在りようにおいて在るというのが真理〔法〕なのであり、その真理を示す人こそ、すべての戯論つまり言語的妄念を絶ち切る文殊菩薩とその利剣、「空」こそが畢竟の真理であって、そこから自然に生ずる大智と大悲のはたらきこそ、もっとも幽邃にして真実たるもの」ということになろうか。

(3)「相」(「是故空中無色」から「乃至無意識界」までの部分)

この「相」の部分を空海は「摩訶梅多羅冒地薩怛嚩(Mahā-maitreya-bodhisattva)の三摩地門」とする。なぜかこの「相」の段と最後の「一」の段に限って、該当する菩薩名が梵語の漢字音写で示されている。この「相」の段を大慈氏菩薩の禅定の境位とみる。一般には梵語の音写である弥勒菩薩の方がよく知られている。この段を『理趣経』の第十「摧一切魔菩薩章」に相応するとして、その注釈である『般若理趣釈』で「能調〔伏〕持智拳如来は摧一切魔菩薩の異名であり、この菩薩は本《もと》は慈氏菩薩であって、内には大いなる慈《いつく》しみの心を秘めて、調御しがたい諸天に哀愍《あいみん》を垂《た》れ、外には猛威を示して教化をうけしめて、悟りの世界へと導く[48]」と言われる。『心経』のこの段を「相」と呼称するのは、この部分を「因果を示して誡《おしえ》とし、相性別論して、唯識《ゆいしき》、境を遮す」という法相宗の唯識説と見做してのことである。つまり因果の理法を示すことを教旨とし、現象世界は人間の意識が妄想的に分節惹起した幻影にすぎぬというわけである[49]。それを総括して、「二我何《いず》れの時にか断つ、三祇《さんぎ》に法身を証す、阿陀《あだ》は是れ識性《しきしょう》なり、幻影は即ち名賓《みょうひん》なり」とする。つまり人間の意識とその意識によって分節された存在世界への執《とら》われを、一体いつ断つことができるのか。無限に近い時間の修行を経て、漸く真理の世界をかいま見ることができるのだ、という程の意味になろうか。

意識の源底（阿陀那識《あだなしき》あるいは阿頼耶識《あらやしき》）が喚起するのが存在認識、その認識はしかしながら、すべて幻影であって実体をともなわない単なる名称にすぎず、幻のような賓客《まれびと》にほかならぬ。その単なる名称のみの虚像に執われてはならないことはいうまでもない。

(4)「二」（「無無明」から「無苦集滅道」までの部分）

この部分を「唯蘊無我《ゆいうんむが》」と「抜業因種《ばつごういんしゅ》」に該当せしめ、それぞれ縁覚と声聞の二乗の教旨とみる。この部分は『理趣経』とは直接のかかわりを有しない。むしろ弘仁十三年（八二二）の「三昧耶戒序」や「平城太上天皇灌頂文」、さらには『十住心論』の巻四と巻五とに深く関係せしめての読み解きである。しかしさらに遡れば『大日経』住心品の「三劫段」を典拠としていることは[50]、周知の事実である。

この部分が十二縁起や四聖諦への関説であることは一目瞭然であり、これをそれぞれ縁覚乗と声聞乗の三昧に相応せしめるのである。まず縁覚乗の教旨について、「風葉に因縁を知る、輪廻《りんね》幾《いくばく》の年にか覚る、露花に種子を除く、羊鹿の号、相い連《つら》なれり」と嘆ずる。風に舞い散る木の葉を見ては因縁の理法を知り得たとはいえ、一体幾ばくの年月を経て、生死を繰り返す世間の無常を悟ることができるだろうか。露がはるかに消え果てて、花が萎《しぼ》みなえるのを見て、遂に迷いの種子を除くことができるのは、羊の車（声聞乗）、鹿の車（縁覚乗）が相いつらなっているとはいえ、果たして迷界から完全に抜け出ることができるのだろうか。

「無苦集滅道」の五字はまさしく声聞の境界を示すもので、「白骨に我れ何《いづく》んか在る、青瘀《しょうお》に人《にん》、本《もと》よりなし、吾が師は是れ四念《しねん》なり、羅漢《らかん》また何ぞ虞《たの》しまん」というのが総結。つまり、人は死者が白骨となったのを見て、一体どこに永遠に存在する「自我」があると思うだろうか。青黒くむくんだ屍体を見て、永遠《とわ》に輝く美人などのあるべきはずもないと思う。わが師と仰ぐべきは、「身体は不浄なるもの、感覚はすべて苦悩のもとい、心とて、もとより無常、存在にもすべて実体なしと観想する『四念処』の教えのほかはないのだ。この観想によって得られる羅漢〔尊敬されるべき人〕の証果とても、何の楽しみとするに足ろうか」ということ。このような心的階位にある人を『十住心論』では「唯蘊無我」の心の境位と名づけるのである。

(5)「一」(「無智亦無得、以無所得故」)

この段を「阿哩也嚩路枳帝冒地薩怛嚩（Āryāvalokit[eśvara] bodhisattva）の三摩地門」とする。この漢字音写では「伊湿伐羅」（īśvara）が脱落しているが、聖観自在菩薩の境位ということである。『理趣経』第四の「観自在菩薩理趣会品」で、聖なる自性清浄の法性を得た如来が説いた「一切の法は平等なりと観察することの自在なる智印を出生する般若の理趣」が説かれる箇所と相応すると見ての読み解きである。

世間の一切の慾、一切の瞋、一切の垢、一切の罪、また世間の一切の法、一切の有情は、すべて本来的には清浄であることは、恰も蓮華が外界の塵垢に染汚されないように、たとえ諸々の慾に住するとも、般若の理趣を聞き、受持し、読誦し、作意し、思惟することによって、疾《と》く無上正等菩提を証すというのが、『理趣経』のこの段の趣旨である。いわゆる「十七清浄句」として知られる有名な教説であって、一語でいえば「煩悩即菩提」の教旨といってよい。よく比喩として挙げられるのに「恰も蓮華が汚泥から生えて、しかもその汚泥に穢《けが》されない」という一節があるが、実際には汚泥自体が本来は清浄であり、ありとしあらゆる生命をはぐくむ基《もとい》であるということでなければならぬ。汚いと思い込まれている泥あるが故にこそ、清浄な蓮華が生じ得ているのである。

人びとが実際に修行するうえでの導き手つまり行人としての観自在菩薩が、重ねてこの趣旨を明らかにしようとして、凞怡微笑《きいみしょう》して開敷蓮華の様態となって、あらゆる人びとの種々の様態や心の情態について、本来的に不染であり清浄であることを説いたというもの(51)。

かくて『心経』の空性の教理的説明のしめくくりとして、「一」と名づけた部分は得自性清浄法性如来が「一道清浄、妙蓮不染」の教えによって衆生を開示し、その苦厄を除かれたのだという。「無智亦無得」と説かれる「智」とは、すべてのことがらを能く達観しうる働きを指し、「得」とはその達観する智のはたらきによって証得される真実の理法に名づけたものである。この「智」と

「得」、つまりは「理」と「智」との対立をすでに泯《みん》じ尽くしているからこそ、敢えてこの教旨を「一」道と名づけたのである。『法華経』や『涅槃経』を智顗《ちぎ》をして、釈尊所説の最勝の教法と言わしめたこともまた、いわばこの「一」の教旨を「末を摂して本に帰する」根本一乗の教法ということもできるだろう。この「無智亦無得、以無所得故」の十字のなかに一道清浄の教法がすべて摂し尽されていると空海はいうのである。

「蓮《はちす》を観じて自浄を知り、菓《このみ》を見て心徳を覚《さと》る、一道に能所を泯《みん》ずれば、三車即ち帰黙す」というのが、この「一」段の結頌である。汚泥にも染まらない蓮華を観《み》て、己れの心の本体そのものの清浄なることを知り、蓮の実を見て、一心のなかに万徳がそなわっていることを覚る。色々な言い廻しを遠離した一道の教えは、声聞とか縁覚たちを導く羊鹿牛の三車にも比すべき教えなども、結局は真実一路の大白牛車の一乗の教えへと帰すべきものなのだという。

(三)、「行人得益分」(「菩提薩埵」から「阿耨多羅三藐三菩提」まで)

菩提薩埵とは悟りを求める修行人を指すのだが、これに「愚《ぐ》・識《しき》・金《こん》・智《ち》」の四種ありとし、悟りへと導く教えにも「因・行・証・入」の四法ありという。『金剛薩埵五秘密儀軌』や『大日経疏』第一などでは、三界に恋著して因果の理法を知らない「愚者薩埵」、生死の過患を覚知して、自ら出離を求めて涅槃を目指すも、なおも自らが勝手に最終解脱の境位にあると思いこんで、かりそめの化城に執著する「有識薩埵」、こよなき菩提《さとり》の境位にあって、あらゆる戯論《けろん》や臆度や過失を出離している「菩提薩埵」の三種を出す。『五秘密儀軌』では三種の薩埵を愚薩埵、智薩埵、金剛薩埵とするけれども、空海がここで「薩埵に四あり」とするのは、これら両書に見られる薩埵の合糅説であろう。この四薩埵を凡夫、二乗、菩薩、仏の四種に配当する解釈もあるようだが、原意を得てのことか否かは定かでない。

さきに言及した四種の法の中、因と行とはともに般若とされる。般若を因とし般若を行として修することを言う。因は菩提心であり、行は大悲万行であるが、ともに般若の智慧を主とするが故である。その般若の大悲行によって心の妨げも障りもなく（無罣礙）、おそれもなく（無恐怖）、あらゆる顛倒、夢想、つまり真実ならざる妄想から離脱して、完全無欠の悟りの境地へと入ることになる。その点では三世の諸仏も皆な同じこと。こよなき悟りが「証」であり、もはや二度と揺ぐことなき安らぎへ直入する。それが「入」の境地。かくて空海はこの段の結頌として、「行人の数は是れ七、重二は彼の法なり、円寂と菩提と、正依何事か乏しからん」と詠ずる。

般若を修する行人は建・絶・相・（縁覚と声聞の）二（乗）・一、そして真言との七種、修すべき法は因・行・証・入の四つ、円《まど》かなる寂静《やすらぎ》と菩提《さとり》の智慧とを身につけて、報《むく》いとしての人も環境も、ともに円満で欠けるところとてない、という意味にもなろうか。

㈣、「総帰持明分」（「故知般若波羅蜜多」から「真実不虚」までの部分）

『心経』のなかに「多《た》名句《みょうく》の字相」つまり般若、空の哲理として読み得る六宗乗の法門も、その意味の深みへと字義を観照するとき、般若波羅蜜多の理趣へと収斂されて、『心経』の一字一声がすべて真言、陀羅尼へと同化されることになる。すでに見たごとく、『声字実相義』の独特な言語理論の帰結が、あらゆるコトバ、文字、音声すべて真言となり得るということになるのである。それ故に、この般若波羅蜜多を説くコトバも文字も、すべて大神呪であり、大明呪であり、無上呪であり、無等等呪なのであって、この真言《マントラ》を誦じ思惟《しい》することで、「一切の苦を除き、真実にして虚しからざる悟りの境地へと赴くことができるのである。[52] この「総帰持明分」の結頌として、「総持に文義有り、忍呪悉く持明なり、声字と人法と、実相とに此の名を具す」と詠ずる。

総持すなわち陀羅尼は文字どおり一字のなかに無量の文義を総摂し、一義のなかに一切義を任持する。また一法に一切法を忍持つまり認知し、一声に一切の霊験を摂持する。声と字と人と法とは、ともに世界の実相をあらわしているのだ。

法身説法、声字実相の言語理論からすれば、存在の絶対的根源である法身のコトバそのものから放たれる光、すなわち真実の智（般若）の光そのものが、あらゆる苦悩の根源の暗闇を消滅せしめ、その絶対的根源語たる真言《マントラ》の自己顕現である存在世界は、そのまま曼荼羅《マンダラ》ということになる。つまりは深層多重構造の世界である。空海がしばしば言及する「真言とは梵語にては曼荼羅と言う」というのが、まさしく声字実相を端的直截に指していることになる。

㈤、「秘蔵真言分」（「故説般若波羅蜜多呪」から「菩提薩婆訶」までの最終部分）

これまで説示してきた文義がすべて「秘蔵の真言」へと収斂され、真言の教旨へと帰一されることが示される。つまり初めの𑖐𑖝（gate）には声聞乗の行果が秘めら[53]れており、次の𑖐𑖝（gate）には縁覚乗の境位が挙げられるという。そして次の𑖢𑖯𑖨𑖐𑖝（pāragate）は華厳、三論、法相、天台の四家大乗の最勝の行果を示し、第四句の（pārasaṃgate）は真言の真理の世界を具現していると言う。そして最後の（bodhi svāhā）は、一切の仏乗の究極的な悟りへの証入を示すものとする。しかしこの解釈に言語学的根拠があるわけではないが、これとても飽くまでも顕教的な浅略な意味づけであって、実際には、これらの呪は無限の時間を費しても、その字義を説明し尽されるものではないと、空海自身はいう。

かくて『般若心経秘鍵』の総結として、「真言は不思議なり、観誦すれば無明を除く、一字に千理を含み、即身に法如を証す。行行として円寂に至り、去去として原初に入る、三界は客舎の如し、一心は是れ本居なり」と詠じる。この「真言」とか「陀羅尼」には、ただ最後にある呪だけではなく、『心経』自体の本文そのものをも含んだものと解してよいだろう。だとすれば、『心経』自体の本文をも含めて、真言とか陀羅尼というのは、いかなる不思議をも超えるものであって、一字に千理を含むもの。真言に含まれる如来自らの悟りの境界を心に観照し、かつ念誦すれば、根本無明も忽ちに除かれるし、この身このままに真実の世界を体現できるのだ。行き行きて円寂なる境地へと至りつき、去り去りゆきて真実の原初的な存在、つまり仏の世界、真理の世界へと至りつくのだ。三界は恰も一夜の仮りの宿舎のごとくであって、永遠の棲み家ではないし、万有の根源たる一心、すなわち仏のまことの心こそ、永遠のすみかなのである。

これが『般若心経』の如説の内容というわけである。「行き行きて」とか「去り去りて」といった表現で、この『心経』の呪の"gate"の内容を垣間見る思いがするけれども、今、この明呪を日本語訳する必要はないし、したとしても、無意味である。『般若心経』に限らず、あらゆる顕教の経典を文字通りに解釈して仏法の教理を論談するか、それらの経典の一字一字の意味の深みへと沈潜して深層の真実世界への到達を期するか、そこに顕密二教を弁別する大きな相違があるように思える。「如来の説法には必ず顕密の二意を具す」というのは、空海の生涯で変わることのない一大確信であった。この『般若心経秘鍵』の末尾で、空海は重ねて深秘学について詠じている。

我れ秘密真言の義に依って、略して心経を五分の文として讃ぜり。一字一文は法界に遍じ、無終無始にして我が心分なり。翳眼《えいげん》の衆生は盲《めし》いて見ず、曼儒《もんじゅ》般若は能く紛を解《と》く、斯の甘露を灑《そそ》いで迷者を霑《うるお》す、同じく無明を断じて魔軍を破せん。

以上、空海の主要な撰文や著述を中心として、その思想形成の起承転結をたどりながら、空海の思想的座標を探ってきた。一言で表現すれば「法身説法」と「即身成仏」が縦横の座標軸となって、存在深層の世界像が織り紡がれているかに思えるのだ。井筒俊彦氏の表現を借りて言えば、「存在とコトバの深秘学」と換言しうる態のものである。

二十四歳にして東洋の三代思想を自らの地平に再現して、一見したところ立派な亀毛と思えた周孔の教えも、よく吟味してみれば単に亀の甲羅に付着した古い藻屑にすぎないことに気づく。これぞ真実の世界と思えた老荘の教えとてもまた、実際に習い修めてみれば虚しい亡失の道にすぎないことに目覚める。豪華に見える兎角公の舘とても、いつかは耳の垂れた野兎の巣に似たものにならないとも限らない。はっきりと言えて疑うことのできないのは、諸行は無常ということであり、諸法は無我であるという事実だけ。すべては仮りの名称あるものにすぎないことに気付く。

亀毛にしても虚亡にしても、はたまた名のみありて実なきことがわかったとしても、わが師と仰ぐ仏陀の教えの道とても、その道が余りにも多岐に分かれていては、どの道を進めばよいのかの確信もなきままに、なおも岐路に立ち尽くす仮名乞児がいた。無仏の世にあって、未来に仏になるべきものとしての保証、すなわち授記《じゅき》を仏陀自身から与えられたという覩史多《とした》（弥勒）の世界へと到るべき道の多様性と、その覩史多天への道の余りにも遠くに隔絶されていることへの不安と怖れが、「岐《ちまた》に臨んで幾たびか泣く」という絶望の淵に立たされることにもなったのだ。

しかしその「安楽なる覩史」ははるか彼方にあるのではなくて、「本《もと》より来《このか》た胸中なり」と詠じたのは、空海が四十歳のときの初算賀の「中寿感興の詩幷びに序」においてであった。つまり「仏法は遙《はる》かに非ず、心中にして即ち近し。真如は外に非ず、身を棄てて何《いず》くにか求めん」というのが、空海の真言思想の帰着点であり、存在とコトバの深層も自ら心中に顕わになってくるというのが本有のマンダラなのである。

註

（1）『性霊集』巻十（『定弘全』八、一九五頁以下）。
（2）『僧綱補任』第一（『大日本仏教全書』第六五巻、史伝部四、鈴木学術財団、九頁）。
（3）『類聚三代格』巻二「修法灌頂事」（新訂増補國史大系、六七頁）。
（4）『類聚国史』巻一九七（新訂増補國史大系、二三〇頁）。
（5）このときの潅頂が有する政治的な意味については、阿部龍一「平安初期天皇の政権交替と灌頂儀礼」（前章の注37参照）。
（6）「平城太上天皇灌頂文」（『定弘全』五、一三頁）。
（7）右同、一七頁。
（8）『請来目録』（『定弘全』一、四頁）。
（9）「夫れ此の大虚を過ぎて広大なるは我が心、彼の法界に越えて独尊なるは自仏なり」とある（「平城太上天皇潅頂文」『定弘全』五、一八頁）。
（10）右同、二〇頁以下。
（11）「三昧耶戒序」（『定弘全』五、三頁）。
（12）『秘密曼荼羅十住心論』巻一（『定弘全』二、四頁）。
（13）『秘蔵宝鑰』巻上（『定弘全』三、一一六頁）。
（14）「三昧耶戒序」（『定弘全』五、七頁）。
（15）『秘密曼荼羅十住心論』巻十（『定弘全』二、三〇七頁）。
（16）右同、巻三（『定弘全』二、一四三頁以下）。
（17）『秘蔵宝鑰』巻中の第四住心を説き始めるに際して、仏教と国家とのかかわり、とりわけ出家者が国家にとって有用か無用かを論ずるのは、年分度者としての出家者の素質あるいは行動を問題としたもの。年分度者はいわば国家公務員であって、官僚と同じであったのだ。年分度者とは、五穀の「年」すなわち「稔」を祈ることで、国家を安泰たらしめることを「本分」とする得度者のことであって、そのような役割を実際に当時の得度出家者が果しているか否かの出家得度有用・無用論の論争を、ここに挿入しているのである。ここで憂国公子が、出家者は「只だ国家を鎮押し、黎元を利済するに在り。然れども今、僧尼は頭を剃るも欲をば剃らず。衣を染めて心を染めず」と非難するのは、そうした現実あってのことであったろうか。

(18) 右同（『定弘全』三、一一四頁）。

(19) 『日本紀略』第二、前篇下（新訂増補國史大系、三一二頁）。

(20) 拙稿「空海と土木」（『土木学会誌』第九〇巻第六号、二〇〇五年、社団法人土木学会）八頁以下。

(21) 鈴木祥造「綜藝種智院成立過程に関する一考察」によれば、この都腹赤の文章は天長四年（八二七）のものとされ、『本朝文粋』に出るという（久木幸男・小山田和夫編『論集　空海と綜藝種智院』二二五頁）。しかし『日本紀略』前篇十四によれば、都宿禰腹赤は天長二年（八二五）七月二日に、年三十七で死去している。

(22) 桃裕行「上代に於ける私学」（『論集　空海と綜芸種智院』、一五六頁）。

(23) 『性霊集』巻十（『定弘全』八、一八九頁以下）。

(24.) 右同、一八九頁。

(25) 「九経」とは、易経、書経、詩経、礼記、左伝、孝経、論語、孟子、周礼を指す。一説では、三礼、春秋三伝、易経、書経、詩経も意味するともいう。また「九流」とは、儒家、道家、陰陽家、法家、名家、墨家、縦横家、雑家、農家の学問の各専門分野を指すともいう。「三玄」とは、荘子、老子、周易を指す。また「三史」とは、史記、漢書、後漢書の伝統的な中国の歴史書をいう。また「七略」とは漢代の書籍目録を、また「七代」とは、晋書、宋書、斉書、梁書、陳書、周書、隋書の七代史を指す。

(26)『性霊集』巻十「綜藝種智院の式幷びに序」(『定弘全』八、一八九頁)。
(27) 右同、一八九頁。
(28) 米倉明「信託法のわが国における素地(二)」(『信託』一六一号、信託協会、一九九二年二月、一一三頁以下)。
(29)『貞元新定釈教目録』巻十七(大、五五、八九四上)。
(30)「觀自在」の訳語が用いられるようになるのは、元魏時代であるといわれるが、一般には「観自在」の訳語の成立は玄奘(六〇〇～六六一あるいは六六四)以後とみられている。
(31) 福井文雅『般若心経の総合的研究』春秋社、二〇〇一年、七七頁以下。
(32)『寧楽遺文』中巻、五〇八頁以下。
(33) 佐保田鶴治『般若心経の真実』人文書院、一九八二年。
(34)『性霊集』巻九(『定弘全』八、一六二頁以下)。
(35) 玉城康四郎「空海思想の目指すもの㈠」(『密教学密教史論文集』高野山大学、一九六五年、二二一頁以下)。
(36)『仏書解説大辞典』第九巻、六七頁。
(37)『請来目録』(『定弘全』一、一八頁)。
(38)『陀羅尼集経』巻三(大、一八、八〇七中)。
(39)『般若心経秘鍵』(『定弘全』三、四頁)。
(40) 空海には幾つかの「開題」類が現存するが、次の如きものが知られている。「大日経開題」(七本)、「金剛頂経開題」、「教王経開題」、「理趣経開題」(三本)、「仁王経開題」、「法華経開題」(三本)、「梵網経開題」、「最勝王経開題」などがある(『定弘全』巻四、所収)。
なお、これらの「開題」類の英訳研究は、Thomas Eijō Dreitlein によって発表されている(“An Annotated Trans-

lation of Kūkai's Dainichikyō Kaidai"『高野山大学密教文化研究所紀要』第二七号、密教文化研究所、二〇一四年三月)。

(41) 松長有慶『空海——般若心経の秘密を読み解く』春秋社、二〇〇六年、二九頁以下。なお Thomas Eijo Dreitlein による『般若心経秘鍵』の英訳註 "An Annotated Translation of Kūkai's Secret Key to the Heart Sūtra"(『高野山大学密教文化研究所紀要』第二四号、密教文化研究所、二〇一一年二月)、および越智淳仁『密教瞑想から読む般若心経』大法輪閣、二〇〇四年。

(42) 福井文雅『般若心経の総合的研究』一三六頁。

(43) 阿部龍一「マンダラ化するテクスト——空海撰『心経秘鍵』の言語力学をめぐって」(『弘法大師墨蹟聚集』論文篇、四一九頁)。

(44) 法蔵『金獅子章』(大、四五)には、黄金で作られた獅子の例が出されて、黄金を法界の体とし、獅子をその用に喩えて、事理無礙が説かれる。また杜順『法界観門』では、水を理に喩え、波を事に喩えて、その無礙を説く。

(45)『大日経』「住心品」に「謂わゆる空性は根境を離れて、相もなく、境もなし。諸々の戯論を越えて虚空に等同なり。有為無為界も離れ、諸々の造作を離れ、眼耳鼻舌身意を離れて、極無自性心が生ず」とある(大、一八、三中)。

また『大日経疏』では「此の極無自性心の一句に悉く華厳教を摂し尽す」とあるのを参照すべきである。

(46) 大、一九、六一三下。

(47) 不空訳『般若理趣経』の旧訳である菩提流志訳『実相般若波羅蜜経』では、「一切諸法は自性清浄なり、般若波羅蜜は清浄なるが故に」とある。これについて、空海は「釈して曰く、斯れ乃ち金剛利菩薩の三摩地にして、顕〔教〕には文殊と名づく。此れに二義あり、顕密不同の故に」として、空海は顕教の浅略的な意味については詳説するが、「密義には、此の四句は文殊の三摩地」としながらも、「此の密観は紙に染むること能わず。対面して伝授するのみ」とするのは注目すべきである。これは弘仁八年（八一七）八月二日に撰した『実相般若経答釈』の文であるが、この段階では『般若心経秘鍵』は未だ撰述されていなかったことを示唆している（*Kūkai on the Philosophy of Language*, Translated and Annotated by ShingenTakagi and Thomas Eijō Dreitlein, Keio University Press, 2010, pp. 334f).

（48）『般若波羅蜜多理趣釈』（大、一九、六一五上の取意）。

（49）弘仁十三年（八二二）の「平城太上天皇灌頂文」では、八宗（律、倶舎、成実、法相、三論、天台、華厳、真言）は趣きを異にすると述べるなかで、「法相は委〔くわ〕しく八識、三性の義を説き、妙〔たえ〕に唯識無境の理を宣〔の〕ぶ。同じく因果を談じて、普ねく法門を説く。位を言えば、竪に五十二位を示し、時を告ぐれば三大無数劫を吐く。是れ則ち因果の理を揆〔はら〕う愚者が心外の境に迷う癡人を遮し、大慢の衆生を調伏する薬にして、弥勒の大慈三昧の門なり」（『定弘全』五、二〇）とする。

（50）『大日経』住心品（大、一八、三中下）。

（51）『般若理趣釈』巻下では、この「得自性清浄法性如来を観自在王如来の異名とし、さらに「則ち此の仏は無量寿如来とも名づく。若し浄仏国土において、仏身を現成せるも、雑染五濁の世界に住すれば、則ち観自在菩薩と為る」（大、一九、六一二上）とすることには注目すべきである。つまり『理趣経』の得自性清浄法性如来＝観自在王如来＝無量寿如来の等式を敷衍すれば、『心経』の「二」の段の天台法門と見做される部分に、無量寿如来の法門をも含まれることになれば、後に鎌倉時代になって叡山の天台宗から分離した浄土の法門もまた、この「二」の範疇に含めしめることが可能となり、『心経』の深層を読み解く「秘鍵」によれば、まさしく、浄土宗をも含めた全宗派の教旨が、この経のなかに読み取れることになり、まさしくマンダラの経典と云うことができる。

（52）空海の弟子で『性霊集』を撰集した真済に帰せられる『高雄口決』の三一では、「一、浅略とは五乗、其の宗各別なる等なり。深秘と言うは、此の諸教、其の宗各別なるを、総じて一と為す」とするのは、注目すべきである（『弘法大師諸弟子全集』巻中、二五二頁）。

（53） 現行のテクストでは、（pragate）とあるが、明らかに誤りで、おそらくテクストの転写の間に生じた誤写であろう。同様のことは、次の第四句も、現行テクストでは（prasugate）とあって、これも転写の間に生じた誤記である。ただ、これら明らかに誤写と判明できる真言や陀羅尼が、一向に訂正されない事実にこそ、問題があると言わねばならない。

著者
高木訷元（たかぎ　しんげん）
1930年島根県に生まれる。1956年高野山大学卒業。1958年東北大学大学院修了。インド学仏教史学専攻。元高野山大学学長。高野山大学名誉教授、文学博士。
著書『弘法大師の書簡』『古典ヨーガ体系の研究』『マータラ評註の原典解明』『初期仏教思想の研究』『空海思想の書誌的研究』『空海と最澄の手紙』（いずれも法蔵館）、『空海——生涯とその周辺』（吉川弘文館）、*Kūkai on the Philosophy of Language*, Translated and Annotated with Thomas Eijō Dreitlein, Keio University Press など多数。

空海の座標——存在とコトバの深秘学

2016年3月15日　初版第1刷発行
2016年5月30日　初版第3刷発行

著　者————高木訷元
発行者————古屋正博
発行所————慶應義塾大学出版会株式会社
〒108-8346　東京都港区三田2-19-30
TEL〔編集部〕03-3451-0931
〔営業部〕03-3451-3584〈ご注文〉
〔　〃　〕03-3451-6926
FAX〔営業部〕03-3451-3122
振替00190-8-155497
http://www.keio-up.co.jp/
装　丁————中垣信夫＋中垣　呉［中垣デザイン事務所］
印刷・製本——亜細亜印刷株式会社
カバー印刷——株式会社太平印刷社

Printed in Japan ISBN978-4-7664-2309-9

慶應義塾大学出版会

読むと書く　井筒俊彦エッセイ集

井筒俊彦著／若松英輔編　井筒俊彦著作集未収録の 70 篇をテーマごとに編集した待望の書。世界的な言語哲学の権威である著者のコトバ論、詩論、イスラーム論、生い立ちや豊かな人間交流について知ることのできる、井筒俊彦入門に最適の一冊。　◎5,800 円

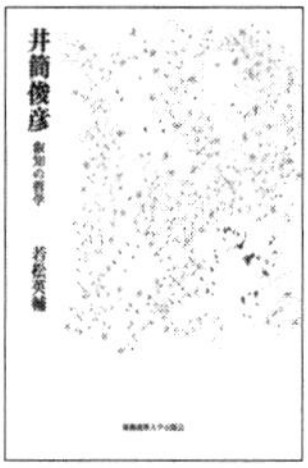

井筒俊彦　叡知の哲学

若松英輔著　少年期の禅的修道を原点に、「東洋哲学」に新たな地平を拓いた井筒俊彦の境涯と思想潮流を、同時代人と交差させ、鮮烈な筆致で描き出す清新な一冊。井筒俊彦年譜つき。　◎3,400 円

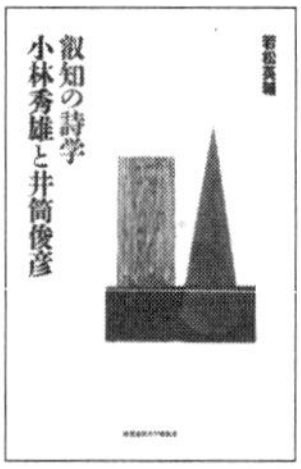

叡知の詩学　小林秀雄と井筒俊彦

若松英輔著　哲学者は詩人たり得るか？　日本古典の思想性を「詩」の言葉で論じた小林秀雄──。古今・新古今の歌に日本の哲学を見出した井筒俊彦──。二人の巨人を交差させ、詩と哲学の不可分性に光をあてる、清廉な一冊。　◎2,000 円

表示価格は刊行時の本体価格（税別）です。